BASTEI
LÜBBE

Daphne Parish/Pat Lancaster

Nur eine Handvoll Asche?

Mit Beiträgen von
Michelle de Vries

Aus dem Englischen von
Heike Rosbach

BASTEI
LÜBBE

BASTEI-LÜBBE-TASCHENBUCH
Band 61 269

Deutsche Erstveröffentlichung
© 1992 by Daphne Parish and Pat Lancater
Titel der Originalausgabe: PRISONER IN BAGHDAD
© der deutschen Ausgabe 1993 by Gustav Lübbe Verlag GmbH,
Bergisch Gladbach
Printed in Germany, Juni 1993
Einbandgestaltung: Manfred Peters
Titelfoto: Mauritius
Satz: MPM, Wasserburg
Druck und Bindung: Ebner Ulm
ISBN 3-404-61269-8

Für Martina und Michelle

Inhalt

Ein frischer Luftzug

Als ich Farzad Bazoft 1989 kennenlernte, arbeitete ich noch im Ibn-Al-Bitar-Krankenhaus in Bagdad als Krankenschwester — eine anstrengende Tätigkeit, die wesentlich mehr Aufgaben umfaßte als eine vergleichbare Position zu Hause. Mir oblagen nicht nur die Routinepflichten der Krankenpflege, in den ruhigen Stunden mußte ich mich auch als Mädchen für alles um die Verwaltung kümmern und Öl auf stürmische Wogen in allen kniffligen Situationen gießen, die oft durch Mißverständnisse zwischen den unterschiedlichen Rassen entstanden. Das war zwar anstrengend, doch ich mochte die Arbeit und schätzte mich glücklich, daß ich im Mittleren Osten leben und arbeiten durfte, in einem Gebiet, das ich seit meiner ersten Anstellung dort im Jahr 1986 liebe.

In den ruhigen Stunden, außerhalb der Besuchszeiten, hatte stets nur eine Krankenschwester im Ibn Al Bitar Dienst; sie war dann allein dafür verantwortlich, daß im Krankenhaus alles glattging. So mußte sie beispielsweise einen gereizten Patienten beruhigen, die letzten Konserven einer seltenen Blutgruppe für eine Notoperation im Operationssaal aufspüren oder einen Installateur finden, der einen verstopften Abfluß reinigte.

An einem arbeitsreichen Freitag im letzten Februar hatte ich um 1.30 Uhr mittags alle Probleme und mehr bewältigt und es endlich geschafft, in die Kantine zu gehen. Ich hatte den ganzen Tag noch nichts gegessen — nicht einmal gefrühstückt — und war halb verhungert. Krankenschwestern weisen die Menschen ständig darauf hin, wie wichtig es ist, regelmäßig zu essen, aber meiner Erfahrung nach sind gerade sie es, die diesen Rat am wenigsten befolgen. Ist Ihnen jemals aufgefallen, wie viele von ihnen scheinbar nur von Pommes frites und Schokolade leben?

Ich saß am Tisch, hielt in der einen Hand den Telefonhörer und schaufelte mit der anderen Essen in den Mund — ich versuchte einen stellvertretenden Anästhesisten aufzutreiben und hatte ihn schließlich am Swimmingpool seines Hotels aufgespürt —, als der Piepser in der Tasche meiner Schwesterntracht ertönte. Ich schluckte schnell eine letzte Gabel Reis hinunter und ging den Korridor entlang, wo man mich informierte, daß in der Aufnahme ein Journalist sei und mit irgend jemandem über die Verwaltung des Krankenhauses reden wolle.

Obwohl ich über diese Unterbrechung meines Mittagessens alles andere als erfreut war, wußte ich doch, wie wichtig Parc, der in Dublin ansässigen Firma, die das Krankenhaus leitete, und den irakischen Behörden diese Art von Public Relations war, und ich betrachtete sie als Teil meines Jobs. Parc war zu Recht stolz auf die hypermoderne Ausstattung des Krankenhauses, und den Irakern war daran gelegen, der Welt zu zeigen, daß sich das Land trotz des fast zehn Jahre dauernden, erschöpfenden Krieges mit dem benachbarten Iran wieder erholte und ein Gesundheitswesen schuf, das so gut wie jedes im Westen war.

Das Ibn Al Bitar war eine große Überraschung für mich, als ich das erste Mal nach Bagdad kam. Das Krankenhaus, in dem ich in Saudi-Arabien gearbeitet hatte, besaß Marmorböden, Innenhöfe mit Springbrunnen und wunderschöne Gemälde an den Wänden. Das Ibn Al Bitar hingegen war grau und wenig eindrucksvoll: ein langgezogenes, einstöckiges Gebäude in L-Form. Doch es hatte von allen vergleichbaren in- und ausländischen Einrichtungen den Ruf höchster Effizienz. Viele Mediziner, wie der Anästhesist, den ich gerade gesucht hatte, legten großen Wert darauf, jedes Jahr im Ibn Al Bitar ein intensives Praktikum zu absolvieren, in der Hoffnung, so neue Techniken vom multinationalen Personal mitzubekommen.

Ich hatte solche Interviews also schon früher gegeben und, als ich meinen Magen immer noch knurren hörte, nur den Wunsch, daß ich vielleicht auch erwähnt würde.

»Farzad Bazoft.« Der Journalist stellte sich mit einem breiten Lächeln und einem kräftigen Händedruck vor. »Ich arbeite für den *Observer*. Vielleicht können Sie mir etwas über das Krankenhaus und wie es so läuft erzählen. Für einen Artikel, den wir über den Wiederaufbau im Irak veröffentlichen wollen. Diese beiden Herren«, sagte er und wies mit einem Kopfnicken nach links und rechts auf seine offiziellen »Aufpasser«, »sind vom Informationsministerium.«

Bazoft schien um die Dreißig zu sein. Er war sehr groß, hatte dunkles Haar, braune Augen und wirkte sehr lässig. Ich nahm die drei mit in die Personal-Kantine zu einer Tasse Tee.

»Also, wie kann ich Ihnen helfen? Was genau wollen Sie wissen?« fragte ich.

»Beginnen wir damit, wie Sie hier arbeiten«, sagte Bazoft sanft. »Wieviele Krankenschwestern hier beschäftigt sind, welche Probleme Sie haben mit der Pflege von Patienten einer anderen Kultur, wer...«

»Tut mir leid. Über Patienten darf ich nicht sprechen«,

antwortete ich, »aber ich kann Ihnen einen Überblick über unsere Spezialkenntnisse geben.«

Ich war voll in Fahrt gekommen, schwärmte in höchsten Tönen über die Wunder der Herzchirurgie und die Erfolgsrate von Operationen im Ibn Al Bitar, als mir auffiel, daß Bazoft nicht eine Notiz auf seinen Block geschrieben hatte. Statt dessen blickte er mich mit einem halben Lächeln an, seine dunklen Augen flirteten schamlos. Er hörte mir überhaupt nicht zu! Und warum sah er mich so an? Er mußte zwanzig Jahre jünger als ich sein.

»Und wir haben eine Nierenstation, die sich auf Organtransplantationen spezialisiert hat, mit einer angeschlossenen Dialysestation«, schloß ich lahm.

»Das ist wunderbar«, sagte Bazoft, hob seinen Notizblock auf und steckte seinen Stift in die Jackentasche. »Äh, kann ich Sie später anrufen?« Er lächelte entwaffnend.

»Ja, natürlich«, sagte ich überrumpelt. »Doch ich kann Ihnen nicht mehr erzählen als das, was Sie in unserer Broschüre nachlesen können. Vielleicht sollte ich die Verbindung zum Krankenhausdirektor herstellen — er könnte Ihnen eine größere Hilfe sein.« Ich gab ihm die Telefonnummer und sah zu, wie er sie sich notierte.

Ich begleitete die drei Männer zurück in den Eingangsbereich und schüttelte ihnen die Hand. Als ich die Eingangstür hinter ihnen schloß, stellte sich mir Mohammed, ein schmächtig gebauter Mitarbeiter aus der Krankenhausverwaltung, in den Weg.

»Miss Dee, seit über einer halben Stunde sind einige Angehörige bei mir. Sie wollen ihren Vater abholen, der gestern gestorben ist. Draußen wartet ein Taxi auf sie, und sie wollen rasch die entsprechenden Papiere unterzeichnen und ihren Vater heimbringen.«

»Aber Mohammed«, rief ich aus, »warum haben Sie mich nicht angepiepst? Ich wäre sofort gekommen!«

»Sie waren mit sehr wichtigen Leuten beschäftigt, Miss Dee. Ministeriumsleute werden nicht gerne unterbrochen. Da hätte ich Angst gehabt.«

Angst wovor? Das fragte ich mich, als ich den Totenschein, das Krankenhaus-Berichtsbuch und den Stempel einsammelte, bevor ich zu den männlichen Angehörigen des Verstorbenen ging. Ich wußte, die Frauen würden in der stickigen Hitze draußen am Straßenrand vor dem Leichenschauhaus sitzen und darauf warten, daß der Sarg herausgebracht würde.

Zur abendlichen Teezeit hatte ich eine Pause nötig. In der Kantine entdeckte ich Kitty und Susan, mit denen ich für das übernächste Wochenende einen Ausflug nach Basra und in die Sümpfe plante. Bei Tee, Brot und Marmelade sprachen wir über diesen Plan. Wir freuten uns alle darauf, einmal rauszukommen. Dieser völlig andere Tagesablauf an diesen Wochenenden war eine richtige Erholung. Wenn auch nur für ein paar Stunden, so waren wir doch vollkommen von der Krankenhausumgebung weg. So wie wir lebten, in den Apartmenthäusern, in denen nur Krankenhauspersonal wohnte, hatten wir in Wirklichkeit fast ununterbrochen Bereitschaft. Aber in den Sümpfen und in der Wüste waren wir von unseren Pflichten so weit weg wie nur möglich.

Als Kitty, Susan und ich gerade darüber plauderten, ob wir eventuell Freunde in Basra antreffen würden, ging mein Piepser los. Ich eilte zu einem Telefon, wo die Vermittlung mir sagte, ich hätte einen Anruf von außerhalb.

»Hallo, Dee, hier spricht Farzad, Farzad Bazoft. Vielen Dank, daß Sie für mich heute Zeit gefunden haben. Sie waren eine große Hilfe.«

»Das ist schon in Ordnung, kein Problem«, antwortete ich.

»Ich habe mich gefragt, ob Sie mit mir zu Abend essen würden, vielleicht morgen . . .«

Ich war amüsiert. Ich hatte die Zeichen also richtig gedeutet — er hatte mir schöne Augen gemacht. »Wäre das ein Geschäftsessen oder zum Vergnügen?« fragte ich in, wie ich hoffte, freundlichem Ton. Warum sollte ich mit diesem jungen Mann nicht essen gehen? Er schien ganz nett zu sein, und ich hatte an diesem Abend nichts Besonderes vor. Ich kannte bereits fast alle Ausländer in Bagdad. Es wäre einmal etwas anderes, Neuigkeiten aus der Heimat aus erster Hand zu erfahren.

»Was? . . . Oh, zum Vergnügen natürlich«, antwortete Farzad. »Wie wäre es hier in meinem Hotel, im Mansour Melia? Ist Ihnen 7.00 Uhr recht?«

»7.00 Uhr paßt mir.«

»Schön, gut, um 7.00 Uhr in der Eingangshalle. Ich freue mich.«

Als ich den Hörer auf die Gabel legte, ertönte mein Piepser erneut.

»Miss Dee, gehen Sie bitte auf Station C«, wies mich die körperlose Stimme an.

Als ich Station C erreichte, fand ich dort völliges Chaos vor. Die Angehörigen mehrerer Patienten standen schreiend herum und deuteten auf eine junge irische Schwester, die erst seit kurzem in diesem Krankenhaus arbeitete. Zu der Aufregung war es gekommen, weil die Krankenschwester eine Zeitung als Türstopper benutzt hatte, auf deren Titelseite ein Bild von Saddam Hussein abgedruckt war. Die Angehörigen hatten gesehen, wie sie die Zeitung unter eine Tür klemmte, und fühlten sich in ihrer Ehre verletzt, weil dem Bild ihres Präsidenten eine derartige Behandlung widerfuhr. Über einen Übersetzer entschuldigte ich mich für diese Unbill. Mit leiser und sanfter Stimme erklärte ich, daß die junge Krankenschwester neu in Bagdad sei und noch nie im Ausland gearbeitet habe; sie habe nicht gewußt, daß ein derartiger Umgang mit dem Bild von Saddam Hussein nicht akzeptabel sei. Mit der Absicht, sie zu beruhigen, lud ich die Besucher zum Tee ein.

Abdullah hatte dem ganzen Spektakel zugesehen. Knapp einen Meter sechzig groß, war er mit seiner grünen Armeeuniform leicht von den anderen irakischen Soldaten zu unterscheiden, die vierundzwanzig Stunden am Tag durchs Krankenhaus patrouillierten, und zwar durch die seltsamen Haarbüschel, die aus seinen Wangenknochen sprossen, und seine braunen Schuhe. Es ging das Gerücht, daß Soldaten, die statt der schwarzen braune Schuhe trugen, zur elitären Präsidialgarde gehörten. Man glaubte auch, Abdullah sei zu dem einzigen Zweck auf das Krankenhaus abgestellt worden, jedes Vorkommnis, das sich hier ereignete, dem Präsidentenpalast zu melden. Das war wohl darauf zurückzuführen, daß er es förmlich zu riechen schien, wenn irgendwo etwas passierte. Nun hielt er sich abseits und verfolgte mit zusammengekniffenen Augen und mit der rechten Hand auf der Waffe an seiner Hüfte den ganzen Vorgang.

Die Familie nahm meine Einladung zum Tee an, und die Krankenschwester wandte sich wieder ihren Pflichten zu. Ich wußte, ich hatte für den Tee mit den Besuchern nur eine halbe Stunde Zeit, sonst würde ich die Übergabe an die Nachtschicht um 20.00 Uhr nicht rechtzeitig schaffen.

Schließlich verließ ich das Krankenhaus um 21.00 Uhr, nach einem fast vierzehnstündigen Arbeitstag. Ich war erschöpft, aber noch nicht schläfrig. Zu Hause angekommen, aß ich schnell einen Happen, duschte und stieg in den Wagen des Krankenhauses, den man mir zur Benutzung überlassen hatte, und fuhr über die Brücke des Vierzehnten Juli zum British Club in Jazzaria. Ich fuhr gerne nachts durch Bagdad. Dann hatte die Hitze des Tages nachgelassen, aber es war noch immer angenehm warm und alle Lichter schienen über den Tigris. Ich war sehr glücklich, eine Arbeit zu haben, die mir gefiel und in der ich anerkannt wurde, in einem modernen, gut ausgestatteten Krankenhaus in dieser exotischen, fremden Stadt.

Auch heute war der Club, wie jeden Abend, gedrängt voll. Briten standen Schulter an Schulter neben Franzosen, Jugoslawen und Amerikanern, hoben die Gläser und diskutierten über das Rugbymatch zwischen England und Wales, die Tour de France, die Australian Open. Ich grüßte alte Freunde, spielte Billard (und verlor gegen einen österreichischen Bauunternehmer) und gewann beim Darts gegen zwei junge Türken.

Daheim im Bett schaute ich auf meine Uhr und stellte fest, daß es Mitternacht war. Wieder war ein Freitag vorbei. Er war keine Spur schlechter gewesen als die anderen und um einiges besser verlaufen als so manche zuvor. Und ich hatte morgen abend eine Verabredung, die ein wenig anders war. Ich lächelte und löschte das Licht.

»Soll ich etwas Gerüschtes und Weibliches anziehen, oder doch das kleine Schwarze?« fragte ich meine Freundin Catherine, die auf meinem Bett saß. Ich hielt mir die Kleider an und blickte in den Spiegel.

Catherine legte ihren kleinen, vogelartigen Kopf zur Seite. »Es ist Samstagabend — ich glaube, du solltest nicht auf Sicherheit gehen, sondern dich herausputzen. Mir gefällt das Chiffonkleid.«

Das Kleid hatte die Farbe alter Rosen, einen kurzen Stufenrock, ein enganliegendes Mieder und Spaghetti-Träger. Zum Glück gehörte dazu ein Jäckchen — selbst am Abend kann man in der arabischen Welt keine entblößten Schultern zeigen.

Catherine langte in meine Schminkbox und suchte rosa Lippenstift und Rouge, grauen Lidschatten und schwarze Maskara heraus. »Du kannst ruhig in der Menge auffallen«, lachte sie. »Heute abend werden fast alle aus dem Krankenhaus im Mansour Melia sein.«

Ich zog mich an und schminkte mich sorgfältig, benutzte ein wenig Givenchy und verließ das Haus. Die paar Schritte vorbei am irakischen Militärübungsplatz und über die Straße zum Melia Hotel ging ich zu Fuß.

In der Lobby erwartete mich Farzad Bazoft bereits. Er lächelte, als er mir die Hand schüttelte.

»Sie sehen wunderbar aus, Dee — viel besser als in Schwesterntracht«, sagte er, mit Bezug auf den flaschengrünen Anzug, die weiße Bluse und die flachen schwarzen Schuhe, die ich getragen hatte, als wir uns im Krankenhaus zum ersten Mal sahen. Wir gingen in die Hotelbar, die »Klinik« genannt wird, weil dort so viele Krankenhausbeschäftigte verkehren.

»Wollen Sie etwas trinken?« fragte Farzad.

»Dubonnais mit Eis, ohne Zitrone, bitte.«

»Und für mich einen Scotch mit Wasser«, sagte Farzad. Der Kellner lächelte, als er die Bestellung aufnahm.

»Sie sind kein Iraker, oder?« wollte Farzad von ihm wissen.

»Nein, Sir, ich komme aus Kairo. Alle irakischen Männer sind beim Militär, und wir Ägypter sind billige Arbeitskräfte. Wo kommen Sie her, Sir?«

»England — ich bin geschäftlich hier.«

Als der Kellner mit unseren Drinks zurückkehrte, senkte er die Stimme, beugte sich nach vorne und stellte die Gläser auf den niedrigen Tisch vor uns. Er neigte den

Kopf zu Farzad und sagte: »Wenn Sie Dollars haben, kann ich sie Ihnen günstig umtauschen, Sir.«

Warnend schüttelte ich mit einem Blick zu Farzad den Kopf. Schwarzhandel war ein strafbares Vergehen.

»Danke, Kairo«, antwortete er fröhlich, »aber ich habe keine Dollars dabei. Ein anderes Mal vielleicht.«

Der Kellner zog sich zurück. Ich wollte gerade protestieren, doch Farzad schnitt mir das Wort ab. »Ich weiß, was Sie sagen wollen. Sie wollen mich warnen, daß der Verkauf ausländischer Währung unter Strafe steht, aber wissen Sie, Dee, ich denke, den Behörden ist es gleichgültig, ob die Leute auf dem Schwarzmarkt Geld tauschen. In den sechs Jahren, die ich in den Irak ein- und wieder aus ihm ausgereist bin, habe ich nicht einmal gehört, daß jemand strafrechtlich verfolgt worden ist. Sie vielleicht?«

Ich wechselte zu einem sichereren Thema. »Sie müssen eine Reihe interessanter Leute kennengelernt haben, wenn Sie seit sechs Jahren hierherkommen.«

»Na ja, eigentlich nicht«, antwortete Farzad. »Bei meinen früheren Besuchen tobte der iranisch-irakische Krieg, und außerhalb des Hotels durfte ich mich nur in Begleitung eines irakischen Offiziellen bewegen, der, wie Sie sich vorstellen können, etwas hinderlich war.« Er lächelte breit. »Diesmal kann ich erstmals Menschen ungehindert kennenlernen und mit ihnen sprechen. Übrigens, kennen Sie hier irgend jemanden von der Britischen Botschaft? Haben Sie schon den Ersten Sekretär, Robin Kealy, getroffen?«

»Ich glaube ja, kurz, auf einem Gartenfest vor ein paar Monaten. Das ist der sehr große Kerl, oder, schlank mit hellbraunem gelocktem Haar?«

»Genau«, sagte Farzad. »Nun, er leitet bei sich zu Hause eine Amateur-Theatergruppe. Sie führen morgen ein Stück auf, und er hat mich dazu eingeladen. Wollen Sie mich begleiten?«

»Ja«, sagte ich. »Das wird bestimmt Spaß machen.«

Wir gingen in den Speisesaal und wählten einen Tisch, von dem aus wir die gepflegten Rasenflächen und den in Flutlicht getauchten Swimmingpool des Hotels überblicken konnten. Eine philippinische Kellnerin brachte uns verschiedene Hors d'œuvres, die wir gleich aßen. Während der Mahlzeit unterhielt mich Farzad mit aufregenden Geschichten aus der Zeitungswelt. Er war intelligent, schlagfertig und amüsant; ich fühlte mich sehr wohl bei ihm.

»So, Dee, jetzt erzählen Sie mir etwas über sich. Sind Sie verheiratet?«

»Nein, nicht mehr, ich war es einmal. Wie steht's mit Ihnen?«

»Nein — eines Tages hoffentlich, aber jetzt noch nicht. Haben Sie Kinder?«

»Ich habe zwei Töchter — na ja, die eine ist in Wirklichkeit meine Stieftochter.«

»Und was hat Sie in den Irak gelockt?« fuhr Farzad fort.

»Das gleiche wie alle anderen zu Anfang auch, denke ich — das Geld. Nachdem meine zweite Ehe in die Brüche gegangen war, kaufte ich mir im Norden Londons eine Wohnung und stellte dann fest, daß sie mich fast soviel kostete, wie ich verdiente. Ich besaß keine nennenswerten Möbel — keine Vorhänge, kein Bett und auch keine begründete Hoffnung, daß es jemals dazu kommen würde. Martina, meine Stieftochter, lebte im Studentenwohnheim, und meine Tochter Michelle wohnte zwar bei mir, doch ich sah sie nur selten: Ich arbeitete im Schichtbetrieb, und ihr gesellschaftliches Leben ist recht hektisch. Sie wird bald einundzwanzig. Als ich dann in der *Nursing Times* das Stellenangebot für Krankenschwestern in Saudi-Arabien las, bewarb ich mich und erhielt den Job.«

»Saudi-Arabien?«

»Ja, dort war ich zuerst. Ich verbrachte zwei Jahre dort, bevor ich letztes Jahr in den Irak kam.«

»Wie hat Ihnen das Leben bei den Saudis gefallen?«

»Größtenteils hat es mir zugesagt. Außerhalb der Siedlungen, in denen die Ausländer leben, war es sehr restriktiv. Die Frauen mußten sich vom Kopf bis zu den Zehenspitzen verhüllen und durften nicht selbst Auto fahren, doch innerhalb der hohen Zäune um die Siedlungen hatten wir eine Menge Spaß. Und ich sollte mich wirklich nicht beklagen, denn durch die Arbeit dort konnte ich mir Teppiche und eine dreisitzige Sitzgarnitur kaufen, wenn ich auch nicht in ihren Genuß komme, weil ich nicht in London bin.«

»Sie wissen das Leben als Ausländer offensichtlich zu schätzen, Dee, — haben Sie neben Saudi-Arabien und Irak noch woanders gelebt?«

»Nicht für längere Zeit. Während meiner ersten Ehe lebte ich auf den Bahamas, und wir reisten ziemlich viel herum in jener Zeit, aber nur zum Vergnügen, nicht zum Arbeiten.«

»Wir sind ein bißchen wie die Jet-Setter, nicht wahr, Dee?« meinte Farzad lachend.

»Früher einmal vielleicht, heute nicht mehr. Ich bin nur eine schwerarbeitende Krankenschwester, die eine Hypothek abbezahlen muß.«

»Ich kenne das Gefühl. Nicht, eine Krankenschwester zu sein, sondern eine Hypothek auf dem Hals zu haben. Ich habe mir gerade selbst etwas im Norden Londons zugelegt.«

Wir sprachen über zu Hause und Farzad erklärte, wie er seine Wohnung gerne einrichten würde, in schlichtem Schwarz und Weiß, und mit Möbeln in sauberen, scharfen Linien und einer hochmodernen Stereo-Anlage.

Gegen Mitternacht brachte mich Farzad zurück zu meinem Apartmenthaus, und wir verabschiedeten uns mit einem Händedruck vor der Tür des Aufzuges.

»Bis morgen also, Dee!« sagte er. »Um sieben in der Hotel-Lobby.«

Er lächelte, winkte kurz, und weg war er.

Robin Kealy lebte in einem weitläufigen Haus in der Nähe des exklusiven Rennplatzes von Bagdad. Die Amateur-Theatergruppe näherte sich dem Ende des Dreiakters, als Farzad und ich in den Wohnraum geführt wurden: Wir hatten uns zu einem Drink entschlossen, bevor wir das Hotel verließen, und uns schließlich über alles mögliche unterhalten, von unserer jeweiligen Arbeit bis hin zu Stereogeräten. Als wir Platz nahmen, begrüßten wir Robin und seine Frau Annabelle flüsternd, die inmitten der rund fünfunddreißig Ausländer, vorwiegend britischer Herkunft, saßen und den sechs Schauspielern auf der Bühne zusahen. Ich stöhnte innerlich, als einer der Akteure einen Herzstillstand vorgab — das ähnelte zu sehr einem »Urlaub im Krankenhaus«. Das Stück endete in Gelächter und Klatschen, und wir gesellten uns zu den anderen Gästen in der Schlange an dem langen Tisch, um uns mit Pastete und Salat zu versorgen.

Robin, ein charmanter und kultivierter Mann, stellte uns den Schauspielern und anderen Personen aus dem Publikum vor. Einige Ausländer dort hatten noch nichts vom Ibn-Al-Bitar-Krankenhaus gehört und waren der Meinung, sie würden lieber heimfliegen, wenn sie ernsthafte medizinische Probleme hätten. Das ist zwar in der Theorie ganz richtig, jedoch nicht immer praktisch oder ratsam, und so machte ich einen großen Teil des Abends wieder einmal Werbung für das Krankenhaus.

»Sie sollten tatsächlich Pläne für den Notfall machen«, hörte ich mich sagen. »Wenn Sie einen Autounfall haben, haben Sie einfach nicht genug Zeit, erst nach Hause zu fliegen.« Während ich mit meinem Gerede über Autounfälle und Herzattacken den Anwesenden Freude bereitete, plauderte Farzad mit den Gästen, stets auf der Suche nach interessanten Stories.

Gegen 23.30 Uhr verließen wir die Gesellschaft, hielten ein vorbeifahrendes Taxi an und fuhren zurück zum Apartmenthaus.

»Dee, ich muß Ihnen leider mitteilen, daß dies mein letzter Abend im Irak ist«, sagte Farzad. »Ich muß die Vormittagsmaschine nehmen. Ich würde gerne — meinen Sie, wir könnten uns irgendwann, wenn Sie in London sind, wiedersehen? Wann fliegen Sie das nächste Mal in die Heimat?«

»Ende nächsten Monats — British Airways bietet im Moment Billigflüge an. Ich werde ab 25. März für eine Woche zu Hause sein.«

Farzad kritzelte zwei Telefonnummern auf ein Blatt, das er aus seinem Kalender gerissen hatte.

»Das ist meine Telefonnummer zu Hause, und darunter steht meine Nummer beim *Observer*. Unter einer der beiden werden Sie mich bestimmt erreichen. Sie rufen bestimmt an, ja?!« sagte er mit einem Grinsen.

Ich lächelte zurück. Natürlich würde ich die Verbindung nicht abreißen lassen. Sein Erscheinen in Bagdad war wie ein frischer Wind gewesen. Damals kannte ich dort fast nur Leute mit ganz bestimmten Berufen — Mediziner, Maschinenbauer, Ingenieure —, vornehmlich ausländische Arbeitskräfte, die man in den Irak geholt hatte, um den Wiederaufbau des Landes zu beschleunigen. Bei Farzad klang der Journalismus nach einem so dynamischen, lebendigen Job, daß ich meinte, seiner Geschichten nie überdrüssig zu werden — das war für mich eine völlig neue Erfahrung.

In Bagdad gab es nur einige wenige ungebundene Ausländerinnen, dagegen Tausende von Männern aus ganz Westeuropa, Nordamerika und den Staaten des Ostblocks. Ganz gleichgültig, wie alt eine Frau war oder wie sie aussah, sie war immer gefragt. Manche hatten an einem einzigen Samstagabend bis zu drei Verabredungen. Es war keine riesige Orgie — im Gegenteil: die meisten Beziehungen waren sehr zurückhaltend. Den Männern gefiel es einfach, ein paar Stunden lang eine Frau um sich zu haben. Mit einer Frau am Arm einen Club oder eine Bar zu betreten, brachte ihnen bei ihren Freunden und Kollegen eine Menge Ruhm ein, wie in jeder Stadt, in der die Zahl der Männer die der Frauen um das Dreihundertfache übertrifft. Doch selbst unter diesen Umständen war Farzad etwas Besonderes, wenn auch nie zur Debatte stand, daß unsere Beziehung ernsthafter würde. Es war eher eine Urlaubsromanze, die in Bagdad begann und später in London eine Fortsetzung fand.

Als ich im März nach England zurückkehrte, rief ich ihn beim *Observer* an. Er freute sich anscheinend, von mir zu hören, und lud mich für den nächsten Tag zu einem Besuch in seinem Büro ein.

Ich hatte erwartet, Berge von Sägespänen und riesige Druckerpressen zu sehen, die stampfend Zeitungsseiten so schnell ausspuckten, daß das Auge kaum folgen konnte. Deshalb war ich überrascht, als ich Farzad in einem hellen, luftigen Büro vorfand, mit Teppichen an der Wand und mehreren, im Raum verteilten Topfpflanzen.

»Tut mir leid, daß du enttäuscht bist, Dee, aber heute übernimmt das alles der Computer«, erklärte er. »Wir müssen nicht mehr im selben Gebäude sein wie die Drucker. Die neue Technologie hat viele Vorteile — sie erleichtert den Journalisten das Leben —, aber manche ältere Knaben, die früher in der Fleet Street arbeiteten, sagen, sie würden die Kameraderie vermissen.«

Ich fand Gefallen an der Besichtigungstour durch die Büros einer landesweit erscheinenden Tageszeitung. Farzad spielte den Star-Reporter, der mir die »Abzüge« von Seiten zeigte, die in der nächsten Ausgabe erscheinen würden. »Erzähl niemandem, daß du das gesehen hast«, sagte er verschwörerisch, obwohl wir beide wußten, daß ich nicht die Absicht hatte, zu einem Konkurrenzblatt zu rennen und alles auszuplaudern. Aber das verstärkte die Aura von Glamour und Intrigen, die er aufzubauen versuchte, nicht um sich selbst, sondern um den Job, den er so toll fand.

Ich suchte in Farzad keinen Liebhaber, aber wir kamen uns in unserer Beziehung so nahe, daß der letzte Schritt nahezu unausweichlich wurde. Am nächsten Tag trafen wir uns am Nachmittag und gingen stundenlang in Hampstead Heath spazieren. Ich kann mich nicht mehr erinnern, worüber wir uns im einzelnen unterhielten, aber wir hatten nie Probleme, ein Gesprächsthema zu finden. Er erzählte mir in wunderbaren, klatschsüchtigen Einzelheiten von all den Leuten, die ich am Tag zuvor in seinem Büro gesehen hatte, und von seinen Hoffnungen auf einen festen Mitarbeiterposten. Der *Observer* hatte ihn während des iranisch-irakischen Krieges als freien Mitarbeiter mit einem Schreibtisch in der Redaktion angestellt, und nun strebte er danach, bald eine Dauerstelle zu bekommen. Seiner Meinung nach sei er in seinem Job genauso gut wie die meisten seiner Kollegen, und sogar besser als so manche.

Wir aßen in einem Restaurant am Devonshire Hill zu Abend.

»Es ist schön, dich wiederzusehen, Dee«, sagte Farzad und nahm über den Tisch hinweg meine Hand. »Ich habe viel über dich nachgedacht. Wann kommst du ganz nach England zurück?«

»Nie«, lachte ich. »Hier ist es viel zu kalt. Ich brauche Sonnenschein und das ganze Jahr hindurch das Schwimmen. Ideal wäre es, wenn ich vom Irak nach Bahrain oder Abu Dhabi könnte, dann könnte ich auch segeln. Ich liebe das Meer fast so sehr wie die Wüste. In den zwei Ländern hätte ich beides.«

»Warum faszinieren dich Wüstenländer so?« fragte Farzad.

»Das kann ich nicht genau sagen, aber du hast recht, ich finde sie faszinierend. Bist du jemals durch die Wüste gefahren?«

Farzad schüttelte den Kopf.

»Na ja, auf den ersten Blick sieht es so aus, als gäbe es da nichts, nichts außer Sand in jeder Richtung. Man braucht einen Wagen mit Vierradantrieb, einen Kompaß und eine Menge Proviant und Wasser für dieses Wagnis, da man sich leicht verirren kann. Man sollte die Wüste nie unterschätzen, sie verändert sich dauernd. Am Tage ist es dort heiß wie in einem Backofen, aber nachts fällt die Temperatur drastisch. Man kann da draußen fahren und es hat den Anschein, als sei da absolut nichts außer Sand zwischen einem selbst und dem Horizont, bis man auf einmal, scheinbar aus dem Nichts, eine Herde Kamele, vielleicht hundert Tiere oder mehr, auftauchen sieht. Sie stehen still, deshalb muß man um sie herumfahren — und dann stößt du vielleicht auf ein Beduinenzelt, meilenweit weg von allem. Barfüßige Kinder stürzen zum Zelt heraus und rufen ›Pepsi, Pepsi!‹ Die Frauen lugen durch die Öffnung, und ein alter Mann humpelt zu dir und schüttelt dir die Hand und sagt mit einem breiten zahnlosen Grinsen ›*Marhaba* (Willkommen)!‹

In der Nähe stehen vielleicht ein Dutzend Ziegen unterschiedlichster Fellfärbung, gescheckt und gefleckt, wie man sie in Europa nicht findet. Wenn man sich den Sand überall um einen herum betrachtet, fragt man sich, was sie hier zu essen finden. Heutzutage fahren die Beduinen Landrover und gehen wie jedermann im Supermarkt einkaufen, doch ich überlege oft, wie sie noch vor Jahren lebten, bevor das Öl entdeckt wurde und als die Golfstaaten noch arme und unfruchtbare Länder waren — wie haben sie sich über Wasser gehalten?«

Ich merkte plötzlich, daß ich in Fahrt kam, wie so oft, wenn ich über die Wüste zu reden beginne.

Farzad lächelte. »Nun ja, für den Augenblick muß ich dir das so abnehmen. Aber vielleicht kannst du mir, wenn ich das nächste Mal im Irak bin, ein paar dieser staunenswerten Orte zeigen. Ich war nämlich recht dumm und dachte, die Wüste besteht nur aus Sand, Sand und nochmals Sand.«

»Dann bist du fällig«, versicherte ich ihm.

Wir verließen das Restaurant und nahmen für die Rückfahrt zu seiner Wohnung ein Taxi. Er hatte mir viel darüber erzählt, wie er sie einrichten wollte, doch mir war nicht bewußt gewesen, wie wenig davon erst Wirklichkeit geworden war. Es gab nur wenige Möbel, doch solange er sich die kostspieligen Dinge, an denen sein Herz hing, nicht leisten könne, sei er mit dem jetzigen Zustand zufrieden. Ich mochte seine Zuversicht. Eine Stunde zuvor hatte er mir erklärt, wie wichtig es für ihn sei, beim *Observer* fest angestellt zu werden. Er hegte anscheinend keine Zweifel, daß ihm das gelingen würde; es sei lediglich eine Frage der Zeit. Das wäre nur die nächste Stufe auf der Leiter, mit deren Hilfe er seine Wohnung so einrichten könnte, wie er wollte, und die ihn geradewegs an die Spitze des von ihm eingeschlagenen Berufsweges bringen würde.

Als ich in den frühen Morgenstunden auf Zehenspitzen seine Wohnung verließ, schlief Farzad noch. Zwei Tage später kehrte ich in den Irak zurück, ohne ihn noch einmal getroffen zu haben.

Nach meinem siebentägigen Urlaub in England kam ich in den Irak zurück, flog dann aber Anfang Juni wieder nach London zum einundzwanzigsten Geburtstag von Michelle.

»Alles ist vorbereitet«, sagte meine Tochter mit lässiger Handbewegung. »Du mußt lediglich herkommen, Mutti, und es dir gutgehen lassen — aber du mußt nicht unbedingt mit all den jungen Männern tanzen!«

Die Party, die ihr Freund Peter ausrichtete, sollte in einem exklusiven Club in Mayfair steigen. Michelle sah in ihrem langen Kleid aus cremefarbener Seide, das gut zu ihrer goldenen Haut und ihrem langen dunklen Haar kontrastierte, wunderschön aus. Zusammen mit Peter empfing sie ihre Gäste. Sie kamen aus allen Schichten und Berufen — Börsenmakler, Schauspieler, Anwälte, bekannte Gesichter aus der Musikwelt (Menschen, die sie bei ihrer Arbeit kennengelernt hatte), und auch seit langer Zeit aus den Augen geratene Cousins und all das alte Volk. Ich gehörte zu letzterem, aber das hinderte mich wenig — ich wirbelte bei jeder Gelegenheit über die Tanzfläche. Zwischen den Tänzen saß ich mit meiner Stieftochter Martina und Peters Mutter Billie am selben Tisch.

Es schlug Mitternacht, und Peter stand auf und brachte einen Toast auf Michelle aus. Als wir »Happy birthday« sangen, wanderten meine Gedanken die einundzwanzig Jahre bis zur Geburt von Michelle in der Antoni-Klinik auf Grand Bahama zurück. Cory, mein erster Ehemann, und ich waren so überzeugt gewesen, daß es ein Junge würde, daß wir für eine Tochter nicht einmal einen Namen parat hatten. Die Geburt verlief kompliziert, und Michelle kam mit einem Kaiserschnitt zur Welt. Nach der Geburt ging es mir nicht sehr gut, und ein paar Tage lang konnte ich sie nicht sehen. Ich dachte daran, wie Cory auf meinem Bett saß, als wir darüber sprachen, wie wir das Baby nennen sollten.

»Was hältst du von Michelle?« schlug ich vor.

»Michelle ... Ja, das gefällt mir«, sagte er. »Nennen wir sie Michelle.«

»Nicht so voreilig — sieht sie denn wie eine Michelle aus?«

Er runzelte die Stirn. »Weiß ich nicht, wie sehen Michelles aus?«

»Ach, Cory, geh runter zur Säuglingsstation und schau sie dir einfach an. Du wirst merken, ob sie wie eine Michelle aussieht oder nicht.«

Widerstrebend, hatte ich das Gefühl, ging er in die Säuglingsstation. Bereits nach fünf Minuten war er wieder zurück und grinste über das ganze Gesicht.

»Ja«, sagte er und nickte energisch mit dem Kopf. »Sie sieht entschieden wie eine Michelle aus.« Als ich sie schließlich drei Tage später zum ersten Mal sah, dachte ich vielmehr, sie sehe eher aus wie Winston Churchill.

Ich war so in meinen Gedanken gefangen, daß ich fast nicht mitbekam, was Michelle gerade sagte. Plötzlich schnappten die Leute im Raum nach Luft. Ich blickte hoch und sah, daß sie aufgestanden war und breit lächelte: Sie hatte soeben bekanntgegeben, daß sie und Peter heiraten würden. Freunde eilten nach vorne, um dem glücklichen Paar zu gratulieren. Billie und ich blieben sitzen und schätzten uns gegenseitig ab — immerhin würden wir bald Verwandte sein.

Der Rest meines Urlaubs verging mit Gesprächen über die Hochzeitseinladungen, die Farbe des Kleides, das ich tragen sollte, und den Ort, an dem die Zeremonie stattfinden sollte. Ich versuchte, Farzad zu Hause anzurufen, traf ihn aber nicht an, und schaffte keinen weiteren Versuch mehr. Kurz bevor ich abflog, hatten Michelle und ich eine kleine Meinungsverschiedenheit, die in einen heftigen Streit ausartete. Hochzeitsplanungen sind nie einfach, und wir waren beide überreizt. Als ich England verließ, tröstete mich der Gedanke, daß sich Peter um sie kümmern und emotionale Falten, die ich verursacht hatte, glattbügeln würde.

Das nächste Mal hörte ich von Farzad drei Monate später, am Freitag, dem achten September. Früh am Morgen klingelte in meiner Wohnung in Bagdad das Telefon. Noch im Halbschlaf schlug ich die Augen auf und griff zum Hörer.

»Dee, hallo, hier ist Farzad ... Ja, das ist eine Überraschung. Die Regierung hat mich erneut eingeladen, damit ich über die kurdischen Wahlen berichte. Können wir uns sehen? Heute abend? Großartig, ich hole dich pünktlich um 20.00 Uhr ab.«

Ein Tag auf dem Lande

Es war wunderbar, ihn wiederzusehen. Er sah fit und gesund aus und hatte sich offensichtlich über irgend etwas aufgeregt. Wir saßen auf meinem Sofa und schlürften eisgekühlte Daiquiris.

»Also los, Farzad, spuck es aus. Ich weiß, du brennst darauf, mir etwas zu erzählen! Was ist es? Was ist passiert?«

Er grinste breit, schwieg jedoch einen Augenblick lang. Dann fragte er, wobei er seine Worte vorsichtig wählte: »Hast du irgend etwas von einer riesigen Explosion im Irak gehört?«

»Nein«, antwortete ich. »Was für eine Explosion, wo und aus welchem Grund?«

»Es war irgendwo zwischen Bagdad und Basra — die Tageszeitung *Independent* brachte die Geschichte.«

Wir wurden durch ein Klopfen an der Tür unterbrochen. Es war meine Freundin Catherine, die kurz vorbeischaute. Ich überlegte, ob sie nicht vielleicht etwas über die Sache wissen könnte.

»Catherine, Farzad hat mich gerade gefragt, ob ich etwas von einer Explosion gehört hätte. Ich habe nichts mitbekommen — du etwa?«

»Nein, nichts.« Sie schaute Farzad an. »Was war es — eine Bombe?«

»So genau weiß ich das nicht, aber es geht das Gerücht,

daß siebenhundert Menschen getötet worden seien. Es kann sich um eine Munitionsfabrik oder Ähnliches gehandelt haben, doch wenn Ihnen etwas darüber zu Ohren kommt, lassen Sie es mich bitte wissen. Ich würde der Sache gerne auf den Grund gehen, solange ich hier vor Ort bin.«

»Ich treffe nachher einen Freund, der diesen Abend bei den Friedensstreitkräften verbringt. Ich werde ihn fragen, ob er etwas gehört hat«, versprach Catherine.

Kurz nachdem Catherine gegangen war, chauffierte ich Farzad über die Arbah-Brücke zum Meridian Hotel, wo eine Reihe ausländischer Journalisten abgestiegen waren, die wie Farzad über die kurdischen Wahlen berichten sollten. Wir aßen zu Abend und begaben uns anschließend in die Bar, wo sich die Journalisten versammelt hatten und über die Probleme sprachen, die sie damit hatten, in einem von Geheimhaltung geradezu besessenen Land handfeste Stories zu bekommen. Farzad stellte uns vor. Alle Journalisten zeigten sich an der Sache mit der Explosion interessiert, doch keiner schien zu wissen, was genau geschehen war.

Zwei Tage später war Farzad wieder in meinem Apartment. Ich konnte erkennen, daß er erregt war: er wanderte hin und her und fuhr sich mit den Fingern durchs Haar. Das Informationsministerium hatte zugesagt, ihm ein Transportmittel zur Verfügung zu stellen, um den sogenannten Explosionsort in Augenschein nehmen zu können, doch der Wagen war zum vereinbarten Zeitpunkt nicht aufgetaucht. Er hatte den ganzen Tag in seinem Hotelzimmer verbracht, gewartet, mit dem Ministerium telefoniert und nur den Bescheid erhalten, der Wagen sei unterwegs. Er kam nicht.

»Die Ärsche haben es versprochen, haben versprochen, einen Wagen zu schicken, und jetzt ist dort jeder andere Journalist im Irak gewesen, nur ich nicht. Gestern sind die Jungs von ITN über den Zaun geklettert, der um das Gelände gezogen ist. Das hat ihnen ein bißchen Ärger eingebracht — tatsächlich saßen sie den Tag über in Haft, aber sie haben zumindest eine Story. Was werden die Leute vom *Observer* dazu sagen? Die sitzen jetzt bestimmt alle im Büro und sagen: ›Wo ist nur unser Typ? Was hat Farzad eigentlich getrieben, seit er dort ankam?‹«

»Farzad«, wagte ich schließlich einzuwerfen, »auf mich wirkt das so, als habe das Ministerium nicht die Absicht, einen Wagen zu schicken. Warum nimmst du dir nicht ein Taxi und fährst morgen früh hin — das ist doch bestimmt noch nicht zu spät?«

»Weil die Stelle außerhalb von Bagdad liegt, an einem Ort mit Namen Hilla. Ein Taxi würde das niemals finden. Der Fahrer würde Gott weiß wie lange herumfahren, mir sagen, er könne es nicht finden, mit den Achseln zucken und mir zwanzig Dinar dafür abknöpfen, daß ich den Tag vergeudet habe. Du weißt, wie diese Typen sind, Dee. Die meisten Taxifahrer von Bagdad sind einfache Leute aus den Dörfern; sie können nicht einmal lesen oder schreiben.«

Ich sah, daß er am Ende war, und er tat mir leid. Er dachte offenbar, er sei der einzige Journalist im Irak, der noch nicht in Hilla gewesen war, und das paßte nicht in das Bild des Spitzenreporters, das er von sich hatte.

Plötzlich kam mir in den Sinn, daß ich ihm vielleicht helfen könnte. Morgen hatte ich dienstfrei, und abgesehen von einem Tennismatch, zu dem ich vage mit Catherine verabredet war, und vielleicht einem Bummel durch den Basar hatte ich nichts Konkretes vor.

»Sag, Farzad, soll ich dich dorthin fahren? Ich habe ab morgen ein paar Tage lang frei.«

Er strahlte mich an. »Weißt du, wo das ist?«

»Nun ja, nein, nicht genau, aber ich habe eine ungefähre Vorstellung, und wir könnten jemanden fragen, oder nicht? Auf alle Fälle würde ich dich nicht im Kreis herumfahren und dir dafür zwanzig Dinar abknöpfen.«

Er lachte und umarmte mich kurz. »Dee, du bist ein Engel. Das wäre großartig.«

»Da ist nur eines, Farzad. Ich will nicht, daß wir über Zäune steigen oder sonst etwas tun, das uns in Schwierigkeiten bringt. Das können deine Kollegen von ITN machen, sie verlassen das Land in einigen Tagen, aber ich muß hier arbeiten. Also, wir verstehen uns?«

»Absolut!« Farzad schüttelte den Kopf; die ganze Erregung schien von ihm abzufallen, als er sich den nächsten Tag vorstellte und was er in Hilla entdecken würde. Farzad, so dachte ich für mich, manchmal bist du einfach ein kleiner Junge.

Am nächsten Morgen packte ich eine Kühltasche mit Wasser, Erfrischungsgetränken, zwei Dosen Bier und Snacks. Ich hatte die Reifen des Wagens kontrolliert, das Öl, Wasser und Reserverad, und ich hatte der Krankenhausverwaltung, da es ihr Wagen war, mitgeteilt, wohin ich zu fahren gedachte. Um 10.00 Uhr holte ich Farzad in seinem Hotel ab.

Wir wandten uns Richtung Süden, zur Straße nach Hilla, das deutlich ausgeschildert war. Farzad war gutgelaunt und hatte eine Menge Witze parat. Er war für eine Fahrt aufs Land an diesem schönen sonnigen Morgen der perfekte Begleiter.

»He, Dee, kennst du den von dem Mann, der nicht aufhören konnte, Zement zu essen?«

»Nein.«

»Er war ununterbrochen *stoned*.«

»Kennst du den von der Assel, die in einem Stein lebte? Kennst du den ...?«

Als wir die Außenbezirke von Hilla erreichten, hielten wir an. Wohin jetzt? Eine Gruppe Einheimischer mit Keffiyehs, rotweiß gemusterten Tüchern, auf den Köpfen kam in langen, weißen Gewändern arabischen Stils, sogenannten Djellabas, auf uns zu. Farzad steckte den Kopf aus dem Fenster und sprach in gebrochenem Arabisch mit ihnen.

»*Hamza* Kilometer«, antwortete einer der Männer und zeigte die Straße hinunter. Wir fuhren wieder los, und ich zählte mit dem Kilometerzähler fünf Kilometer ab. Wir suchten den Horizont ab. Plötzlich sprang Farzad auf dem Beifahrersitz in die Höhe und stieß mich am Arm.

»Da, schau, Dee, ein bißchen weiter unten auf der Straße rechts, dort kann ich Stacheldraht sehen. Stell den Wagen hier ab.«

Ich bog von der Hauptstraße ab und folgte der schwachen Fahrspur, bis wir an den Stacheldrahtzaun gelangten. Es gab kaum etwas zu sehen, nur ein paar Bäume und dann Gestrüpp, das sich bis zum Horizont erstreckte.

»Fahren wir den Zaun entlang«, schlug Farzad vor.

Wir setzten unseren Weg fort, bis wir auf ein Tor stießen, das von einem Mann mittleren Alters mit einem riesigen Spitzbauch bewacht wurde, der zu unserem Wagen heranschlenderte und auf Englisch »Guten Morgen« wünschte. Farzad unterhielt sich mit ihm durch das Wagenfenster. Ich sah, wie der Wachmann über seine Schulter auf das Tor hinter sich wies, und hörte ihn sagen »Einen Kilometer«. Farzad bedankte sich bei ihm, und wir fuhren weg.

Ich hatte den Motor laufenlassen und nicht viel von der Unterhaltung mitbekommen.

»Was hat er gesagt?« fragte ich Farzad, als wir weiterfuhren.

»Er sagte, das ist die Explosionsstelle. Sie wissen nicht,

wie es dazu kam. Aber es sind viele Menschenleben zu beklagen. Wir dürfen nicht durch das Tor, also können wir genausogut nach Bagdad zurückkehren.«

Er sah sehr niedergeschlagen aus, als wir uns auf den Rückweg machten. Ich wußte, er hatte das Gefühl, wenn er nur gestern oder vorgestern hierher gekommen wäre, als auch all die anderen Journalisten da waren, hätte er für seine Zeitung eine Art Story zusammenstückeln können, aber jetzt sah das recht hoffnungslos aus.

Auf einmal ergriff er meinen Arm. »Halt eine Minute an, ich habe gerade etwas Interessantes entdeckt!« Ich fuhr an den Straßenrand. »Kannst du ein Stück zurückstoßen?«

Ich fuhr den Wagen langsam auf der leeren Straße zurück, bis wir uns auf gleicher Höhe mit dem Gegenstand befanden, der Farzads Aufmerksamkeit erregt hatte. Er starrte auf etwas, das wie ein Haufen Asche aussah, der auf die Grasnarbe am Straßenrand gekippt worden war. Farzad murmelte aufgeregt vor sich hin. »Interessant, äußerst, äußerst interessant!« Er hörte sich an wie ein verrückter Professor.

Er wandte sich zu mir um. »Kehren wir irgendwo ein, ich muß nachdenken. Das könnte von der Explosion stammen.«

Insgeheim meinte ich, Farzad lasse sich von seiner eigenen Phantasie mitreißen, doch wir fuhren zu einem Teehaus weiter unten an der Straße, wo wir arabischen Tee erhielten, in winzigen Gläsern, die zur Hälfte voll Zucker waren. Farzad knüpfte ein Gespräch mit einem ortsansässigen Schullehrer an, und als frischer Tee serviert wurde, schlenderte ich zu einem offenen Fenster hinüber. Draußen saß ein Mann auf einer Bank. Er sah zu mir herauf und lächelte.

»Hallo! Sind Sie Engländerin? Ich spreche ein wenig

Englisch.« Dann erzählte er weiter, wie er sein linkes Bein im Krieg verloren habe. »Es macht viel *alum* (Schmerz), ich nicht *imshee* (gehe) gut.«

Ich lächelte ihn an. Ich hatte schon viele Männer wie ihn im Irak gesehen, die im Kampf gegen den Iran Gliedmaßen verloren hatten. Es schien so eine Vergeudung — wofür war es gut gewesen? Nach beinahe zehn Jahren und Tausenden von Toten auf beiden Seiten gab es noch immer keine Lösung. All dies sagte ich meinem einbeinigen Freund natürlich nicht, und trotzdem sollte meine unschuldige Unterhaltung mit ihm in den kommenden Wochen bis zur Unkenntlichkeit verdreht werden.

Farzad legte eine Hand auf meine Schulter. »Zeit zu gehen, Dee. Ich muß um 14.00 Uhr bei einer Pressekonferenz sein.«

Auf der Heimfahrt blieb er still und nachdenklich. Ich sang Songs aus dem Musical *Oliver*, aber er sang nicht mit. Er war, so dachte ich, zutiefst enttäuscht.

Zu meiner Überraschung hörte ich von Farzad noch am selben Abend wieder etwas: Er rief an, als ich mich gerade zurechtmachte, um mit ein paar Freunden auszugehen. Und ich war noch mehr überrascht, als ich ihn sagen hörte, er wolle am nächsten Tag noch einmal nach Hilla fahren. Er schien zu glauben, er könnte auf der anderen Seite der Explosionsstelle etwas finden, etwas, das andere Journalisten übersehen hatten. Ich hatte nichts anderes vor, also erklärte ich mich bereit, ihn zu chauffieren.

Als er am nächsten Morgen um 10.15 Uhr zu mir kam, packte ich gerade die Kühltasche. Er wanderte umher und besah sich die Bilder und Fotografien an den Wänden meines Apartments.

»Erzähl mir mehr von deinen Kindern«, sagte er.

»Nun, wie schon gesagt, habe ich eine Tochter, Michelle, und eine Stieftochter, Martina. Michelle wurde auf den Bahamas geboren, als ich noch mit meinem ersten Ehemann, Cory de Vries, verheiratet war, und Martina, die Tochter meines zweiten Ehemannes, John Parish, war acht Jahre alt, als ich sie kennenlernte. Sie sind ganz verschieden.«

»Inwiefern?« fragte Farzad.

»Oh, in jeder nur erdenklichen Weise. Michelle hat dunkles Haar, blaue Augen und ist eine eindrucksvolle Schönheit. Sie hat einen schnellen Kopf und ein phänomenales Gedächtnis für Fakten und Zahlen. Sie arbeitet als Managerin und Agentin für eine Rockgruppe und lebt mit ihrem Freund Peter in London. Martina ist blond und hat blaue Augen, ein nettes, attraktives Mädchen von sanftem Wesen und mit einem wunderbaren Sinn für Humor. Sie ist ausgebildete Krankenschwester an einem Londoner Krankenhaus. Aber die beiden Mädchen sehen sich nur selten. Es ist nicht so, daß sie nicht miteinander klarkommen, es ist eher so, daß sie kaum Gemeinsamkeiten haben.«

»Das ist ein bißchen traurig«, sagte Farzad nachdenklich. »Wie ist dein Verhältnis zu ihnen?«

»Es ist nur schwer möglich, mit Martina nicht auszukommen, sie ist so gelassen. Aber ich habe auch mit Michelle keine Probleme — wir streiten uns natürlich, denn wir haben beide einen Dickkopf, aber wir stehen uns sehr nahe.«

»Ich hoffe, ich lerne sie einmal kennen«, sagte Farzad. »Bist du jetzt fertig? Hier, laß mich die Kühltasche tragen. Übrigens, hast du ein paar leere Behälter, die ich benutzen könnte?«

»Was für Behälter — Limonadeflaschen, Kartons oder was?«

»Nein, etwas Kleineres, wenn du hast.«

»Ich habe zwei kleine Tiegel, die zu einer beschädigten Lieferung fürs Krankenhaus gehörten. Sie waren nicht mehr steril, deshalb dachte ich, ich könnte sie für Handcreme brauchen, wenn ich in Urlaub fahre.«

»Ja, das hört sich gut an.«

Ich gab ihm die beiden Töpfchen mit den Etiketten vom Ibn Al Bitar, und er steckte sie in die Tasche seiner Jeans.

Wir nahmen den selben Weg wie am vorherigen Tag und gelangten zur Explosionsstelle. Ich fuhr weiter die Hauptstraße entlang.

»He, wo fährst du hin?« rief Farzad. »Du bist an der Abzweigung vorbeigefahren.«

»Ich dachte, du willst zur hinteren Seite. Ich suche nach der nächsten Abzweigung.«

»Nein, nein, kehr um und fahr zurück. Ich will an die Stelle, wo wir gestern waren.«

Wir kamen zu dem Aschehaufen am Straßenrand. Weiter weg, auf der anderen Seite, befand sich ein Erdhügel, auf dessen Spitze ein Soldat mit einem Gewehr stand — aber das war im Irak nichts Ungewöhnliches. Das Krankenhaus war von Soldaten umstellt, sie waren an Straßenecken postiert und auf der Spitze von Hügeln und auf Dächern in der ganzen Stadt.

Außerhalb der Explosionsstelle fuhren Autos beidseits auf der Straße entlang, wo wir parkten. Farzad stieg aus dem Wagen und starrte auf den Aschehaufen, den er am Vortag entdeckt hatte. Es war ein heißer Tag. Ich langte in die Kühltasche und suchte nach Soda, zog die Blechlasche ab und nahm einen kräftigen Schluck. Farzad kehrte mit einem alten Schuh und einem Steinbrocken zum Wagen zurück.

»Du hast doch wohl nicht vor, das alte dreckige Ding in meinen Wagen zu legen!« rief ich angewidert aus. Wirklich, Journalisten sind ziemlich außergewöhnliche Menschen. Ein Lastwagen fuhr vorbei, so haarscharf, daß er beinahe meine vordere Stoßstange abgerissen hätte.

»Idiot!« schrie ich dem entschwindenden Lastwagen hinterher.

Der Soldat auf dem gegenüberliegenden Hügel schaute zu uns herüber, zeigte aber weiter kein Interesse. Farzad stieg wieder in den Wagen, öffnete das Handschuhfach, warf etwas hinein und sagte: »Komm, Dee, fahren wir zurück. Ich habe um 14.00 Uhr wieder eine Pressekonferenz.«

Als ich losfuhr, langte Farzad in seine Tasche und holte einen Fotoapparat hervor. Es gab keine Anzeichen dafür, daß wir uns in einem Sperrgebiet befanden und das Fotografieren verboten war, wie sie im Irak häufig anzutreffen sind. Er schoß ein Foto vom Verkehrswegweiser, auf dem in englisch »Alexandria« und darunter das entsprechende arabische Wort stand, und zwei weitere Bilder von dem Gestrüpp und dem Zaun.

Wir wandten uns Richtung Norden, zurück nach Bagdad. Farzad war äußerst guter Laune, und die Heimfahrt verlief wesentlich fröhlicher als am vorangegangenen Tag. Er hatte neue Witze auf Lager, und wir lachten und sangen zusammen wie Kinder.

Die Zeit verflog im Nu, und wir waren wieder an der Brücke des Vierzehnten Juli. Einen Moment war ich unentschlossen und fuhr den Wagen an den Straßenrand, damit ich erkennen konnte, auf welcher Seite der Brücke wir uns befanden. Bevor ich in die falsche Richtung fuhr, war es besser, es jetzt herauszufinden, bevor ich mich in inmitten eines mittäglichen Verkehrschaos mit wütenden Autofahrern wiederfand. Wie der Blitz erschien ein Polizist am Wagenfenster.

»Was machen Sie da? Warum halten Sie an?« schrie er mich an. »Wohin wollen Sie? Wer sind Sie?«

Ich erkannte mit einem unguten Gefühl im Magen, daß ich vor dem Palastgelände stehengeblieben war, wo Präsident Saddam Hussein wohnte.

»Es tut mir schrecklich leid, Officer«, stammelte ich. »Ich war verwirrt. Ich wußte nicht mehr, auf welcher Seite der Brücke ich mich befand. Aber jetzt weiß ich, wo ich bin.«

»Hier dürfen Sie nicht halten. Wohin fahren Sie? Was machen Sie?«

»Wir waren gerade auf dem Weg zum Meridian Hotel. Mein Freund muß dort in einer halben Stunde bei einer Pressekonferenz sein.«

Der Polizist behielt seine finstere Miene bei, winkte uns aber weiter. Als wir davonfuhren, schaute ich in den Rückspiegel und sah, wie er etwas in ein Notizbuch schrieb.

»Du bist eine Idiotin«, zischte Farzad. »Wenn er den Wagen durchsucht hätte, wäre er auf meinen Fotoapparat gestoßen.«

»Na und?« gab ich, von seiner Brüskheit betroffen, zurück. »Es gibt kein Gesetz gegen das Tragen eines Fotoapparates. Der Irak soll die Wiege der Zivilisation sein, das Land strotzt vor antiken Bauwerken. Solange wir unsere Fotoapparate nicht auf Gebäude mit einem Schild richten, nach dem das Fotografieren dort verboten ist, ist es kein Problem. Ich habe meinen Fotoapparat die ganze Zeit bei mir.«

Später sollte ich diesen letzten Satz noch zutiefst bereuen.

Zwei Tage danach, am Donnerstagabend, erhielt ich einen Anruf von Farzad, mit dem er mich bat, ihn in der Bar des Sheraton Hotel zu treffen.

»Wie lange hast du Zeit?« fragte er mich bei meinem Eintreffen.

»Ungefähr eine Stunde, Farzad. Ich habe gerade eine zermürbende Vierzehn-Stunden-Schicht im Hospital hinter mir und muß schon um 7.30 Uhr wieder den Dienst antreten.«

»Es ist gut, daß du gekommen bist, Dee. Das ist nichts, was ich durchs Telefon sagen möchte.«

Ich lehnte mich in meinem Stuhl zurück und wartete darauf, daß er zu sprechen begann.

»Ich fliege morgen früh«, verkündete er abrupt. »Die Britische Botschaft hat mir geraten, mich auf die Socken zu machen.«

»Warum, was um Himmels willen ist passiert?«

»Ich habe sie gebeten, die Ascheproben, die ich in Hilla genommen habe, mit dem Diplomatengepäck außer Landes zu bringen. Das lehnten sie ab und rieten mir, den Irak so schnell wie möglich zu verlassen. Ich nehme die erste Maschine, die morgen geht.«

»Du wolltest doch erst am Dienstag abreisen, nicht wahr? Bist du in Schwierigkeiten, Farzad?«

»Nein, nichts dergleichen. Die Botschaft sagte, das gehöre nicht zu der Art von Dingen, die sie mit dem Diplomatengepäck verschicken, aber es ist noch kein Problem, Dee. Denk einfach nicht dran — es ist alles bestens. Und überhaupt, wie geht es dir?«

»Ich schwebe über den Wolken. Mein Dezemberurlaub wurde heute genehmigt. Ich fahre zu Weihnachten nach Hause.«

Er nahm meine Hände, und wir lachten gemeinsam. »Das ist toll, Dee! Wir sollten uns treffen. Ruf mich an, sobald du in Heathrow ankommst.«

»Klar doch.«

Die sich anschließende Unterhaltung drehte sich um unsere jeweiligen Pläne zu Weihnachten. Farzad begleitete mich zum Parkplatz und winkte mir nach, als ich davonfuhr. Er hatte mir erzählt, in London sei das Wetter gut, doch ich hatte das sichere Gefühl, es sei nirgendwo auch nur annähernd so gut wie an den sonnigen Tagen, die wir im Irak verlebt hatten, und ich entschloß mich, für die Heimfahrt im Dezember warme Kleidung herauszusuchen.

Wände haben Ohren

Der Versuch, einen Menschen nach einem Herzstillstand wiederzubeleben, ist stets, ganz egal ob er erfolgreich verläuft oder nicht, eine enorme Belastung der mentalen wie körperlichen Kraft. Beim heutigen Patienten handelte es sich um eine junge Frau mit einer seltenen Krankheit; zu viert hatten wir mehr als eine Stunde lang versucht, sie zu stabilisieren. Ich fühlte mich erschöpft, als ich zurück ins Schwesternzimmer ging, aber auf mich wartete noch einiger Papierkram: Ich mußte den Dienstplan der fünfunddreißig irakischen Übersetzer, die im Krankenhaus arbeiteten, für die nächste Woche ausarbeiten. Das war keine leichte Aufgabe. Aus kulturellen Gründen mußten alle Übersetzer in der Nachtschicht Männer sein, deshalb war diese Schicht vergleichsweise simpel zu organisieren; da jedoch drei der Frauen Mutterschaftsurlaub hatten, weitere zwei längerfristig krankgeschrieben waren und eine sich neuerdings weigerte, irgendwo anders als auf der Nierenstation zu arbeiten, gestaltete sich die Ausarbeitung des Tagesdienstplanes weitaus schwieriger. Hinzu kam noch, daß manche Abteilungen bestimmte Personen auf dem Dienstplan nicht haben wollten, während andere so hoch spezialisiert waren, daß sie Übersetzer benötigten, die Erfahrungen auf dem jeweiligen Gebiet besaßen. Gerade als der Plan anfing, klarer zu werden, ertönte mein Piepser.

»Miss Dee, gehen Sie bitte sofort ins Büro von Dr. Raad!« wies mich die Stimme an.

Was sollte denn das? So wunderte ich mich, als ich durchs ganze Krankenhaus zur Ambulanz ging, wo Dr. Raad, der irakische Verwaltungsdirektor, seine Büroräume hatte.

»Gehen Sie gleich rein«, sagte man mir im Sekretariat. »Dort warten ein paar Leute auf Sie.«

Leute? Was für Leute? Ich hoffte, es würde nicht lange dauern; ich hatte bereits mehr als genug zu tun, auch ohne irgendwelche unerwarteten Gäste durch das Krankenhaus zu führen. Dr. Raad stand hinter seinem Schreibtisch; er schien ein Papier zu lesen. Zwei Männer in dunklen Anzügen saßen an den Seiten des Schreibtisches in Sesseln. Dr. Raad blickte auf, sein Gesichtsausdruck war ernst.

»Dee, Sie müssen zum Richter. Diese Männer sind gekommen, um Sie mit ihrem Wagen hinzubringen«, sagte er ruhig.

Richter? Wovon redete er? War dieser mysteriöse Richter krank? Wie dem auch war, ich konnte das Krankenhaus jetzt nicht verlassen.

»Tut mir leid, das ist unmöglich«, antwortete ich fest. »Ich kann nirgends hin. Ich habe wegen eines Herzstillstandes Bereitschaft. Was soll das alles eigentlich?«

»Ich weiß es nicht«, gab er mir zur Antwort; doch was immer auch in arabisch auf dem Papier geschrieben stand, das er vor sich hielt, es hatte bei ihm Besorgnis ausgelöst. Selbst der Verwaltungsdirektor des Krankenhauses war nicht vor der Furcht vor der irakischen Bürokratie gefeit. Es war eine Furcht, die ich im Laufe meiner Arbeit bei zahlreichen Gelegenheiten gesehen hatte, auf den Gesichtern von Patienten wie des Personals. Eine unangenehme Art von »Wände haben Ohren«-Angst, die ich, wie ich heute weiß, nie richtig begriffen und als eine Art nationaler Paranoia abgetan hatte. »Aber Sie müssen mit diesen Männern gehen. Jetzt«, fügte er hinzu.

Mir wurde langsam etwas unbehaglich, obwohl ich dies zu verbergen suchte.

»Bevor ich irgendwohin fahren kann, muß ich die Pflegedienstleiterin anrufen. Ich kann nicht einfach die Tatsache ignorieren, daß ich Bereitschaftsdienst wegen eines Herzstillstandes habe, und einfach das Krankenhaus verlassen. Abgesehen davon, bin ich nicht bereit, mit zwei Männern, die ich noch nie zuvor gesehen habe, in ein Auto zu steigen«, sagte ich forsch.

Dr. Raad sprach auf arabisch mit den Männern und wandte dann sich wieder mir zu. Er zeigte auf das Telefon auf seinem Schreibtisch. »Sie können von hier aus die Pflegedienstleiterin anrufen.«

Als ich dem Läuten lauschte und darauf wartete, daß die Pflegedienstleiterin den Hörer abhob, suchte ich in meinem Kopf verzweifelt nach einer Erklärung. Ich war völlig verwirrt. Was konnte ein irakischer Richter wohl von mir wollen? Dann fiel es mir ein — der Autounfall, natürlich, das mußte es sein!

Am vergangenen Samstagabend war der Wagen, in dem ich mitfuhr, von hinten von einem verrückten Fahrer in einem hellgrünen Auto angefahren worden, der dann davonraste, als sei nichts passiert. Es war niemand verletzt worden, und da kleinere Kollisionen zum allgemein schlechten Fahrstil in Bagdad gehören, hatte ich mir nichts weiter gedacht. Oder könnte es sich um den Botschafter handeln? Ein irakischer Botschafter, der im Westen stationiert gewesen war, ein Patient von Station C, war vor kurzem ausgerutscht und auf den nassen Boden des Badezimmers gestürzt; hatte er sich beschwert? Oder vielleicht der irakische General von Station E: Er schien recht freundlich zu sein, aber man konnte nie wissen, wer sich über was und bei wem beschweren würde. Nach einem Jahr am Ibn Al Bitar Hospital hatte ich keine Illusionen mehr: Wenn irgend etwas irgendwo im Krankenhaus schiefging, waren wir es, das Pflegepersonal, die das auszubaden hatten.

Schließlich hob die Pflegedienstleiterin ab. Ich erklärte ihr rasch die Situation und meine Weigerung, mit zwei fremden Männern in ein Auto zu steigen. »Zu Recht«, antwortete sie beruhigend. »Bleib stur, Dee. Ich bin gleich da.«

Dr. Raad sah nicht nur besorgt, sondern auch ein wenig erschrocken aus. »Sie müssen jetzt gehen, Dee. Diese Männer können nicht warten.«

Ich sah ihn an. Das konnte er nicht ernst meinen. Er erwartete doch nicht wirklich, daß ich mit diesen zwei Fremden wegfuhr, nach mehreren Erzählungen, die ich von anderen Ausländern im Irak gehört hatte. Gerüchte, daß Frauen aus dem Westen in die Wüste gebracht wurden — vergewaltigt, ermordet, im Sand verscharrt wurden und man nie wieder von ihnen hörte —, gab es in Bagdad mehr als genug. An diesen Geschichten war vielleicht nicht ein Körnchen Wahrheit, doch ich hatte nicht den Wunsch, das persönlich zu erkunden.

Ich appellierte an Dr. Raad, den ich stets für einen vernünftigen und mitfühlenden Mann gehalten hatte. »Wenn ich denn schon mitgehen muß, so doch nicht allein. Kommen Sie bitte mit! Wer weiß, was mit mir geschieht, wenn Sie es nicht tun?«

Die zwei Männer standen auf und schritten auf mich zu. »Wir gehen jetzt«, sagte einer von ihnen auf englisch. »Dr. Raad kann mit Ihnen kommen.« Ich konnte nicht glauben, was da geschah. Wenn ich nur mit der Pflegedienstleiterin sprechen könnte. Sie war eine verständnisvolle Frau in einer verantwortungsvollen Position; vielleicht würden sie sie ernst nehmen. Ich bat darum, den Waschraum aufsuchen zu dürfen — als Verzögerungstaktik so gut wie jede andere. Als ich Dr. Raads Büro verließ, folgte mir einer der Männer den Korridor hinunter und stellte sich draußen vor die Klotür. In diesem Augenblick bekam ich zum erstenmal Angst. Bis dahin war es mir erschienen, als wären das einfach zwei Typen, die mir mit ihrem Blödsinn den Tag vermasseln wollten. Nun sah es plötzlich wirklich ernst aus. Wieso würde mir sonst dieser Mann folgen und genau vor der Klotür stehenbleiben, als wäre ich drauf und dran, davonzurennen oder dergleichen zu tun?

Als wir zu viert das Krankenhaus verließen, kamen wir an der Pflegedienstleiterin vorbei, die auf dem Weg zu mir war. Sie hob zum Protest eine Hand, doch ich wurde an ihr vorbei- und auf den Rücksitz eines wartenden Autos geschoben. Sie starrte uns nach, als der Wagen schnell das Krankenhausgelände verließ.

Der Fahrer wollte eindeutig nicht, daß ich wußte, wohin ich gebracht wurde. Er kurvte durch schmale Hintergassen, fuhr Umwege und häufig die selbe Strecke zweimal. Das war reine Zeitverschwendung, da ich zu diesem Zeitpunkt als Autofahrerin Bagdad bereits sehr gut kannte. Auch wenn nur wenige Straßennamen zu sehen waren (man hatte sie zu Beginn des iranisch-irakischen Krieges entfernt, um eventuelle Invasionsversuche zu behindern), so konnte ich doch zahlreiche Ladengeschäfte und Gebäude erkennen. Ich wußte, ich war im Gebiet von Karrada, einer langen Einkaufsstraße, in der westliche Ausländer häufig arabische Gemälde und Kunstobjekte suchten.

Wir fuhren durch ein Tor und hielten neben einer Art Fertigbau-Baracke. Ein hochgewachsener, gutaussehender Soldat eskortierte uns hinein. Aus der arabischen Unterhaltung, die sich anschloß, begriff ich, daß sein Name Ahmed war. Einer der jungen Männer sprach mit Dr. Raad in anscheinend ziemlich offiziellem Ton, doch auf das, was folgte, war ich nicht vorbereitet.

»Ich muß jetzt gehen, Dee«, teilte mir Dr. Raad leise mit. »Sie sagen, ich muß gehen.«

Ich geriet in Panik. Ich wollte nicht in dieser Baracke mit diesen jungen Kerlen in Uniform alleingelassen werden. »Nein! Nein, gehen Sie nicht, bitte lassen Sie mich nicht allein!« flehte ich ihn an.

»Ich muß, Dee. Es tut mir leid, aber sie sagen, ich darf nicht bleiben. Wir kontaktieren die Britische Botschaft, die Ihre Familie unterrichten wird.« Dann war er verschwunden. Ich hörte das Geräusch des Wagenmotors — ich war auf mich allein gestellt.

»Spricht irgend jemand Englisch?« Ich sah mich hoffnungsvoll um, stieß jedoch nur auf starre leere Blicke. Andere Soldaten kamen in die Baracke oder standen an der Tür und schauten mich neugierig an. Mir war zwar die meiste Zeit der Irak im Vergleich zu Saudi-Arabien als sehr liberales, beinahe verwestlichtes Land erschienen, doch gehört er dennoch zur arabischen Welt, mit der Kultur und den Traditionen dieser Welt. Diese Knaben waren nicht daran gewöhnt, Frauen alleine, ohne von ihrer unmittelbaren Familie umgeben zu sein, zu sehen; das wurde deutlich aus der Art, wie sie mich anstarrten, jedes Detail an mir registrierten, vor allem die blonden Haare und blauen Augen.

Weibliche Tugend hat in der arabischen Welt einen hohen Stellenwert. Um das gute Benehmen der Männer zu garantieren, werden den Frauen spezielle Verhaltensweisen abverlangt, was oft einschließt, daß sie von Kopf bis Fuß verhüllt sind, sobald sie sich außerhalb der Mauern ihres Hauses aufhalten. Es kommt selten vor, daß eine Frau alleine ausgeht, ohne die Begleitung einer anderen Frau oder eines männlichen Mitglieds der Familie. Natürlich halten die verschiedenen arabischen Länder unterschiedlich stark an diesen Traditionen fest. In Saudi-Arabien und Irak ist es obligatorisch, sich zu verhüllen, wohingegen in anderen Staaten wie etwa Ägypten und Jordanien dies dem Ermessen der einzelnen Frau überlassen bleibt. Doch in der ganzen islamischen Welt sind diese Bräuche in der Landbevölkerung und der normalen Arbeiterschicht, aus der diese Jungens vermutlich stammten, noch fest verankert.

Die Soldaten unterhielten sich, mal laut, mal leise, offensichtlich über mich. Es waren acht oder zehn. Die Tatsache, daß keiner von ihnen zugab, Englisch zu sprechen, verstärkte meine Furcht, obwohl eine Vergewaltigung oder eine Ermordung in fremder Sprache kaum noch schlimmer sein kann.

Mir wurde klar, daß Dr. Raad der einzige Mensch war, der wußte, wo ich war. Da er Iraker und so eindeutig verängstigt war, fragte ich mich, inwieweit ich mich darauf verlassen konnte, daß er sein Versprechen einlöste und die Britische Botschaft informierte. Ich hatte Angst, fühlte mich allein und körperlich verletzlich.

Nach ungefähr zehn Minuten schien die Anwesenheit einer blondhaarigen Frau aus dem Westen in ihrer Mitte einige Soldaten langsam zu langweilen, doch ich empfand die Atmosphäre in der Baracke weiterhin als einschüchternd und bedrückend. Deshalb erleichterte es mich sehr, als Ahmed, der Soldat, der Dr. Raad und mich in die Baracke begleitet hatte, von der Tür aus »Yalla (Komm)!« rief und mich mit einer Geste aufforderte, ihm zu folgen. Es war ein kurzer Weg, über einen Hof in ein dreistöckiges Betongebäude. Ahmed führte mich in einen

Raum, der lediglich mit einem Tisch und ein paar Stühlen möbliert war. Er zeigte auf eine Schachtel auf dem Tisch, in der ein schmuddliges, zerknittertes Flanellhemd lag. Diesen dreckigen Fetzen würde ich bestimmt nicht anziehen. Ich schüttelte, wie ich hoffte, mit aller Entschiedenheit den Kopf. Ahmed hob seinen Gewehrlauf etwas und wies noch einmal auf die Schachtel und bellte mir auf arabisch einen Befehl zu, den ich nicht verstand. Ich konnte sehen, daß er verwirrt war, doch ich blieb unnachgiebig — auf keinen Fall ein Flanellhemd, sei es nun dreckig oder sauber. Er schien zu merken, daß es sinnlos war, weiter darauf zu bestehen: »*Malish* (Auch egal).«

Er führte mich hinaus, und wir betraten einen anderen Raum im Erdgeschoß, wo ich von einem kleinwüchsigen, lächelnden Iraker mit einer Narbe über der Nase auf englisch begrüßt wurde. Er machte einen freundlichen Eindruck. »Bitte setzen Sie sich. Ich bin Übersetzer, und dieser Mann«, sagte er mit einem Kopfnicken zu dem streng dreinblickenden Typen mit stahlharten Augen hinter dem Tisch, »würde Ihnen gerne ein paar Fragen stellen.«

Die Art, wie ich zu diesem Treffen gebracht worden war, hatte mich bis dahin nicht weiter entnervt, doch nun fühlte ich Erleichterung, weil ich nun endlich herausfinden würde, was das Ganze sollte. Ich setzte mich an einen Tisch neben den Mann, der sich als der Übersetzer vorgestellt hatte, gegenüber dem Mann, der von mir einige Antworten erwartete. Der Raum war groß und recht komfortabel eingerichtet; es gab sogar eine Couch. Außer uns dreien waren noch zwei weitere Männer anwesend. Später sollten auch diese beiden mich befragen, und noch später sollten ihnen zwei andere folgen und dann nochmals zwei oder drei — und jeder von ihnen sollte über den Übersetzer Fragen auf mich abfeuern. Zu Anfang schienen meine

Befrager ohne erkennbare Taktik den Raum zu betreten und zu verlassen, aber bald merkte ich, daß sie, selbst wenn sie nicht im Raum waren, alles hören konnten, was dort gesagt wurde; sonst hätten sie die Befragung nicht exakt an dem Punkt fortführen können, an dem sie unterbrochen worden war.

Der streng blickende Mann stieß einen kurzen Satz auf arabisch hervor. Der Übersetzer wandte sich mir mit einem Lächeln zu und fragte höflich: »Könnten Sie uns sagen, wo Sie am vergangenen Montag und Dienstag waren?«

Ich dachte einen Augenblick nach. Heute war Dienstag, was hatte ich vor einer Woche an diesem Tag gemacht? Plötzlich durchströmte mich ein Gefühl unendlicher Erleichterung. Das war es also! Ich mußte einfach lächeln.

»Letzten Montag und Dienstag war ich mit einem Freund, einem britischen Journalisten, zusammen. Wir fuhren nach Hilla«, erzählte ich. »Er hatte die Erlaubnis des Informationsministeriums, Hilla zu besuchen. Sie wollten ihm einen Wagen schicken, aber er tauchte nie auf«, fügte ich sicherheitshalber hinzu.

Ich fühlte mich zwar erleichtert, daß es nur um die Fahrt nach Hilla ging, die mehr als ein Dutzend anderer britischer Journalisten zur selben Zeit unternommen hatten, aber ich fragte mich doch, was Farzad herausfinden wollte. Als ich ihn das letzte Mal gesehen hatte, am Donnerstag, hatte er gesagt, er würde den Irak am nächsten Tag verlassen. Ich überlegte, ob er vielleicht etwas Umstrittenes im *Observer* geschrieben hätte, das dann zwei Tage später in London veröffentlicht worden war. Das würde zeitlich dazu passen, daß ich heute, Dienstag, hierher gebracht worden war. Doch wenn Farzad irgend etwas über unsere Fahrt nach Hilla geschrieben hatte, dann hatte er es sich aus den Fingern gesogen. Ich war dabeigewesen, und der Trip war völlig ereignislos verlaufen.

Darauf bedacht, von hier wegzukommen, schilderte ich die Vorkommnisse unserer zwei Touren nach Hilla detailgetreu. Ich hatte nichts zu verbergen. Mir war lediglich daran gelegen, wieder an die Arbeit gehen zu können. Da ich dachte, sie würden mich freilassen, sobald die Befragung abgeschlossen sei, hatte ich vorrangig das Gefühl: »Gott sei Dank, macht weiter. Bringen wir es hinter uns, und dann nichts wie weg!«

Ich glaubte nicht, daß die Ascheproben, die Farzad mitgenommen hatte, möglicherweise Schlimmes nach sich ziehen könnten. In Hilla hatte ich vielmehr kurz überlegt, daß er sich eher übertrieben verhielt, die Sache meinetwegen etwas aufbauschte, den Superjournalisten auf der Suche nach einem Knüller spielte. Ich glaubte, er spiele nur mit einem Haufen Staub oder Asche, etwas vollkommen Bedeutungslosem herum. Auch sah ich ihm nicht zu, als er die Proben nahm, wenn ich auch merkte, daß er reichlich nachlässig etwas in das Handschuhfach des Jeeps warf, als er zurückkam. Sicher, bei unserem letzten Zusammentreffen hatte er die Töpfchen angesprochen, aber er hatte die ganze Sache auch heruntergespielt und gesagt: »Vergiß es, das ist kein Problem.« Vielleicht hätte ich es merken sollen, aber das war nicht der Fall. Ich gratulierte mir nur zu der Tatsache, daß wir nicht den Drahtzaun überstiegen, nichts aktiv unternommen und auch nichts gesehen hatten, das irgendwie gegen die Vorschriften verstoßen hätte.

Deshalb erzählte ich ihnen alles im Detail, und dann noch einmal, und dann noch einmal.

»Letzten Montag packte ich eine Kühltasche mit Getränken, kontrollierte den Wagen, holte Farzad vom Hotel ab und fuhr nach Hilla. Wir trafen auf ein Tor, das ein

Soldat bewachte, der mit uns sprach. Wir fuhren weg. Farzad entdeckte einen Haufen Asche am Straßenrand. Wir hielten an; er besah sich den Haufen; wir fuhren wieder los. Auf dem Heimweg tranken wir in einem Teehaus Tee. Ich setzte ihn vor 14.00 Uhr bei seinem Hotel ab, wo er zu einer Pressekonferenz mußte. Am Abend rief er mich an und fragte, ob wir am nächsten Tag noch einmal dorthin fahren könnten. Ich sagte ja. Diesmal nahm Farzad Proben von dem Aschehaufen am Straßenrand und füllte sie in zwei Töpfchen, die ich ihm gegeben hatte.«

»Wie kamen Sie nach Hilla?«

»Ich folgte den Wegweisern.«

»Worüber haben Sie sich während der Fahrt unterhalten?«

»Wir erzählten uns Witze.«

»Was für Witze?«

»Witze, ganz normale Witze«

»Politische Witze?«

»Nein, ganz alltägliche, blöde Witze.«

»Wer trug die Kühltasche, als Sie Ihre Wohnung verließen?«

»Farzad.«

»Wer sagte Ihnen, wie Sie nach Hilla kämen?«

»Niemand. Ich sagte doch, wir folgten den Wegweisern.«

»Was hat der Soldat zu Ihnen gesagt?«

»Er sagte ›Guten Morgen‹ und erzählte, wir seien einen Kilometer von der Explosionsstelle entfernt, doch wir könnten genausogut nach Hause fahren, da wir sie nicht betreten dürften.«

»Wofür genau hat sich Farzad am Straßenrand interessiert?«

»Nichts Besonderes, ein Häufchen Asche, ein Haufen Staub.«

»Was hat er dazu gesagt?«

»Er meinte, das könnte von der Explosion stammen.«

»Wie oft sind Sie in Hilla gewesen?«

»Ich war zweimal dort: einmal letzten Montag und noch einmal am Dienstag.«

»Sind Sie zuvor schon in Hilla gewesen?«

»Nein.«

»Hat Bazoft Ihnen den Weg nach Hilla erklärt?«

»Ja. Nein. Er wußte von seinen Freunden, den anderen britischen Journalisten, ungefähr, wo es liegt, aber ich fand den Weg, indem ich den Straßenschildern folgte. Es ist gut ausgeschildert.«

»Das war am Mittwoch?«

»Nein, das war am Montag und am Dienstag. Ich fuhr am Mittwoch nicht nach Hilla.«

So ging es weiter und weiter. Die immer gleichen Fragen, von den verschiedenen Vernehmungsbeamten auf unterschiedliche Weise gestellt, manchmal nett, manchmal eklig, aber immer durch die mäßigende Stimme des Übersetzers. Mir begann der Kopf zu schwirren, wenn ich den zunächst auf arabisch, was ich nicht verstand, und dann auf englisch gestellten Fragen lauschte. Ich antwortete auf englisch, und das wurde wieder ins Arabische übersetzt. Die Vernehmungsbeamten wechselten, doch das Verhör ging unbarmherzig weiter.

Es schienen Stunden vergangen zu sein — genau wußte ich es nicht, denn irgendwann hatte man mir meine Uhr weggenommen —, als zwei Männer den Raum betraten und mich aufforderten, auf der Couch Platz zu nehmen. Das war eine neue Taktik; diese beiden wollten nur freundlich plaudern.

»Sie können uns vertrauen, alles kommt in Ordnung. Ihnen passiert nichts Schlimmes. Erzählen Sie uns einfach, was passiert ist, wie es passiert ist, und alles ist gut.«

Nachdem mich die Guten mehrere Minuten lang beruhigt hatten, kehrte ich zum Tisch zurück, wo an die Stelle des letzten Vernehmungsbeamten ein frischer und härterer Böser getreten war. Er verlor keine Zeit.

»Also, was passierte, in Ihren eigenen Worten, letzten Montag genau?«

Ich wandte mich frustriert an den Übersetzer. »Schauen Sie, das haben wir doch schon alles gehabt. Ich habe Ihnen alles erzählt, was passiert ist, wie es passiert ist, alles, was ich weiß. Mehr kann ich nicht sagen. Mehr ist da nicht.«

Der Vernehmungsbeamte lächelte spöttisch und verfiel in eine Tirade auf arabisch. Der Übersetzer blickte fast entschuldigend drein.

»Da sind nur noch ein oder zwei Dinge, die wir noch überprüfen müssen. Woher hatten Sie die Töpfchen, die Sie Bazoft gaben?«

»Aus dem Krankenhaus.«

»Wie kamen sie in Ihre Wohnung?«

»Sie gehörten zu einer beschädigten Lieferung, die im Krankenhaus ankam. Wenn eine Lieferung steriler Dinge beim Transport beschädigt wird, ist sie nutzlos und wird entweder zurückgeschickt oder weggeworfen. Ich nahm die Töpfchen, die ich Farzad gab, von so einer beschädigten Lieferung.«

»Wieviele Luftabwehrraketen haben Sie in Hilla gezählt?«

»Ich weiß nicht, was eine Luftabwehrrakete ist.«

»Wieviele Luftabwehrraketen hat Bazoft in Hilla gesehen?«

»Ich weiß nicht, wie eine Luftabwehrrakete aussieht, aber die einzige Waffe, die ich sah, und damit die einzige, die auch Farzad gesehen haben kann, war das normale Gewehr, das der Wachsoldat am Zaun trug.«

»Was war das für eine Waffe?«

»Ich weiß es nicht, eine ganz gewöhnliche Waffe, Sie würden es vermutlich Gewehr nennen, das gleiche, das alle Soldaten in Bagdad tragen.«

Sie ließen mir zwischen den Fragen kaum Zeit zum Nachdenken, doch im Hinterkopf verfluchte ich Farzad. Was um Himmels willen hatte er in der Sonntagsausgabe geschrieben? Es mußte etwas Schlechtes gewesen sein, etwas, das ihnen ganz und gar nicht gefallen hatte, wenn sie meinten, mich so zu behandeln müssen. Zu diesem Zeitpunkt glaubte ich, er habe mich in etwas reingeritten, und das ärgerte mich.

All dies schoß mir durch den Kopf, während ich weiter die Fragen beantwortete. Wenn ich von hier weg wollte, schien ich betonen zu müssen, daß wir absolut nichts gesehen, nichts getan hatten, diesseits des Zauns geblieben waren und nichts von dem tatsächlichen Gebiet der Explosion gesehen hatten. Soweit es mich betraf, hatten wir die Gesetze eingehalten, und was auch Farzad geschrieben oder gesagt haben mochte, mußte seiner Phantasie entsprungen sein.

Ich hatte seit dem Morgen nichts zu mir genommen, doch Essen war das letzte, an das ich dachte. Jetzt verlegten sich die Vernehmungsbeamten neben den Fragen nach jedem nur denkbaren Aspekt der Fahrten nach Hilla zudem noch auf mein Verhältnis zu Farzad.

»Wie haben Sie Bazoft kennengelernt?«

»Er kam mit zwei Beamten des Informationsministeriums ins Ibn-Al-Bitar-Krankenhaus.«

»Was geschah dann?«

»Farzad stellte mir ein paar Fragen über das Krankenhaus. Ich sagte, was ich wußte ...«

»Was haben Sie ihm erzählt?«

»Ich schilderte ihm, was wir tun, wie viele Patienten

wir haben, allgemeine Informationen, nichts Besonderes. Dann führte ich ihn und die zwei Beamten vom Informationsministerium in die Krankenhauskantine, wo wir Tee tranken.«

»Und dann verließ er das Krankenhaus?«

»Ja.«

»Und Sie trafen ihn später wieder?«

»Ja, er fragte mich, vor den beiden Beamten, ob er mich anrufen könne. Ich sagte, das könne er, sagte aber auch, mehr könnte ich ihm über das Krankenhaus nicht erzählen, und machte den Vorschlag, wenn er noch mehr wissen wolle, solle er sich an den Direktor des Ibn Al Bitar wenden. Ich gab ihm dessen Namen und die Nummer seines Haustelefons.«

»Hat er den Direktor angerufen?«

»Ja.«

»Hat er Sie angerufen?«

»Ja, er rief mich später am selben Tag im Krankenhaus an und lud mich zum Abendessen ein.«

»Was haben Sie gesagt?«

»Ich habe die Einladung angenommen.«

»Wohin sind Sie mit ihm gegangen?«

»Wir gingen nur ins Restaurant vom Melia Hotel.«

»Sie gingen mit ihm in sein Hotel?«

»Ja, wir aßen im Restaurant seines Hotels zu Abend.«

»Was geschah dann?«

»Ich ging nach Hause.«

»Nachdem Sie mit ihm zu Abend gegessen hatten, kehrten Sie in Ihre Wohnung zurück?«

»Ja.«

»Allein?«

»Ja.«

»Was haben Sie gegessen?«

»Äh, Hühnchen, glaube ich. Ja, Hühnchen.«

Das Ganze wurde immer absurder. Ihre Fragen schienen — wenn überhaupt möglich — noch irrelevanter zu werden. Es war klar, sie kamen mit der Tatsache nicht zurecht, daß ich auf ein Abendessen mit einem Mann eingegangen war, den ich kaum kannte, und sie erforschten jedes noch so kleine Detail wieder und wieder.

»Warum haben Sie einem Abendessen mit Bazoft zugesagt?«

»Nun ja, er ist Brite.«

Das war vielleicht keine sehr überzeugende Antwort, doch selbst sie als Iraker mußten doch eine gewisse Vorstellung haben, wie für Ausländer das Leben in Bagdad aussieht. Wir waren Fremde, weit weg von zu Hause, und Freundschaften wurden nahezu sofort geschlossen. Ich arbeitete gerne im Mittleren Osten, und ich hatte eine echte Zuneigung für die arabische Rasse entwickelt — für ihre Kultur und viele ihrer Sitten. Und doch hätte ich nicht isoliert von anderen Europäern leben mögen. Nach bald einem Jahr Aufenthalt im Irak hatte ich die meisten Angehörigen der lange bestehenden Ausländergemeinde kennengelernt. Sie waren im allgemeinen sehr unterhaltsam, und ich hatte viele Freunde gewonnen: Wir hatten unsere Sitten und unsere eigene Kultur gepflegt. Unweigerlich war jeder, der gerade aus Britannien kam, äußerst gefragt, denn sie kannten den letzten Klatsch über Margaret Thatcher oder den Kanaltunnel. Es war immer faszinierend, dies aus erster Hand zu erfahren.

Abgesehen davon, daß er neu war, besaß Farzad eine besondere Eigenschaft, die nur schwer genau zu beschreiben ist. Er schien von all dem, was das Leben ihm beschert hatte, ziemlich unberührt, und er war so lustig — aufmerksam, und doch niemals schleimig, respektlos, aber nicht grausam und immer für neue Ansichten aufgeschlossen. Er war nicht im Irak, um den Auswirkungen der wirtschaftlichen Rezession zu Hause zu entgehen. Er war hier, um in seinem Job zu arbeiten, der ihm gefiel, und seine Begeisterung für alles, was er tat, war nahezu mit Händen greifbar und sehr ansteckend. Wie sollte ich das meinen irakischen Vernehmungsbeamten erklären?

»Er ist kein Brite«, sagte der Übersetzer verständnislos. »Er ist Iraner.« Das warf mich um. Ich hatte nie in Betracht gezogen, daß Farzad kein Brite sein könnte.

»Na ja, was mich angeht, so ist er Brite. Er erzählte mir, er sei Brite, er hörte sich auch so an. Er spricht perfekt Englisch.« Ich dachte an Farzads moderaten Public-School-Akzent. »Er ist unzweifelhaft in England zur Schule gegangen«, antwortete ich defensiv.

»Aber Sie konnten doch sehen, daß er kein Brite ist«, schnappte der Vernehmungsbeamte über den Übersetzer zurück.

Konnte ich sehen, daß er kein Brite war? Er war eindeutig kein angelsächsischer Brite, das war schon wegen seines Namens klar. Seine Haut war dunkeloliv, und mit seinem schwarzen Haar und den dunkelbraunen Augen hätte ich vermutlich, wenn ich mich nach seiner Herkunft gefragt hätte, gedacht, ein Elternteil sei Asiate. Alles an Farzad erschien so britisch — sein Akzent, sein Benehmen, seine Haltung —, daß ich nie die Möglichkeit in Betracht gezogen hatte, er könne etwas anderes sein. Ich hatte schon viele Menschen mit dunkler Hautfarbe und ungewöhnlichen Namen getroffen — vor allem bei der Arbeit in Krankenhäusern und Kliniken —, die genauso wie ich Briten waren. Der britische National Health Service könnte kaum bestehen ohne die vielen jungen asiatischen Ärzte und Krankenschwestern, die er beschäftigt und von denen ein großer Prozentsatz in Britannien geboren ist.

Ich versuchte, ihnen das zu vermitteln. »In London

gibt es Tausende Menschen, die Briten sind. Auch wenn sie nicht britisch aussehen, wurden sie doch in Britannien geboren — Daley Thompson zum Beispiel.«

Sie waren eindeutig nicht überzeugt, kehrten jedoch zu der haarigen Frage zurück, warum ich mich zu einem Abendessen mit einem Mann bereitgefunden hatte, den ich kaum kannte. Ich beantwortete ihre Fragen automatisch, doch im Kopf überdachte ich die Gespräche, die ich mit Farzad über seine Familie geführt hatte. Als wir zusammen in England zu Abend gegessen hatten, war ich sicher gewesen, er habe mir erzählt, seine Mutter sei Italienerin, aber es ist auch denkbar, daß ich ihn falsch verstanden habe; vielleicht sagte er »Iranerin«. Er erzählte mir, er habe einen Bruder in Skandinavien. Daran erinnerte ich mich, aber der Iran als solches war niemals erwähnt worden; es hatte keine Gespräche über Besuche oder Verwandte in diesem Land gegeben.

Ich machte mir noch immer keine sonderlich großen Sorgen. Der Krieg des Irak gegen den Iran war vor meiner Ankunft hier zu Ende gewesen; der Waffenstillstand war an dem Tag verkündet worden, als ich den Vertrag unterzeichnete, ans Ibn-Al-Bitar-Krankenhaus zu gehen. Zwar standen noch eine Menge bewaffneter Soldaten auf den Straßen und vor den öffentlichen Gebäuden herum, doch zum damaligen Zeitpunkt fanden sich keinerlei Anzeichen für einen Konflikt zwischen dem Irak und dem Iran. Allerdings konnte ich sehen, wieviele Menschen in den beinahe zehn Jahren des Krieges hatten leiden müssen. Ich wußte, daß es auf beiden Seiten große Verluste an Menschenleben gegeben hatte, und man hatte mir gesagt, bei den Irakern sei nahezu alles knapp gewesen, auch die einfachsten Grundnahrungsmittel — aber nun schienen die Menschen eine gemeinsame Anstrengung zu unternehmen, auch wenn es noch Verknappungen gab, alles wieder in Ordnung zu bringen, für die Zukunft zu leben und nicht an der Vergangenheit festzukleben.

Die Befragung dauerte sieben Stunden. Ich erfuhr die Uhrzeit von der Armbanduhr des Übersetzers, als dieser sagte, er würde mich nach oben begleiten. Es war nach 23.00 Uhr. Jedes Wort, das in dieser Zeit gesprochen worden war, hatte man auf arabisch und englisch schriftlich festgehalten. Für mich ergab es noch immer keinen Sinn. Gut, ich hatte meine Schicht verpaßt. Irgend jemand anders würde im Team für die Herzstillstand-Patientin meinen Platz übernommen haben. Ich hoffte nur, daß das nicht allzuviele Umstände gemacht hatte. Ich fühlte mich vollkommen ausgebrannt. Noch nie in meinem Leben hatte ich Ähnliches wie diese letzten sieben Stunden erlebt, und ich hoffte von Herzen, das würde auch nie mehr der Fall sein. Ich war unbekümmert, als der Aufzug im zweiten Stock hielt.

Der Übersetzer schritt einen langen Korridor hinunter und knallte dabei rund zwanzig Halbtüren zu. Ich fragte mich vage, warum er das tat; jeder Schlag zerrte an meinen Nerven. Plötzlich dämmerte es mir. Das waren Zellen. Wir gingen einen Zellenkorridor entlang. Herr im Himmel, sie wollten mich einsperren! Im letzten Drittel des Korridors sperrte er eine Tür auf und schob mich in den Raum. Bis auf eine Schaumstoffmatratze am Boden mit zwei zusammengelegten Decken am Kopfende war die Zelle völlig leer. Am anderen Ende befand sich eine Art Stalltür. Der Übersetzer blickte durch die offene obere Türhälfte und zog eine Grimasse.

»Hier werden Sie sich ausruhen«, sagte er zu mir. »Jemand wird Ihnen am Morgen Frühstück bringen.«

Ich war völlig betäubt, zu betäubt, um etwas einzuwenden oder mich auch nur zu beschweren.

»Kann ich das Licht anlassen?« krächzte ich. »Ich werde heute nacht kein Auge zutun.«

»Ich auch nicht«, sagte er, als er sich zum Gehen wandte. Er wirkte schockiert über die erbärmlichen Umstände, unter denen man mich hierließ. Anscheinend sah er wie ich auch zum ersten Mal ein Zelle von innen.

Als ich allein war, schaute ich durch die offene Stalltür in das, was sich als Waschraum herausstellte, und ich wußte, warum der Übersetzer eine Grimasse gezogen hatte. Er starrte vor Dreck. In der Ecke stand eine übelriechende Kloschüssel. Ein Kaltwasserhahn hing ungefähr dreißig Zentimeter über dem Boden am Ende eines langen leckenden und verrosteten Rohres, doch da ich weder Seife noch Handtuch noch eine Zahnbürste hatte, hätte ich ihn auch nicht benutzen können, wenn ich mich dazu hätte durchringen können, ihn mit bloßen Händen anzufassen. Als sie mich hörten oder meine Anwesenheit spürten, sausten rund ein Dutzend Kakerlaken in den Abfluß am Boden. Ich schauderte. Es konnte nicht bald genug morgen werden.

Ich verbrachte die Nacht im Sitzen hellwach auf der Schaumstoffmatratze. Mein Kopf war jetzt ziemlich klar. Ich dachte an die vergangene Woche und die Fahrten mit Farzad. Wir hatten nichts Falsches gemacht. Wir waren um einen Zaun herumgefahren. Das war keine Spur anders, als auf den Straßen von Greenham Common zu fahren, und dagegen gab es kein Gesetz.

Alle Vernehmungen in den letzten sieben Stunden schienen im Grundsatz auf die selben Punkte zurückzuführen: Was suchten wir in Hilla; was haben Sie entdeckt? Aber ich hatte diese Fragen sicher wieder und immer wieder beantwortet. Es mußte bereits das dreihundertste Mal in dieser Nacht sein, daß meine Gedanken zurück nach Hilla wanderten. Das Bild blieb das selbe. Dort war nichts, aber auch gar nichts zu sehen gewesen. Es gab einen Drahtzaun, Gras und Bäume und Gestrüpp — Ende. Und wieder dachte ich an den Aschehaufen am Straßenrand, und wieder tat ich ihn als unwichtig ab. Was auch immer Farzad geglaubt haben mochte — und er hielt an der Möglichkeit fest, daß die Asche von der Explosion stammen könnte —, ich konnte nicht glauben, daß das so wichtig war, sonst wäre sie sicherlich nicht unbeachtet am Straßenrand liegengeblieben. Sie wäre auf die andere Seite des Zauns geschafft worden. Das ergab für mich noch immer alles keinen Sinn.

In die Zelle fiel kein Licht von draußen, deshalb sah ich nicht, daß die Morgendämmerung anbrach; daß es Morgen war, merkte ich erst, als sich die Türklappe öffnete.

»*Sabah al here* (Guten Morgen)«, sagte der Aufseher. Ich sprang auf und rannte zur Tür, doch der Wachmann setzte lediglich ein Zeichen in sein Berichtsbuch, das er hielt, und ging weiter zur nächsten Tür. Ich kehrte zu meiner Matratze zurück. Minuten später klopfte es an der Tür, und ich sprang erneut auf und schaute hinaus. Die Augen des Teejungen draußen weiteten sich ungläubig, als er eine hellhaarige, blauäugige Frau zurückstarren sah. Er stand bewegungslos da, blinzelte einmal und starrte wieder her, wobei sich sein Mund geräuschlos öffnete und schloß.

»Hallo!« sagte ich freundlich. Das war es: Er ließ sein Wägelchen im Stich und rannte den Korridor hinunter. Ich lugte durch die Klappe. Ein großer Teekessel stand auf einem Metallwagen, der genauso aussah wie der in der Leichenhalle des Krankenhauses. Neben dem Kessel stand eine dreckige gelbe Schachtel mit Brot und daneben ein großer Bottich mit etwas Pappigem und Gelbem darin. Es erschien mir nicht sehr appetitanregend, doch diese Meinung teilten die vielen Fliegen eindeutig nicht, die darüber schwebten und summten.

Der Teejunge kam mit einem Freund zurück; jetzt glotzten mich schon zwei an.

»*Chi min fadlik* (Ich hätte gerne etwas Tee, bitte)!« sagte ich in meinem besten Arabisch. Der zweite Teejunge hielt eine angeschlagene Teetasse hoch und zeigte auf den Waschraum. Ich erinnerte mich, auf dem Boden neben dem Hahn eine blaue Plastiktasse gesehen zu haben, und ging sie holen. Sie war mit klebrigem schwarzem Schleim bedeckt, und es gab nichts, womit ich sie hätte säubern können. Ich ging wieder zur Tür.

»*Hallas* (Die ist am Ende)«, verkündete ich und improvisierte mit einem der wenigen arabischen Wörter, die ich kannte.

»Ok«, antwortete Teejunge Nummer eins. »*Shweya, shweya* (Moment, Moment).« Er gab mir einen anderen Becher, der geringfügig sauberer und mit heißem, süßem schwarzem Tee aus dem Kessel gefüllt war. Ich trinke meinen Tee lieber hell und ohne Zucker, aber dieser schmeckte wie Nektar. Bei der Schüssel mit klebriger gelber Flüssigkeit, die er aus dem fliegenbedeckten Bottich schöpfte, war ich mir weniger sicher, hielt das Brot aber möglicherweise für genießbar.

»Wie heißt du?« fragte ich auf arabisch.

»Abdul Rahmed«, antwortete er. Er zeigte zuerst auf sich und dann auf mich.

»Dee«, sagte ich.

»Tee?«

»Nein, Dee.«

»Hallo, Tee.« Er lächelte mir zu und ging weiter.

Die Stunden zogen sich endlos. Jedesmal, wenn ich draußen vor der Zelle eine Bewegung bemerkte, sprang ich zur Tür. Jedesmal, wenn ein Aufseher vorüberkam, deutete ich auf dessen Uhr, und der Aufseher zeigte mir die Uhrzeit. Ich wartete den ganzen Tag darauf, daß jemand kommen und mich freilassen würde. Bestimmt mußte ich die Sache nur noch ein oder zwei Stunden aussitzen.

Meine ersten hoffnungsvollen Gefühle wichen der Verärgerung und schließlich der Verzweiflung, je weiter der Tag voranschritt. Hatte Dr. Raad Wort gehalten und der Britischen Botschaft telefonisch mitgeteilt, wohin man mich gebracht hatte? Was war, wenn man ihn aufgefordert hatte, nichts verlauten zu lassen, wie würde er sich dann verhalten? Ich wollte diesen Punkt nicht breittreten, kehrte aber immer wieder zu dieser Frage zurück. Wenn Dr. Raad niemandem etwas erzählt hatte, bestand nur wenig Hoffnung, daß die Iraker mich gehen ließen, bevor sie nicht zufrieden und dazu bereit waren. Wenn er die Botschaft informiert hätte, wäre inzwischen mit Sicherheit jemand gekommen und hätte mich herausgeholt. Was war mit Michelle? Was mit meiner Familie? Wie würden sie erfahren, wo ich war, wenn die Botschaft nicht informiert worden war? Peinigende Gedanken schwirrten mir durch den Kopf, bis ich nicht mehr richtig denken konnte. Ich machte mir Vorhaltungen: »Um Himmels willen, krieg das in den Griff!« Eine Zeitlang beruhigte mich das, bis etwas anderes, ein anderes Schreckensszenario, das ich bis dahin nicht bedacht hatte, einfach so in meinen Kopf schoß und ich wieder dort war, wo ich angefangen hatte, in einem Zustand ständig größer werdender Qual und Verwirrung.

Ein anderer Wagen kam mit Reis und einer Art Fleischeintopf in großen offenen Bottichen. Die stets gegenwärtige Schar Fliegen schwirrte darüber und ließ sich jedesmal auf dem Fleisch nieder, wenn der Wagen an einer Zellentür zum Stehen kam. Ich sah den Arm meines unmittelbaren Zellennachbarn, der eine Schüssel herausstreckte, und hörte ihn arabisch sprechen. Wie viele sind hier eingesperrt, fragte ich mich, und aus welchem Grund? Wie lange sind sie schon da? Gibt es noch andere Frauen, oder andere aus dem Westen?

Das Essen sah ekelhaft aus, aber das war mir bereits gleichgültig. Ich konnte mich nicht erinnern, wann ich die letzte Mahlzeit zu mir genommen hatte. Die gelbe Pampe zum Frühstück war, wie ich herausfand, eine Art Linsensuppe, völlig ungenießbar, und ähnelte noch am ehesten Tapetenkleister. Mittags hatte es eine dicke maccaroniartige Suppe gegeben, die ich kaum genießbarer fand, aber jetzt hatte mich mein quälender Hunger weniger wählerisch gemacht.

Nach dem Abendessen legte ich mich auf meine Matratze und fiel in unruhigen Schlaf. Einige Stunden später erwachte ich mit fürchterlichen Kopfschmerzen, Übelkeit und Magenkrämpfen. Ich wußte sofort, was das war — Gastroenteritis (Magen-Darm-Entzündung). Ich stolperte in den dreckigen Waschraum; mir fiel kaum auf, welch hektische Aktivitäten mein Auftauchen bei der Kakerlakenbevölkerung auslöste. Ich sank auf die Knie und entleerte den Inhalt meines Magens in die abstoßende Kloschüssel, dann hielt ich mich an ihr fest, stand auf und drehte mich um, ein heftiger Anfall von Durchfall folgte. Viel später krabbelte ich über den schmutzigen Boden zu meiner Matratze zurück und weinte, wie ich seit Kindertagen nicht mehr geweint hatte.

Einzelhaft

Die Krankheit und der Durchfall hielten drei Tage lang an, auch wenn die anfängliche Intensität der Anfälle nachließ. Noch hatte mich niemand besucht, und langsam fing ich an zu fürchten, daß ich, nachdem ich drei volle Tage nicht vermißt wurde, wohl zur Hauptperson einer dieser Ausländer-Geschichten von Frauen würde, die in der Wüste verschwanden und von denen man nie wieder etwas hörte. Was hatten sie meinen Kollegen am Krankenhaus erzählt? Wo glaubten mich meine Freunde? Was um Himmels willen hatten sie Michelle gesagt?

Ich beschloß, meine körperliche Verfassung ins Spiel zu bringen. Die Wachen mußten mich in den letzten drei Tagen durch die Zelle rasen gehört haben, in dem verzweifelten Versuch, noch den Waschraum zu erreichen, bevor ich mich auf meine Matratze erbrach — oder noch Schlimmeres passierte. Ich würde einen Arzt verlangen. Wenn ich einen Arzt zu Gesicht bekäme, wäre das mit nahezu hundertprozentiger Sicherheit jemand, der englisch sprechen könnte, und vielleicht könnte er oder sie mir helfen. Ich wartete, bis ein Aufseher vorbeikam.

»Entschuldigung. Einen Arzt, *min fadlik*, bitte.«

Der Aufseher schielte durch die obere Hälfte der Zellentür auf mich, bevor er fortging und mit einem anderen Aufseher zurückkehrte, den ich noch nicht gesehen hatte.

»Haben Sie Probleme? Sie wollen einen Arzt?«

»Oh, Gott sei Dank, Sie sprechen englisch. Wie heißen Sie?«

»Meine Name ist Hamid. Ich habe in der Schule Englisch gelernt. Was haben Sie für ein Problem?«

»Ich bin krank, Hamid. Ich bin seit drei Tagen sehr krank. Können Sie mir zu einem Arzt verhelfen, der englisch spricht?«

»*Shweya, shweya*«, sagte er zu mir, wobei er den Daumen und die Spitzen von Zeige- und Mittelfinger der rechten Hand zusammenpreßte. Nachdem er so die ewiggleiche arabische Bitte, zu warten und sich zu gedulden, vorgebracht hatte, verschwand er.

Etwas später kehrte Hamid zurück, löste ein Schlüsselbund von seinem Gürtel und ließ mich aus der Zelle. Ich kam nur zögernd heraus, halb begeistert, wenn auch nur für kurze Zeit diesem winzigen Höllenloch zu entkommen, und halb in Angst vor dem, was mich auf der anderen Seite der Metalltür erwartete.

»Bedecken Sie Ihre Augen«, sagte er und gab mir eine grobe Binde aus einem dreckigen, sackartigen Material, die auf der Außenseite mit glänzendem PVC bezogen war. Ich zog sie über meine Augen. Hamid nahm meinen Arm und führte mich den Korridor entlang zum Aufzug. Ich stolperte, in einer Mischung aus Desorientiertheit und Schwäche aufgrund der drei Tage ohne Nahrung. Wir fuhren hinunter ins, wie ich heute weiß, Erdgeschoß, wo ich durch ein Labyrinth von Korridoren geführt wurde. Wir hielten vor einer Tür, an die er leicht klopfte.

»Kommen Sie bitte«, wies Hamid mich an.

Nachdem ich mit seiner Hilfe zu einem Stuhl geschlurft war, auf den ich mich niederließ, hörte ich, wie er sich umdrehte und den Raum verließ. Die Tür wurde geschlossen. In dem Raum herrschte völlige Stille, doch ich fühlte, daß noch jemand anwesend war. Beobachtete mich der Arzt? Es war zermürbend; mein Magen verkrampfte sich.

»Nehmen Sie die Binde ab«, befahl eine männliche Stimme.

Ich zog sie über meinen Kopf und schnappte nach Luft. Der Raum war voller Männer, und sie sahen nicht wie Ärzte aus. Sie saßen auf Stühlen und Sofas, auf den Lehnen der Sessel und in zwei oder drei Reihen hintereinander zur Rückwand des großen Raumes hin, in dem ich mich befand. Es mußten mindestens fünfundzwanzig Männer sein, dachte ich verblüfft. Was in aller Welt sollte das? Was konnte ich getan haben, das ein derartig intensives Interesse so vieler Leute hervorrief, die alle, nach ihrem Aussehen und dem Stil ihrer westlichen Kleidung zu schließen, hier Positionen von einiger Bedeutung innehatten?

»Guten Morgen!« schallte mir ein Gruß aus dem Gesichtermeer entgegen. Ich blickte in Richtung der Stimme, doch da waren so viele, daß es mir schwerfiel, den Sprecher zu identifizieren. Ich sagte »guten Morgen«, aber zu niemand Besonderem.

»Ich bin Ihr Übersetzer. Mein Name ist Abu Samir.« Es war dieselbe Stimme wie zuvor, doch es handelte sich nicht um den Übersetzer, mit dem ich gesprochen hatte, als man mich vom Krankenhaus hierher gebracht hatte. Der erste Übersetzer, der mit der Narbe auf der Nase, war recht freundlich gewesen. Auf dem Gesicht dieses Mannes hier konnte ich kein Zeichen von Freundlichkeit entdecken. Er war groß, hatte einen athletischen Körperbau, eine blasse Haut und ein rundes Gesicht. Höflich, aber feindselig. Sie alle blickten feindselig.

»Wir möchten, daß Sie ein paar Fragen beantworten«, schnauzte mich der Übersetzer an. Ich befand mich noch immer im Schock darüber, diese riesige Menge Männer in einem Raum zu sehen, in dem ich lediglich einen englischsprechenden Arzt zu finden erwartet hatte. Ihre Gesichter wandten sich mir nun zu, ein jedes genauso hart und undurchdringlich wie das des Vernehmungsbeamten. Ich bekam Angst.

Es muß die Furcht gewesen sein, die mich zunächst zum Angriff trieb. »Warum wurde ich drei Tage lang in einer Zelle liegengelassen?« verlangte ich lautstark von allen im Raum zu wissen.

Ich saß nach den drei Tagen in der ekelhaften Zelle vollkommen verdreckt vor ihnen. Meine Nägel hatten dicke Schmutzränder, mein Haar war verfilzt. Die weiße Bluse und der grüne Rock der Schwesterntracht, die ich trug, als man mich hierherbrachte, waren nun fleckig und klebrig von Erbrochenem und stanken. Sie starrten mich an, als sei ich ein Tier im Zoo, sie mit ihren gutgebügelten Hosen, sauberen Hemden und gepflegten Haaren. Ich war empört.

»Ich konnte mich nicht waschen, mir nicht die Zähne putzen und das Haar kämmen«, protestierte ich. »Das gehört zur täglichen Hygiene. Schauen Sie mich an. So behandeln Sie also die Menschen hier?«

Ein verblüfftes Schweigen lastete auf dem Raum. Nachdem ich meine Augenbinde abgenommen hatte, hatten sie sich unterhalten, doch mein Ausbruch überraschte sie völlig. Die Männer sahen mich und sich an. Dann schenkte mir der Vernehmungsbeamte, der sich als Abu Samir vorgestellt hatte, ein sardonisches Lächeln und sagte: »Sie sehen wunderschön aus.«

Schallendes Gelächter erhob sich. Der Witz ging zwar auf meine Kosten, aber ich lachte ebenfalls. Die Atmosphäre wurde durch das Gelächter irgendwie gebrochen, und ich begann ein wenig Erleichterung zu verspüren.

Vielleicht würde alles gut. Doch mein Optimismus hielt nicht lange vor.

»Sie sind eine Spionin!« brüllte eine Stimme in meiner unmittelbaren Nähe. Ich drehte mich um, um meinen Ankläger anzusehen. Er brachte sein Gesicht dicht an meines. »Sie sind eine Spionin!« spuckte er mir entgegen. Ich konnte seinen heißen Atem auf meinem Gesicht fühlen und seinen Mundgeruch riechen, als er mich anschnauzte.

»Nein«, sagte ich ruhig.

»Doch!«

»Nein!«

»Doch, doch, doch!« schrie er noch lauter.

Ich schob mich auf meinem Stuhl von ihm weg. »Nein«, sagte ich sehr ruhig. Er entfernte sich.

Ich wandte mich an den Übersetzer, Abu Samir, und sagte in, wie ich hoffte, sehr vernünftigem Ton: »Ich bin keine Spionin, ich bin nie eine Spionin gewesen, und ich will auch keine sein. Im Augenblick habe ich Gastroenteritis und bin wirklich überzeugt, ich kann sterben, wenn ich weiterhin diesen Zuständen ausgesetzt bin.«

»Gut!« sprach Abu Samir mich direkt an, und ein häßliches Lächeln glitt über sein Gesicht. »Genau das hoffen wir — daß Sie sterben. Wir mögen keine Spione.«

Ich fühlte mich krank und schwach. Das war schlimmer als meine fürchterlichsten Alpträume. Hier ging es nicht mehr um eine unschuldige Fahrt mit Farzad nach Hilla: Es ging um etwas viel Ernsteres. Ich erinnerte mich an einen Kollegen am Ibn-Al-Bitar-Krankenhaus, der mit seinem Wagen nach ein paar Drinks in einen stehenden Zug gefahren war. Man hatte ihn für drei Tage ins Gefängnis geworfen und dann freigelassen. Im Hinterkopf realisierte ich, daß ich dachte, genau das würde passieren. Ich hatte mich bislang lediglich mit dem Unbehagen auseinandergesetzt, unordentlich und dreckig zu sein, und der

Verlegenheit, ins Krankenhaus zurückkehren und meinen Kollegen erzählen zu müssen, daß man mich einige Tage in einem irakischen Gefängnis inhaftiert hatte, weil ich ein bißchen Ärger mit den Behörden hatte. Jetzt schrie dieser Mann auf einmal, er hoffe, ich würde sterben. Wenn ich seine verzerrten Gesichtszüge betrachtete, glaubte ich ihm. Mir brach im Gesicht Schweiß aus, mein Herz schlug viel zu schnell, ich fühlte mich benommen, mein Blutdruck sank wohl ab...

Als ich zu mir kam, war ich wieder in meiner Zelle und lag auf der Matratze. War ich umgekippt? Ich konnte mich daran erinnern, daß mich jemand angeschrien hatte: »Sie sind eine Spionin!« Sie wünschten mir offensichtlich den Tod, und wer war ich denn, daß ich mich der Macht des irakischen Establishments widersetzen konnte? Sie hatten entschieden, daß ich schuldig war, und da ich nichts von der Britischen Botschaft gehört hatte, mußte ich davon ausgehen, daß man die Sache dort auch so sah — immerhin schienen sie in der Lage zu sein, Fußball-Hooligans innerhalb von vierundzwanzig Stunden nach Hause zu schicken. Aber was war mit meiner Familie? Sie mußten doch mittlerweile gemerkt haben, daß etwas nicht stimmte.

Ich fragte mich erneut, was man wohl Michelle erzählt hatte, und wie sie damit fertig wurde. Ich konnte es mir nicht einmal ansatzweise vorstellen, doch ich wußte, irgendwie würde sie es schaffen. Sie war einundzwanzig Jahre alt, hatte gerne ihren Spaß, manchmal war sie vielleicht etwas verantwortungslos. Stand es mir überhaupt zu, so etwas zu sagen? Es war nicht Michelle, die in einem irakischen Gefängnis saß. All die Warnungen, die ich ihr im Laufe der Jahre gegeben hatte, fielen mir ein: gib acht, sei vorsichtig, sei auf der Hut. All die Nächte, in denen ich mich gefragt und gesorgt hatte, wo sie abgeblieben war und was mit ihr los war. Jedesmal war sie prima gewesen, hatte mich angerufen, wenn auch oft lange nach Mitternacht, und mir gesagt, wo sie sich aufhielt und wann sie heimkommen würde; sie stellte mir ihre Freunde vor, damit ich wußte, mit wem sie zusammen war und wo ich sie erreichen konnte. Jetzt hatte sich unsere Position ins Gegenteil verkehrt, doch ich hatte keine Möglichkeit, sie wissen zu lassen, wo oder mit wem ich zusammen war, um sie zu beruhigen. Die Gedanken an Michelle und die Gewißheit, daß sie mit allem klarkäme, was immer man ihr an den Kopf werfen würde, heiterten mich unendlich auf und stärkten meine erlahmende Entschlossenheit. Niemand würde mich einfach umbringen. Ich würde bis zuletzt kämpfen. Irgendwie würde ich hier rauskommen. Ich mußte an meine Kinder denken. Doch um mein Ziel zu erreichen, mußte ich mich um meine körperliche und geistige Gesundheit kümmern. Ich stand auf und streckte mich zur Decke, dann beugte ich mich zu meinen Zehenspitzen hinunter. Ich hob einen Fuß nach hinten, packte ihn mit einer Hand und streckte mich nach vorne, wie ich es bei Fußballspielern vor einem Match gesehen hatte.

Ich sah auf, als ich ein unterdrücktes Kichern hörte. Aufseher drängten sich um die Klappe in meiner Zellentür.

»Was machen Sie? Sie sind verrückt!« sagte einer von ihnen.

Ich lächelte ihm zu und machte weiter. Ich sang leise für mich »Tiptoe through my Tulips«, als ich die sieben mal vier Schritte — inklusive Matratze — meiner gemauerten Zelle ablief. Ich entdeckte, daß ich, wenn ich in Achterfiguren ging, den Spaziergang ausdehnen konnte, was noch den zusätzlichen Vorteil hatte, mich von Schwindelgefühlen abzuhalten.

Ich setzte mich auf die Matratze und machte tiefe

Atemübungen wie beim Yoga, nahm die Lotusposition ein und stellte mir abwechselnd vor, ein Löwe, ein Kätzchen oder eine Kuh zu sein. Wenn ich dies hier nur mittels Training meines Körpers und Verstandes überstand, dann würde ich es überstehen. Die Iraker hatten vielleicht gedacht, sie hätten es mit einer schwachen und dümmlichen Engländerin zu tun, doch ich wußte, daß ich aus härterem Stoff war.

Es klopfte an der Tür. Davor stand der Teejunge mit einer arabischen Tageszeitung. Ich schüttelte traurig den Kopf. Ich hätte gerne Zeitung gelesen, sogar eine voller politischer Propaganda, — ich wußte, die irakischen Blätter konnten nur so die Zensur passieren —, aber ich konnte nicht arabisch lesen.

»*Macko Arabee* (kein Arabisch)«, sagte ich zu ihm.

Er winkte mir weiter zu und deutete auf irgend etwas. Ich sah, daß es ein Foto von Margaret Thatcher in besonders wenig schmeichelhafter Pose war. Sei's drum! Es war etwas von Zuhause. Ich nahm die Zeitung und trennte vorsichtig das Foto heraus. Ich knickte es um und hängte es an die Waschraumstufe. Den Rest der Zeitung zerknüllte ich zu einem Ball. Er war zu leicht, deshalb machte ich ihn naß, drückte ihn in eine runde Form und ließ ihn trocknen. Morgen, so sagte ich mir, werde ich ihn an die Wand werfen.

In diesen ersten Tagen im Verhörzentrum stieg und fiel meine Stimmung fast stündlich. Ich versuchte, meine Lage vernünftig zu betrachten. Da ich ja nichts verbrochen hatte, konnte es lediglich eine Frage der Zeit sein, bis ich freigelassen wurde. Auch hatte ich ihnen doch alles erzählt, was ich wußte, weshalb war ich also immer noch hier?

Da ich seit meiner Verhaftung keine Armbanduhr

mehr besaß, hätte ich, wäre nicht zu den Mahlzeiten der Wagen mit Essen gekommen, nicht einmal gewußt, ob es gerade Tag oder Nacht war. Ein Tag war wie der andere, Aufstehen beim Geräusch des Wagens mit dem ersten Morgentee und Schlafengehen nach dem Abendessen. Nur die Tage, an denen ich zur Beantwortung von Fragen aus meiner Zelle geholt wurde, waren anders.

»Sie sind eine Lügnerin, wie alle Juden!« schrie der Vernehmungsbeamte, als ich den Vernehmungsraum mit verbundenen Augen betrat.

»Nein«, antwortete ich. »Und außerdem — ich bin keine Jüdin.« »Aber Sie würden zustimmen, daß alle Juden Lügner sind?« rief er, als er mir die Augenbinde abriß.

»Nicht daß ich wüßte«, antwortete ich so ruhig, wie ich konnte. »Wann werde ich die Konsulin von der Britischen Botschaft sehen?«

»Sie werden die Konsulin nicht sehen. Sie sind eine Spionin.«

»Ich bin keine Spionin, aber wenn ich die Konsulin nicht sehen darf, darf ich dann um ein Essenspaket vom Roten Kreuz bitten?«

»Nein, das Rote Kreuz ist nicht hier.«

»Sie irren sich«, lächelte ich ihn an. »In Bagdad ist ein Team vom Roten Kreuz. Ich habe den Teamleiter getroffen und gesprochen.«

»Wie heißt der Leiter?«

»Doktor Joseph.«

»Ist er Jude?«

»Keine Ahnung; ob er Jude ist oder nicht, interessiert mich nicht.«

»Wieviele jüdische Freunde haben Sie in London?«

»Weiß ich nicht. In London interessiert sich niemand für die Religion anderer Leute, zumindest niemand, den ich kenne. Meine Freunde könnten Buddhisten, Hindus,

74

Moslems, Juden oder Katholiken oder sonst was sein. Ich habe nie daran gedacht, sie danach zu fragen.«

»Sie lügen. Gehen Sie wieder in Ihre Zelle.«

Also ging ich in meine Zelle zurück, bis zum nächsten Mal. Ich war jetzt zehn Tage hier, und bislang hatte ich kein Anzeichen entdecken können, daß irgendwer draußen, jemand anderes als Dr. Raad, von meiner Not wußte. Die Vernehmungen gingen weiter. Die Beschuldigungen waren stets dieselben: Ich sei eine Spionin, eine Lügnerin, eine Jüdin.

Aus der ersten Abneigung meinem Übersetzer Abu Samir gegenüber hatte sich richtiggehender Haß entwickelt. Die Aufgabe eines Übersetzers, so meinte ich, sollte darin bestehen, eine Sprache in eine andere zu übersetzen. Er war da, um mir auf englisch mitzuteilen, was die Vernehmungsbeamten auf arabisch gesagt hatten. Abu Samir jedoch spielte die Rolle eines Übersetzers und Vernehmungsbeamten. Mir schien, daß er seine Aufgabe allzu sehr genoß. All die Schikanen und Einschüchterungsversuche der Vernehmungsbeamten lagen ihm viel mehr als die einfache Übersetzung. Vielleicht war er auf eine Beförderung aus.

Zu sagen, daß ich die Vernehmungen genoß, wäre falsch, doch so schrecklich die zwei oder drei Sitzungen pro Woche waren, durchbrachen sie doch die Monotonie meiner Einzelhaft. Ohne diese Vernehmungen bestanden die einzigen Vorkommnisse in den Visiten des Teejungen, der mir auch die Zeitung gegeben hatte, und den Mahlzeiten, wenn der Essenswagen vor meiner Zellentür hielt und seine Ladung Instant-Salmonellen ablud.

Aus den Tagen wurden Wochen. Ich hatte begonnen, Kalender zu führen: Jede Nacht kratzte ich einen Strich in den dreckigen Anstrich der Waschraumtür. Inzwischen war es Oktober. Ich war am Dienstag, dem 19. September verhaftet worden — meiner Familie mußte doch jetzt sicherlich klar sein, daß mir etwas zugestoßen war?

Eines Tages grub ich gerade an dem Gips rund um den Wasserhahn mit meinen Fingernägeln herum, in der Hoffnung, genug Gips lösen zu können, damit ich ein Guckloch nach draußen erhielt, als ich hörte, wie in der Zellentür ein Schlüssel umgedreht wurde. Ahmed, der große junge Aufseher, der am Nachmittag meiner Verhaftung Dienst gehabt hatte, stand in der Tür und hielt eine Augenbinde hoch. Er begleitete mich auf dem mir mittlerweile vertrauten Gang nach unten, und ich wurde mit dem Gesicht zur Wand vor dem Vernehmungsraum allein gelassen.

Stimmen schwappten durch den Korridor. Ich hatte herausgefunden, daß ich, wenn ich meinen Oberkörper von der Taille an nach hinten beugte, manchmal unter der Augenbinde hervorspitzen konnte. Ich legte meinen Kopf zurück und erblickte, Überraschung, Überraschung, ein Gesicht aus der Vergangenheit. Es war Abdullah, der Wachmann aus dem Ibn-Al-Bitar-Krankenhaus, der braune anstatt der normalen schwarzen Schuhe trug und deshalb für einen offiziellen Zuträger der irakischen Behörden gehalten wurde. Ich hatte die Gerüchte nicht ernstgenommen und sie damals als allgemeine irakische Besessenheit von Verschwörungstheorien abgetan. Ich hatte keine Zeit, darüber nachzudenken, daß sich eine Situation stets aus der Rückschau am besten beurteilen läßt. Ich war zu erfreut, ein vertrautes Gesicht zu sehen.

»Hallo Abdullah!« rief ich voller Freude.

Sein Gesichtsausdruck wurde starr. »Drehen Sie das Gesicht zur Wand!« schrie er und eilte davon. Die Gerüchte im Krankenhaus waren also richtig gewesen — Abdullah war ein Informant. Ich drehte mich wieder zur Wand, krank vor Enttäuschung.

Ich hatte gemeint, einen Freund zu entdecken. Abdullah hatte viel Zeit im Ibn-Al-Bitar-Krankenhaus verbracht, und wenn man auch munkelte, er sei nur da, um uns auszuspionieren, so hatten wir beide doch Nettigkeiten ausgetauscht. Dennoch fühlte ich mich wie ein Narr. Natürlich würde er mich nicht wie eine langvermißte Freundin begrüßen: Konnte er als Angestellter der irakischen Regierung denn etwas anderes als mein Feind sein? Die sechs Wochen Hiersein hatten offenbar mein Urteilsvermögen getrübt. Wenn ich zu glauben begann, alles Vertraute sei auch freundlich, würde ich tatsächlich ernste Schwierigkeiten haben.

Der gefürchtete Abu Samir kam aus dem Vernehmungsraum. Ich wußte, daß er es war, aus der Art, wie er mich grob durch die Tür und auf einen Stuhl stieß. Er riß meine Augenbinde ab. Ein Vernehmungsbeamter saß hinter dem Schreibtisch. Seine blasse Haut, sein braunes Haar und seine haselnußbraunen Augen vermittelten ihm ein europäisches Aussehen, doch es war etwas seltsam Schiefes an ihm, was ich zuerst nicht genau ausmachen konnte. Nach einigen Augenblicken fiel mir auf, daß die beiden Hälften seines Gesichts nicht gleich waren; nichts schien sich im Gleichgewicht zu befinden. Das eine Auge saß etwas höher als das andere, genauso eines seiner Nasenlöcher und die eine Hälfte seines Mundes. Ihm zur Seite befand sich ein weiterer Vernehmungsbeamter, der wie ein wahnsinniger Gartenzwerg aussah. Der Zwerg war dunkelhäutig, hatte dunkelbraune Augen und ein breites, grausames, fast irres Grinsen. Er hob einen Haufen Blätter auf und warf sie vor mir auf den Schreibtisch.

»Diese Berichte enthalten die Zusammenstellung der zahlreichen Gelegenheiten, zu denen Sie die Amerikanische Botschaft aufsuchten«, übersetzte Abu Samir. »Sie wurden überwacht und mit den Leuten, die Sie dort trafen, fotografiert.«

Ich lachte. »Das ist unmöglich. Ich war noch nie in der Amerikanischen Botschaft.«

»Aber Sie kennen Leute, die dort arbeiten.«

»Ja, ich habe mehrere Diplomaten kennengelernt. Man lernt die meisten Ausländer aus dem Westen, die in Bagdad arbeiten, irgendwann kennen.«

»Wie heißen sie?«

Ich nannte einen amerikanischen Diplomaten, dem ich vorgestellt worden und bei einer Reihe von gesellschaftlichen Anlässen begegnet war.

»Er ist ein Spion.«

»Na, daß er ein Spion ist, höre ich zum erstenmal.«

»Wen kennen Sie von der Britischen Botschaft?«

»Robin Kealy, den Ersten Sekretär, und Pauline Waugh, die Konsulin. Ich habe dem Botschafter die Hand geschüttelt, und einen Herrn habe ich auf einer Party, die ein ägyptischer Diplomat gegeben hat, getroffen.« Ich nannte seinen Namen.

»Auch er ist ein Spion, ein Feind des Irak. Sobald wir das beweisen, wird er nach Hause verfrachtet. Ist er derjenige, der Sie mit Bazoft zur Explosionsstelle geschickt hat?«

»Nein, natürlich nicht. Ich habe Ihnen tausendmal gesagt, daß ich aus eigenem Entschluß nach Hilla gefahren bin.«

Er lehnte sich auf seinem Stuhl vor und sah mir tief in die Augen. »Wir wissen, daß Sie entweder ein britischer Diplomat oder ein amerikanischer Diplomat dorthin geschickt hat. Wer war es?«

»Weder noch.«

Der europäisch aussehende Vernehmungsbeamte mit dem schiefen Gesicht erhob sich von seinem Stuhl, ging um den Schreibtisch herum und blieb hinter mir stehen. Daß er mir so nahe kam, wirkte einschüchternd auf mich. Er langte nach vorne und zog mich fest am Haar. Abu Samir stellte seinen Stuhl vor die geschlossene Tür. Der Zwerg wechselte die Position und stand vor mir; er hatte eindeutig seinen Spaß. Er kickte mir gegen das Bein. Das Schiefgesicht zog mich wieder von hinten an den Haaren. Der Zwerg kickte härter zu.

Kick. Kick.

Ziehen. Ziehen.

Ich holte tief Luft und versuchte meine Stimme normal klingen zu lassen.

»Mich hat niemand nach Hilla geschickt. Ich fuhr aus eigenem Entschluß.«

Das Schiefgesicht ging zum Schreibtisch und holte ein Messer mit langer, spitzer Klinge.

»Ziehen Sie die Augenbinde über«, knurrte er.

Mit zitternden Händen stülpte ich die Augenbinde über meinen Kopf und zog sie über die Augen. Ich hatte fürchterliche Angst. Sie wollten mich mit dem Messer schneiden, und sie hatten mir befohlen, die Binde anzulegen, damit ich nicht sehen konnte, wer es tat. Ihr Wort stünde gegen meines. An welcher Stelle würde mich das Messer als erstes treffen — im Gesicht, am Körper, an der Kehle?

Meine Hände waren kalt und feucht, als ich sie voneinander löste und gelassen zu sprechen versuchte.

»Es war meine Idee, Farzad an die Stelle der Explosion zu bringen. Er war wild darauf, für seine Zeitung eine Story zu ergattern. Ich fuhr ihn nur hin, weil er mein Freund ist. Er hatte vom Informationsministerium die Erlaubnis, den Ort zu besichtigen, aber der Wagen kam nicht. Das habe ich bereits tausendmal . . .«, meine Stimme brach.

»Wir glauben Ihnen nicht. Nehmen Sie die Binde ab.«

Erleichtert zog ich sie ab. Von dem Messer war nichts mehr zu sehen, doch der Zwerg hielt einen Gummischlauch in der Hand.

»Wir werden Sie schlagen und Sie gegen die Wand schleudern, wenn Sie nicht gestehen, daß Sie für die britische Regierung arbeiten.«

»Ich arbeite nicht für die britische Regierung. Ich bin Krankenschwester. Das ist die Wahrheit.« Mir dröhnte der Kopf, und ich konnte fühlen, wie mir der Schweiß in Strömen am Körper hinunterrann. Das war das erste Mal, daß bei den Vernehmungen körperliche Gewalt angewendet wurde. Ich versuchte, mich zusammenzureißen und nach außen hin ruhig zu erscheinen, doch ich wußte, daß ich erkennbar zitterte.

Plötzlich änderten sie ihre Taktik. »Schauen Sie, Sie müssen lediglich sagen, daß der Mann auf der Party des Ägypters, der britische Diplomat, Ihnen befahl, die Explosionsstelle aufzusuchen. Ihm wird nichts geschehen. Er genießt diplomatische Immunität und wird nach Hause geschickt; dann können Sie gehen.«

Es war eine Versuchung. Das gesellschaftliche Leben des Botschaftspersonals in Bagdad war stark eingeschränkt, vor allem seit sie die irakischen Behörden schriftlich um Erlaubnis bitten mußten, wenn sie die Stadt verlassen wollten. Zwei Jahre oder noch länger immer dieselben Leute auf immer gleichen Partys zu sehen war monoton und frustrierend. Der britische Diplomat wäre vermutlich froh, nach Hause zu können, dachte ich. Mein gesunder Menschenverstand behielt allerdings die Oberhand. Es wäre dumm zu lügen. Das hatte ich bislang nicht getan, und mein siebter Sinn sagte mir, daß dafür im Augenblick nicht die richtige Zeit war.

»Es tut mir leid, das kann ich nicht sagen. Es ist nicht wahr.«

Die Vernehmungsbeamten erhoben sich und verließen schweigend den Raum. Nur Abu Samir blieb da, er trug noch immer dieses bösartige Lächeln im Gesicht. Jetzt, nachdem die Gefahr vorbei war, empfand ich rasende Wut auf diesen grinsenden, gemeinen Rüpel.

»Ich präge mir Ihr Gesicht ein«, sagte ich zu ihm. »Wenn ich wieder in England bin, werde ich ein Phantombild anfertigen und Ihr Gesicht auf der ganzen Welt im Fernsehen zeigen lassen.«

»Kein Problem.« Sein Lächeln wurde breiter. »Ich gebe Ihnen ein Foto, wenn Sie eines wollen.«

»Nein, danke. Ich möchte ein so häßliches Bild nicht anschauen. Ich möchte nicht einmal im gleichen Zimmer mit Ihnen sein. Ich gehe zurück in meine Zelle.« Ich drehte mich um, rannte zur Tür hinaus, den Korridor entlang, in den Aufzug und fuhr in den dritten Stock hinauf, wo Ahmed, der junge Aufseher, wartete. Er nahm meinen Arm und stieß mich in den Aufzug. Doch anstatt mich in den Vernehmungsraum zurückzubringen, hielten wir im zweiten Stock, wo Ahmed mich einem anderen Aufseher übergab, den ich nicht kannte. Er schickte mich prompt ins Loch.

Das Loch war ein dunkler, Platzangst auslösender Raum mit einem kaputten Klo am einen Ende, so daß ich den Abfluß im Boden benutzen mußte. Die Türklappe war immer geschlossen. Wollten sie mich aushungern, fragte ich mich? Ich blieb achtzehn Stunden lang in diesem Kerker. Um nicht durchzudrehen, trällerte ich Songs aus Musicals, Wiegenlieder und alte Kamellen aus meiner Teenagerzeit.

> Once I had a secret love
> That lived within the heart of me.
> All too soon my secret love
> Became impatient to be free.*

* Ich hatte einst eine geheime Liebe,
  die in meinem Herzen lebte.
  Doch schon bald verlor meine geheime Liebe
  die Geduld und wollte hinaus.

Voll Horror schlug ich die Hände vor den Mund. Lieber Gott, wenn die Vernehmungsbeamten das Loch verwanzt hatten, würden sie glauben, ich redete von geheimen Dingen wie Spionage! Besser etwas anderes singen.

> I wanna go home,
> I wanna go home,
> I feel so broke up,
> I wanna go home.*

Erst Monate später bedachte ich, wie sehr ich mich bereits an die Situation gewöhnt hatte. Als ich vor Abu Samir floh, der keinen Versuch unternahm, mir zu folgen, war ich zum Aufzug gerannt und wollte in meine Einzelzelle im dritten Stock zurück. Die Frau, die man Wochen vorher verhaftet hatte, hätte das Erdgeschoß angepeilt und versucht, in die Freiheit zu entkommen. Auf diese Idee bin ich nicht einmal gekommen!

* Ich möchte nach Hause gehen,
  ich möchte nach Hause gehen,
  ich fühle mich so zerbrochen,
  ich möchte nach Hause gehen.

Der Druck wird verstärkt

Ich saß nun sieben Wochen in Einzelhaft und war aufgrund der abscheulichen Ernährung und Zustände noch immer nicht ganz gesund. Doch ich war entschlossen, mich körperlich fit zu halten, selbst wenn ich mich im Kopf durch meine Umstände stetig mehr eingeengt fühlte, und so bildete Gymnastik einen wichtigen Teil meines Tagesablaufs. Doch dieser Tag Ende Oktober war nicht der Tag für Aerobic oder Yoga. Mit dem Saum meiner Bluse wischte ich mir den Schweiß aus dem Gesicht. Die Klimaanlage war ausgefallen, und die Temperatur betrug mehr als vierzig Grad. Ich legte mich auf meine Matratze und träumte von erfrischenden Drinks und der Kühle von Derwent Water, einem wundervollen, stillen Ort, an dem ich vor ein paar Jahren während eines Urlaubs im englischen Lake District ein so belebendes Bad genommen hatte.

Meine Träumerei wurde durch ein Klopfen an der Zellentür unterbrochen. Draußen stand der Teejunge und wedelte mit einem Exemplar des englischsprachigen *Baghdad Observer*. Freudig griff ich zu. Für jemanden, der diese Zeitung kennt, ist es zweifelsohne unglaublich, daß mich das mit so tiefer Freude erfüllte. Es war mir klar, daß ich irakische Politpropaganda vor mir hatte, aber es war zumindest die neueste Propaganda. Ich las jedes Wort und vergaß völlig die große Hitze, als ich vorsichtig ein Bild von Andrew Lloyd Webber ausriß und es neben Mrs. Thatcher an die Waschraumstufe hing. Und nun konnte ich einen neuen Papierball machen. Als der erste schließlich auseinandergefallen war, war ich am Boden zerstört, aber jetzt konnte ich von neuem mit dem Einweichen und Formen des Papiers beginnen.

Als ich zur Bearbeitung des Papiers schritt, ließ ich meine Gedanken schweifen. Was war wohl Hamid passiert, fragte ich mich. Den fröhlichen, englischsprechenden Aufseher hatte ich bereits seit mehreren Wochen nicht mehr gesehen, und da ich von Menschen umgeben war, die sich nicht mit mir unterhalten konnten, wurde das Gefühl der Einsamkeit fast unerträglich.

Wie aufs Stichwort hörte ich, wie jemand die Zellentür öffnete. Es war Ahmed. Er hielt eine Augenbinde in der Hand: Es sah so aus, als könnte ich jetzt mit jemandem Englisch sprechen. Er führte mich in den Vernehmungsraum hinunter. Dort saß bereits Abu Samir.

»Nehmen Sie die Binde ab und setzen Sie sich.«

Ein Holzstuhl stand in der Mitte des Raums, während an den Wänden entlang gepolsterte Lehnstühle und ein Fernsehapparat aufgereiht waren. Ich setzte mich auf den Stuhl und blickte zu Abu Samir, der wie üblich den versteinerten Gesichtsausdruck zeigte.

Der Raum füllte sich mit Vernehmungsbeamten, die sich gleichfalls setzten und miteinander unterhielten. Als der Vernehmungsleiter hereinkam, erhoben sich alle. Er ging direkt zu dem Fernsehapparat und schaltete ihn an. Ein irakisches Fußballspiel erschien auf dem Bildschirm. Alle Vernehmungsbeamten schauten zu. Die Sache wurde kurioser und kurioser. Nach ein paar Minuten sprach der Übersetzer.

»Gleich werden Sie Ihren Freund Bazoft im Fernsehen erleben.«

Ich war verblüfft. Farzad im Fernsehen, hier! Was um alle Welt sollte das Ganze?

»Von wo aus spricht er?« fragte ich.

»Aus dem Irak.«

»Wollen Sie sagen, Farzad ist jetzt wieder im Irak?«

»Er hat den Irak niemals verlassen. Er sitzt hier mit Ihnen in diesem Gefängnis.«

In mir drehte sich alles, als ein Dutzend Möglichkeiten durch meinen Kopf schwirrten. Ich hatte geglaubt, Farzad habe schon vor Wochen Bagdad verlassen, kurz vor meiner Verhaftung. Das war offensichtlich ein Trick. Sie erzählten mir, daß Farzad im Irak sei, um mir eine Art erfundenes Geständnis zu entlocken.

»Das glaube ich nicht, das sagen Sie nur«, forderte ich Abu Samir heraus.

»Wir werden ihn Ihnen zeigen. Sind Sie dann überzeugt? Aber Sie dürfen nicht sprechen. Wenn wir ihn Ihnen vorführen, müssen Sie versprechen, kein Wort zu sagen. In Ordnung?«

»Ja«, krächzte ich und nickte. »Ich verspreche, ich bin still.«

Abu Samir erteilte einem der anderen Männer eine Anweisung, der sofort den Raum verließ. Ich sank auf meinem Stuhl zurück wie jemand, der an einer Kriegsneurose leidet. Mein Körper war angespannt, und ich fühlte, wie das Blut durch meinen Kopf pulsierte, war aber nicht imstande, auch nur einen Gedanken zu formulieren. Sekunden — oder waren es Minuten — später wurde die Tür zum Vernehmungsraum aufgerissen, und dort in der Tür stand Farzad, in braunweiß gestreiftem Pyjama. Er trug eine Augenbinde.

Ich schnappte nach Luft, als ich sah, wie dünn er geworden war, aber er war es, unverkennbar. Sein Haar, sein Mund, seine Hände, die Art, wie er dastand, ich hegte keine Zweifel, das war kein Trick. Farzad befand sich hier im Gefängnis, doch das ergab noch immer keinen Sinn. Ich starrte auf seine dürre Gestalt in der zu weiten Häftlingskleidung und mußte daran denken, wie er noch vor wenigen Wochen so gesund und gut in Bluejeans und dem blaßblauen Hemd ausgesehen hatte, als wir nach Hilla aufgebrochen waren. Ich starrte ihn weiter an, doch man schaffte ihn fort. Er wirkte eher wie ein gebrochener alter Mann als wie der witzige, quicklebendige Freund, mit dem ich soviel gelacht und gute Gespräche geführt hatte.

Als Farzad den Raum verließ, wurde das irakische Fußballspiel abgeschaltet und ein Band in einen Videorecorder geschoben. Plötzlich füllte Farzads Gesicht den Bildschirm. Unter seinen Augen lagen breite schwarze Schatten, als er mit leerem Blick aus dem Gerät starrte. Ich hatte diesen Ausdruck an Farzad noch nie gesehen; er mußte schrecklich gelitten haben, dachte ich. Doch als er zu sprechen begann, schienen seine Worte meinen Eindruck zu widerlegen.

»Die Behandlung, die mir zuteil wurde«, würgte er hervor und blinzelte hastig, »war wesentlich besser, als sie mir in einer Jugendstrafanstalt oder einem Gefängnis in Großbritannien widerfahren wäre.« Er fuhr fort: »1983 schloß ich mit einigen israelischen Geheimdienstbeamten Freundschaft, und 1987 wurde ich von israelischen Geheimdienstagenten angeworben, die in Großbritannien unter verschiedenen Tarnungen lebten.«

Mit Schrecken hörte ich seinem weiteren Geständnis zu. Er begann, über die verhängnisvolle Fahrt zur Explosionsstelle in Hilla zu sprechen und nannte mich »meine Lebensgefährtin, Daphne Ann Parish«. Komisch, dachte ich. Woher weiß er, daß ich Daphne heiße? Er hatte mich nur als Dee kennengelernt, und bestimmt konnte er nicht wissen, daß mein zweiter Name Ann war, wenn ihm das nicht irgend jemand erzählt hatte. Und mich als seine Lebensgefährtin zu bezeichnen! Langsam fühlte ich mich unbehaglich. Es gab keinen Grund, warum Farzad solche Sachen sagen sollte, außer man hatte ihn gezwungen, eine Rede zu halten, die seine Vernehmungsbeamten verfaßt hatten. Das war die einzige Erklärung.

Die Männer im Raum starrten mich an, während ich den Rest des zwanzigminütigen Videos ansah. Sie hofften eindeutig, ein äußeres Anzeichen für den Streß zu entdecken, unter dem ich stand, doch ich war entschlossen, nicht zusammenzubrechen.

»Und«, sagte der Übersetzer, nachdem das Video zu Ende und das Fernsehgerät abgeschaltet worden war, »was halten Sie davon?«

»Nicht sehr viel«, antwortete ich ungerührt, obwohl mein Magen revoltierte.

»Hat Farzad die Wahrheit gesagt?«

»Das würde ich nicht meinen.«

»Er ist ein israelischer Spion. Sie haben gehört, wie er das in dem Video gesagt hat. Wenn Sie ebenfalls zugeben, eine Spionin zu sein, werden Ihnen siebzehn Millionen Iraker vergeben und Sie dürfen nach Hause.«

»Ich bin keine Spionin.«

»Wir bringen Sie noch heute abend ins Krankenhaus zurück. Das versprechen wir. Geben Sie uns die Informationen, und Sie sind heute abend frei.«

»Was für Informationen?«

»Daß Sie eine Spionin sind. Daß Sie für die britische Regierung arbeiten. Daß Sie an die Botschaft hier in Bagdad Informationen übermittelt haben, die dann in Ihr Land weitergeleitet wurden. Sagen Sie uns alles, und wir lassen Sie frei. Wollen Sie denn nicht ins Krankenhaus zurück?«

Wollte ich nicht ins Krankenhaus zurück? War dieser Abu Samir vollkommen irre? Ich verwandte die meiste Zeit auf den Versuch, eine Möglichkeit zu finden, wie ich von hier wegkam. Ich hatte von der Krankenhausverwaltung nichts gehört, nichts von der Britischen Botschaft, nichts von Michelle, Martina oder jemand anderem meiner Familie. Ich war durcheinander und hatte mehr als nur ein bißchen Angst, daß man mich hier drinnen völlig vergessen hatte. Ob ich denn nicht zurück ins Krankenhaus wolle, fragt er!

»Ja, natürlich will ich das«, sagte ich leise.

»Wir haben Verständnis dafür, daß Sie Ihr Land lieben, daß Sie ihm auf nur jede erdenkliche Weise helfen wollen«, redete er mir nun gut zu. »Auch wir würden das gleiche für den Irak tun. Patriotismus ist keine Schande. Aber bevor wir Sie freilassen, müssen Sie der irakischen Bevölkerung erzählen, was Sie getan haben. Das verlangen wir als Gegenleistung für unsere Vergebung. Gestehen Sie, daß Sie eine Spionin sind. Erzählen Sie dem irakischen Volk, was Sie getan haben, und wir lassen Sie gehen.«

Konnte es so einfach sein — nur sagen, ich bin eine Spionin, und sie würden mich freilassen? Gut, das sagen sie. Vielleicht stimmt es. Ich hatte ihnen nicht geglaubt, als sie behaupteten, Farzad sei im Irak, aber er ist hier und ich habe ihn gesehen. Er hat auf Video ein Geständnis abgelegt, also wird er wohl freigelassen. Vielleicht erzählen sie die Wahrheit, und es ist eine Chance, die ich ergreifen muß — welche Alternative habe ich?

Ich stritt schweigend mit mir selbst. Wenn ich sagte, ich sei eine Spionin, bestand die Chance, daß sie mich gehen ließen. Wenn ich die Wahrheit sagte, wie ich es seit meiner Ankunft hier stets getan hatte, schien ich dafür nicht gerade belohnt zu werden. Schließlich neigte ich dazu, es zu tun — ihre lächerlichen Beschuldigungen »zuzugeben«, aber etwas hielt mich zurück. Das falsche Geständnis lag schon auf meiner Zunge, als ich hörte, wie ich entschlossen verkündete: »Ich bin keine Spionin. Ich arbeite nicht für die britische Regierung. Ich bin Krankenschwester am Ibn-Al-Bitar-Krankenhaus, und habe mich nur einer Sache schuldig gemacht: einen Freund mit meinem Wagen mitzunehmen.«

Das war nicht die Antwort, die sie erhofft hatten, doch wie ich heute weiß, rettete sie mir vermutlich das Leben.

Die Vernehmung dauerte noch stundenlang. Aus jeder Ecke des Raums wurden auf mich Fragen abgefeuert. Sie alle konnten Englisch, doch ab und an arbeiteten sie lieber mit dem Übersetzer, Abu Samir. Es war Mitternacht, als ich in meine Zelle zurückgebracht wurde. Ihr höhnisches Lächeln hatte ich noch vor Augen, und ihre fortwährenden Beschuldigungen ›Lügnerin, Lügnerin, Spionin!‹ klangen noch in meinen Ohren nach.

Am nächsten Morgen zog knurrende Unzufriedenheit durch den Korridor. Der Aufseher, den ich Bad News (schlechte Nachrichten) getauft hatte, hatte Dienst. Heute würden alle Häftlinge zu leiden haben. Bad News genoß es, seine Autorität voll auszuspielen — wir wußten aufgrund des Geschreis und Türenschlagens stets, wenn er in der Nähe war. Die Mediziner würden gerufen werden, um schreiende Häftlinge aus ihren Zellen zu holen, die Bad News dann niederhielt, damit ihnen intravenöse Injektionen Valium verabreicht werden konnten, damit sie ruhig blieben.

Ich ging zur Türklappe, langte hindurch und zog sie sanft zu mir heran, bis das Schloß leise einrastete. Aber ich war doch zu laut gewesen: Bad News mußte das Klicken gehört haben, schnell legte er die wenigen

Schritte zu meiner Zelle zurück. Er riß mit einem Ruck die Klappe auf und schob sein wütendes Gesicht durch die Öffnung.

»Setzen!« schrie er mich böse an; seine Wut stand in keinerlei Verhältnis zu dem mir unterstellten Vergehen.

Ich setzte mich auf die Matratze und bellte »Wuff, wuff!«

Hier steht ein Mann kurz vor dem Herzinfarkt, dachte ich, als sein hochrotes Gesicht nicht mehr zu sehen war. Er ging zur nächsten Zellentür, wo er den unglücklichen Insassen mit einer tobsüchtigen Tirade bedachte. Ich erhob mich von meiner Matratze und kroch zurück zur Klappe, wo ich ihn durch den Spalt der Türangel beobachten konnte, wie er auf arabisch herumschrie und manisch mit den Händen fuchtelte. Der Streit hatte anscheinend irgend etwas mit einer Decke zu tun. Vielleicht hatte mein Nachbar dasselbe Verbrechen begangen wie ich vor einigen Wochen, als ich, nur weil es sonst nichts Besseres zu tun gab, Wollfussel von meiner Decke gepflückt und sie auf dem Boden aufgehäuft hatte.

Es gab einen unheimlichen Knall, als Bad News die Türklappe an der nächsten Zelle zuschlug. Ich konnte hören, wie mein Nachbar in seiner Zelle auf und ab ging; sogar seine Schritte hörten sich erregt an. Dann ging er in den Waschraum und drehte den Hahn auf. Den lieben langen Tag floß das wertvolle Wasser, das im Irak wie in jedem Wüstenland so in Ehren gehalten wird, durch den Abfluß davon. Vielleicht war das die Art, wie er mit seiner Wut fertig wurde, vielleicht war das Geräusch des laufenden Wassers für ihn eine Art Therapie, doch was uns andere im Block anbelangte, hätte er sich zum Abreagieren nichts Schlimmeres aussuchen können. Wir hatten vierundzwanzig Stunden lang kein Wasser zum Waschen oder Trinken.

Ich zerriß gerade Papier, um mir aus Pappmaché ein Schachspiel zu machen, als ich hörte, wie der letzte Tropfen Wasser im Abfluß meines Nachbarn floß. Verdammt, verdammt! Warum hatte ich nicht daran gedacht, daß das Wasser ausgehen würde? Ich sprang die Stufe hinauf in meinen Waschraum, hielt meinen Becher unter den Hahn und drehte ihn auf. Es kam noch knapp ein halber Becher voll.

Ich wollte das bißchen Wasser nicht für mein Schachspiel vergeuden, deshalb überlegte ich andere Möglichkeiten, wie ich meine Zeit verbringen konnte. Da gab es noch die Scrabble-Buchstaben, ein Papiertütchen mit Großbuchstaben, die ich aus den Überschriften des *Baghdad Observer* herausgerissen hatte, aber ohne ein Spielbrett war es schwierig zu spielen. Warum also nicht eines anfertigen? Aber wie? Ich hatte kein Papier oder Wasser mehr, um aus Pappmaché ein Brett zu formen. Vielleicht könnte ich eines in den Steinboden meiner Zelle kratzen. Ich suchte in der Zelle nach einem losen Stein und fand im Waschraum einen in der Wand beim Wasserhahn. Meine Nägel splitterten und brachen ab, als ich versuchte, ihn aus der Wand zu lösen; er war nicht so locker, wie ich gedacht hatte, aber schließlich bekam ich ihn frei. Ich probierte ihn aus — perfekt. Jetzt, wieviele Felder waren auf einem Scrabblebrett? Und wo gehören die Felder für die doppelte und dreifache Wortwertung hin?

Ich beschloß, das Brett fünfzehn mal fünfzehn Felder groß anzulegen, und kratzte es mit viel Mühe auf dem Steinboden ein. Es sah nicht richtig aus, aber ich konnte es nicht korrigieren. Ich hätte es zunächst nur leicht einkratzen sollen, bis es stimmte, und dann nochmals mit tieferen Kratzern überarbeiten sollen. Sollte ich noch eines anlegen? Nein, es mußte hier in der Ecke sein, wo die Aufseher es nicht entdecken konnten, sonst würden sie die

Putzkolonne hereinschicken, damit sie es auslöschte, wie sie es bei dem Kalender getan hatten, den ich mit dem Fingernagel in die dreckige Farbe meiner Waschraumtür geritzt hatte.

So behelfsmäßig es auch war, es erfüllte seinen Zweck. Ich suchte mir einen Buchstaben aus und einen für einen erdachten Freund. Für wen? Ich entschied mich für Joy, meine Scrabblepartnerin in England seit nahezu zwanzig Jahren. Ich würde Joy doch nicht beschummeln, oder doch?

Ich war wieder im Vernehmungsraum. Diese Sitzungen fanden gewöhnlich zwei- oder dreimal die Woche statt, und zwar, so schien es, völlig planlos. Manchmal wurde ich am Morgen hinuntergebracht und blieb dort nur eine halbe Stunde oder vierzig Minuten. Ein anderes Mal holte man mich am Abend und befragte mich mehrere Stunden lang. Die Fragen waren im Grunde stets die gleichen: Warum ich nach Hilla gefahren war, wer mich dort hingeschickt hatte, und was ich dort getan, gesehen oder gesagt hatte. Doch seit ich Farzad und sein Video-Geständnis vor einer Woche hatte sehen dürfen, war mir eine subtile Veränderung in der Taktik aufgefallen. In allen Bemerkungen der Vernehmungsbeamten schien anzuklingen, daß es sich bei mir, seit Farzad seine Schuld eingestanden hatte, nur um pure Sturheit handeln konnte, die mich davon abhielt, dasselbe zu tun. Sie machten kein Geheimnis aus der Tatsache, daß sie langsam mit mir die Geduld verloren.

Die beiden Schönheiten, die mich schon an den Haaren gezogen und ins Bein gekickt hatten, Schiefgesicht und der Zwerg, saßen auf einem Sofa. Abu Samir, der Übersetzer, der ihnen grinsend bei diesem Tun zugesehen hatte, stand am anderen Ende des Raums. Was nun? So fragte ich mich unter ängstlichem Zittern. Das letzte Mal, als ich hier gewesen war, hatten die Vernehmungsbeamten ein »Geständnis« beinahe aus mir herausgeholt. Seitdem hatte ich Zeit zum Nachdenken gehabt und mir ausgerechnet, daß ich, wenn ich nur weiterhin die Wahrheit sagen würde, ziemlich sicher sei. Aber nun, als ich in die entschlossenen Gesichter dieser drei Bestien schaute, begann ich an meinem Entschluß zu zweifeln. Hatte man sie hereingeschickt, damit sie aus mir ein »Geständnis« herausprügelten, nachdem andere, weniger handgreifliche Methoden versagt hatten?

Als er mit der Augenbinde in der Tür stand, hatte Farzad gebrochen und besiegt gewirkt. Nachdem ich wieder in meiner Zelle gewesen war, hatte ich mich stundenlang gefragt, was man wohl mit ihm gemacht hatte. Hatte man ihn geschlagen oder gefoltert? Ich wußte von der brutalen Behandlung, der Iraker ausgesetzt waren, die auch nur der weniger wichtigen Bürokratie in die Quere kamen. Es war nichts Ungewöhnliches zu sehen, wie ein irakischer Polizist bei der Verkehrsregelung einen Jugendlichen oder jungen Mann wegen eines geringfügigen, tatsächlich stattgefundenen oder aus der Luft gegriffenen Vergehens auf den Kopf schlug. Was hatte dann ein männlicher Häftling erst bei einer Vernehmung zu erwarten? Ich war mir eigentlich ziemlich sicher, daß ich, da ich Ausländerin und dazu eine Frau war, nicht körperlich mißhandelt würde, aber diese drei hatten mich schon eines Besseren belehrt.

»Setzen Sie sich«, befahl Abu Samir und wies auf einen Holzstuhl in der Mitte des Raums. Ich nahm Platz, ohne den Blick von seinem Gesicht abzuwenden. Die anderen, Schiefgesicht und der Zwerg, waren es, die mich in Wirklichkeit verletzt hatten, aber dieser Bastard hatte sich mit seinem Stuhl vor die Tür gesetzt und dann grinsend zugesehen. Er hatte jede Sekunde meiner Angst und Pein genossen, und ich haßte ihn dafür.

Er starrte mich an und sagte: »Sie werden heute ihren Freund Farzad sehen, aber Sie dürfen nicht mit ihm sprechen. Ok., einverstanden?«

Ich nickte. Seit ich Farzad letzte Woche hatte sehen dürfen, konnte ich an fast nichts anderes mehr denken. Warum hatte er sich auf diese Videoaufnahme eingelassen? Hatte man ihn gefoltert? War es denkbar, daß er ein Spion war? Diese letzte Frage peinigte mich. Was mich betraf, waren Spione etwas, was in den Büchern von Ian Fleming und Hammond Innes vorkam. Ich dachte an Unterhaltungen mit Farzad zurück: Hatte es irgendwelche Hinweise gegeben? Ich kannte ihn als jungen und ehrgeizigen Mann, der sich zweifelsohne für sehr überzeugend und gewitzt hielt. Aber wenn seine Manieren auch tadellos waren, so fehlte ihm doch noch einiges zu einem James Bond. Er plauderte gerne, und eines seiner Lieblingsthemen war er selbst, nicht in unerträglicher oder arroganter Weise, aber er redete gerne über seine Arbeit, seine Freunde, die Menschen, mit denen er arbeitete, und die Dinge, die er erreichen wollte. Für einen Spion wäre er denkbar ungeeignet. Wenn er in eine auch nur im weitesten Sinne geheime Sache verstrickt wäre, hätte er sich meiner Ansicht nach nicht beherrschen können und darüber geplaudert.

Ich wußte nicht, was mit diesem Zusammentreffen, das Abu Samir eingefädelt hatte, bezweckt wurde, aber ich war mehr als glücklich, daß es dazu kam. Ganz abgesehen davon, daß ich ein freundliches Gesicht sehen würde, könnte Farzad vielleicht etwas Licht darin bringen, was eigentlich genau vor sich ging.

Die Tür wurde aufgerissen, Farzad wurde in den Raum geführt und auf einen der bequemen Lehnstühle mir gegenüber gestoßen. Zwischen uns stand ein Couchtisch mit Glasplatte.

»Nehmen Sie die Binde ab«, befahl Abu Samir.

Farzad blinzelte mehrmals, bis sich seine Augen an das Licht gewöhnt hatten, dann verzog sich sein Gesicht zu einem breiten Lächeln. Trotz des Gewichtsverlustes und der ungesunden Blässe sah er für mich wunderbar aus.

»Hallo, Dee.«

»Hallo, Farzad«, antwortete ich, und wir lachten.

»Seien Sie still!« schrie Abu Samir, ohne von den beiden Vernehmungsbeamten dazu aufgefordert worden zu sein.

»Sie«, sagte er und zeigte mit dem Finger auf mich, »sind ein dummes, störrisches Weib. Farzad hat uns alles erzählt, und er wird in einigen Tagen nach Hause zurückkehren, wohingegen Sie fünfzehn Jahre hinter Gittern sitzen werden.«

Ich starrte ihn mit offenem Mund an, sprachlos.

Der Teejunge kam mit Kaffee herein. Alle wurden bedient, nur ich nicht. Schiefgesicht sprach auf arabisch, und Abu Samir übersetzte.

»Einer von Ihnen beiden lügt, und das ist nicht Farzad, also müssen Sie es sein«, sagte er und starrte mich zornig an.

Er wandte sich an Farzad. »Erzählen Sie noch einmal, was geschehen ist.«

Farzad sprach schnell über die zwei Fahrten nach Hilla und die Abende, die wir miteinander verbracht hatten. Er erzählte ihnen nahezu das gleiche wie ich. In unseren Schilderungen war kaum ein Unterschied auszumachen. Wieso war dann ich die Lügnerin und sagte Farzad die Wahrheit? Meine Hoffnung erhielt neuen Schwung. War es möglich, daß jetzt wirklich alles auf die Reihe kam?

Konnte heute der Tag sein, an dem ihnen klar wurde, daß sie einen Fehler begangen hatten?

Als Farzad zu sprechen aufgehört hatte, sah Abu Samir zu mir herüber. »Stimmen Sie dem bei, was Farzad sagt?« wurde ich gefragt.

»Nicht vollständig, doch wir unterscheiden uns nur in unwichtigen Punkten. Ich würde dem meisten von dem, was er gesagt hat, zustimmen.«

»Sie erzählten uns, der Wachmann am Tor bei der Explosionsstelle habe über seine Schulter gewinkt und ›einen Kilometer‹ gesagt, aber nach Farzad hat er ›zwei Kilometer‹ gesagt. Wer lügt nun?«

»Keiner«, antwortete ich. »Ich dachte, der Wachmann habe ›einen Kilometer‹ gesagt, da Farzad aber auf dem Beifahrersitz saß und so dem Mann näher war, hat er vermutlich recht. Das räume ich ein.«

»Farzad erzählte uns, daß Sie ihm gesagt hätten, Sie trügen stets eine Kamera bei sich, wohin Sie auch gehen, aber Sie sagten, als wir Sie fragten, Sie würden nur gelegentlich mit Kamera ausgehen. Wer lügt hier?«

Also deshalb hatten die Vernehmungsbeamten so auf der Kamera herumgehackt; es ging um etwas, das Farzad gesagt hatte.

»Ich nicht«, warf ich schnell dazwischen. »Ich trage nicht jedesmal, wenn ich ausgehe, eine Kamera bei mir, nur wenn ich Besichtigungstouren unternehme.«

Abu Samir wandte sich mit einem angedeuteten Lächeln im Gesicht an Farzad. Er war heute wirklich gut und entschlossen, mich wie eine Lügnerin aussehen zu lassen und mich festzunageln, wenn er konnte.

»Was hat Sie Ihnen genau gesagt?«

Farzad langte in die Tasche seines braunweiß gestreiften Häftlingshemds und holte einen Stift und ein Notizbuch hervor. Neidisch starrte ich ihn an. Er war wirklich der liebe Junge, und ich war das böse Mädchen. Er setzte sich in seinem Komfortsessel zurück, nahm einen Schluck Kaffee und begann, laut aus seinem Notizbuch vorzulesen.

»Dee fuhr den Wagen an den Straßenrand und parkte, aus welchem Grund auch immer, vor dem Präsidentenpalast. Ich ärgerte mich über sie, weil ich meine Kamera im Wagen hatte und fürchtete, wenn wir gestoppt und die Kamera gefunden würde, könnte das falsch ausgelegt werden. Sie antwortete, ich zitiere: ›Kein Problem, ich trage die ganze Zeit eine Kamera mit mir herum.‹« Er klappte das Notizbuch zu.

Ich konnte mich deutlich an den Vorfall erinnern. Farzad war beunruhigt, weil wir vor dem Präsidentenpalast standen. Nach dem langen Krieg mit dem Iran reagierten die Iraker noch immer empfindlich auf Ausländer, vor allem auf solche mit einer Kamera, vor dem offiziellen Wohnsitz ihres Führers. Ich hatte ihn zu beruhigen versucht, daß ich noch nie allein wegen des Besitzes einer Kamera in Schwierigkeiten geraten war und auch nicht glaubte, daß ihm das passieren würde. Nach Farzads Aussage wirkte meine Bemerkung allerdings ziemlich unglücklich.

»Leugnen Sie das?« Abu Samirs Augen bohrten sich in die meinen.

Jetzt mußte ich sehr vorsichtig sein; Abu Samir genoß das allzu sehr. Er konnte Blut riechen — meines —, und mich befiel langsam Furcht.

»Das waren vielleicht meine Worte, aber sie waren nicht wortwörtlich zu verstehen. Es war eine so dahingeworfene Bemerkung.«

»Haben Sie diese Worte gesagt oder nicht? Antworten Sie mit Ja oder Nein.«

»Ja, aber ich wiederhole, das ist ein Mißverständnis.«

»Farzad erzählte uns, Sie hätten gelächelt, als Sie mit einem Mann sprachen, der im Krieg ein Bein verloren hatte. Hat es Sie glücklich gemacht, einen verletzten Iraker zu sehen? Hat es Ihnen gefallen, daß ein Iraker auf die Hilfe von Krücken angewiesen war?«

Diese Vermutung stieß mich ab, und ich empfand mehr Wut als Angst, als ich hätte fühlen sollen.

»Natürlich nicht!« protestierte ich laut. »Ich bin Krankenschwester, darin ausgebildet, bedürftigen Menschen zu helfen, ohne Rücksicht auf ihre Nationalität.«

»Sie wollen also sagen, Sie haben nicht gelächelt?«

»Nein, ich will sagen, daß der Mann mich angelächelt hat und ich zurückgelächelt habe. Seine Kriegsverletzungen haben mich nicht amüsiert. Das ist ja grotesk.«

»Als Sie sich am Ort der Explosion befanden, stießen Sie auf ein Straßenschild, auf dem ›Durchfahrt verboten‹ stand. Warum sind Sie weitergefahren?«

»Ein Schild mit der Aufschrift ›Durchfahrt verboten‹ habe ich nicht gesehen. Da war nur ein Wegweiser, auf dem in englisch ›Alexandria‹ stand.«

»Was stand noch darauf?«

»Darunter war etwas auf arabisch. Ich kann Arabisch nicht lesen, deshalb weiß ich nicht, was es bedeutete. Ich kann nur annehmen, daß es sich dabei um das arabische Äquivalent des darüber stehenden englischen Wortes gehandelt hat, wie zumeist auf den Verkehrsschildern im Irak.«

Der Zwerg hielt mir einen Schnappschuß hin, den Farzad bei unserer zweiten Fahrt nach Hilla von dem Straßenschild aufgenommen hatte. Sicher, der Name Alexandria war da eindeutig zu lesen und etwas Arabisches darunter — doch was war das da in der Ecke? Mein Herz sank, ich konnte die Worte »Durchfahrt verboten« erkennen.

»Diese Aufnahme stammt von Farzad. Wir haben den Film entwickelt. Können Sie sich erinnern, daß er das Bild geschossen hat?«

Ich nickte dumpf.

»Unterschreiben Sie hier«, sagte Abu Samir. Und erneut wurde ich gezwungen, die Mitschrift meiner Vernehmung abzuzeichnen. Das war das zweite Mal, daß sie mich bei einer Lüge »erwischt« hatten — zumindest, das wußte ich, würden sie es so sehen.

Ich hatte mich noch nie so verletzlich gefühlt. Abu Samir machte eine Handbewegung zu Farzad hin, der sich mit den Händen auf dem Couchtisch nach vorne beugte.

»Wenn wir diese letzten Punkte klären«, lächelte mich Farzad zuversichtlich an, »können wir am Dienstagabend heimfliegen. Aber zuerst, Dee, mußt du ihnen alles erzählen, was passiert ist. Schau, du mußt nur sagen, daß du dich mit einem britischen Diplomaten angefreundet hast, der dich überredet hat, mit mir zum Ort der Explosion zu fahren.«

»Aber das ist nicht wahr, Farzad!« rief ich aus. »Du weißt ganz genau, wie es dazu kam, daß ich dich nach Hilla fuhr, damit hatte niemand sonst zu tun.«

Ich war vollkommen verwirrt. Warum sagte er so etwas? Was meinte er damit, »erzähl ihnen alles«, und was sollte all das mit dem britischen Diplomaten? Hatte man ihn gefoltert? Prüfend suchte ich sein Gesicht und seine Hände nach Anzeichen dafür ab, aber es gab keine.

»Tu es einfach«, drängte er mich, jetzt lächelte er nicht mehr.

»Schau, Farzad, ich habe ihnen alles gesagt, was passiert ist, alles, was ich weiß. Mehr ist da nicht.« Jetzt war ich wütend, wütend auf ihn, weil er solche Sachen sagte, wütend, daß er mir nun, nachdem ich stundenlang die Anschuldigungen der Vernehmungsbeamten, ich habe mit Spionen und Diplomaten zu tun, geleugnet hatte, unterstellte, ich habe gelogen und hätte doch etwas mit Spionage zu tun.

»Schneid dir doch selbst die Gurgel durch, wenn du willst, aber ich bleibe bei der Wahrheit!« schrie ich ihm über den Tisch ins Gesicht.

Farzad stieg sofort die Wut hoch. Er erhob sich halb aus seinem Sessel, als wolle er mich schlagen. Abu Samir hatte gleichfalls erkannt, was gleich geschehen würde. Er schoß nach vorne und brüllte: »Legen Sie die Augenbinden an!«

Ich wurde weggeführt. Ich zitterte wegen dieser weiteren unerwarteten Wendung der Ereignisse.

11. November 1989
An den Botschafter
Botschaft der Republik Irak

Ihre Exzellenz,

ich habe Ihnen nun bereits zweimal geschrieben und bis heute noch keine Antwort erhalten. Ich schreibe Ihnen erneut und fordere Sie auf, meine Mutter aus der Isolationshaft zu entlassen und den Besuch eines Konsuls zuzulassen, der ihr nach der Wiener Konvention, die auch der Irak unterzeichnet hat, rechtmäßig zusteht.

Es freut mich zwar, daß die Britische Botschaft letzte Woche Mr. Bazoft besuchen durfte, doch finde ich es völlig unverständlich, warum meiner Mutter dies verweigert wurde.

Ich warte darauf, von Ihnen in dieser Angelegen-
heit zu hören, und lege einen frankierten und adres-
sierten Umschlag für Ihre Antwort bei.

Hochachtungsvoll
Michelle de Vries

Ich hatte anscheinend keinen großen Erfolg mit meinen
brieflichen Petitionsversuchen bei den irakischen Behörden. Denn auf keinen erhielt ich eine Antwort, deshalb
war es eine große Erleichterung für mich, als ich im November erfuhr, daß das Foreign Office eine Zusammenkunft mit einem Angehörigen der Irakischen Botschaft
arrangieren konnte. Peter und ich trafen uns mit Mark, einem Diplomaten aus dem Außenministerium, am oberen
Ende von Queen's Gate in Kensington. Während des kurzen Fußmarsches zur Botschaft informierte uns Mark,
was wir erwarten dürften.

»Es ist ungewöhnlich, daß ein irakischer Diplomat jemanden« unter derartigen Umständen trifft«, erklärte
Mark. »Aber Zuhair Ibrahim ist ein netter Mann, sehr
verwestlicht, und er hatte den Eindruck, es wäre gut, mit
Ihnen über den Fall Ihrer Mutter zu sprechen. Sie werden
einen guten Eindruck von ihm bekommen, und wenn er
Ihnen etwas zu essen oder zu trinken anbietet, sollten Sie
es aus Höflichkeit annehmen.«

Zuhair Ibrahim war ein großer, schlanker Mann mit
grauem Haar.

»Mark, mein Freund, wie geht's?« Er begrüßte uns
freundlich. »Und Sie müssen Michelle sein. Bitte, setzen
Sie sich doch. Möchten Sie etwas Süßes? Hier, nehmen
Sie zwei Stück. Du, Mark, brauchst keine zwei, du bist bereits dick genug«, witzelte er. Nach mehreren Minuten

höflicher Konversation streckte sich Zuhair Ibrahim plötzlich und blickte mich an.

»Mark hat mir erzählt, daß Sie unbedingt Ihre Mutter sehen möchten. Ich werde sehen, was ich tun kann, aber Sie müssen verstehen, daß sie ein sehr schwerwiegendes Vergehen gegen den Irak begangen hat.«

Ich merkte, wie sich mir alles sträubte. Ich hoffte, dieses Treffen war nicht als irakische Propaganda gedacht. Ich wollte wissen, was da vor sich ging. Ich wollte meine Mutter sehen, aber ich war nicht bereit, stillzuhalten und diesen Mann meine Mutter verurteilen zu lassen für eine Sache, die, wie ich heute weiß, lediglich ein unschuldiger Fehler gewesen war.

»Ich kann die Ansicht Ihres Landes zu dieser Angelegenheit nachempfinden, doch ich kann Ihnen versichern, daß meine Mutter niemals glaubte, dem Irak irgendwie zu schaden. Sie liebt Ihr Land, sie arbeitete gerne dort und hätte nie etwas getan, das dem irakischen Volk geschadet hätte«, sagte ich ruhig zu Zuhair Ibrahim.

»Das mag sein«, entgegnete er, »aber Sie können nicht die Tatsache abstreiten, daß Ihre Mutter und der Journalist Bazoft ein Gebiet aufsuchten, das Leuten aus dem Westen strengstens verboten war.«

»Aber sie sind überhaupt nicht in diese Zone vorgedrungen«, warf ich ein. »So wie ich die Sache verstehe, fuhren sie nur um den Sperrzaun auf einer ganz normalen Straße herum.«

»Michelle, Michelle!« Zuhair Ibrahim hob die Hand, um mich am Weitersprechen zu hindern. »Wir, das irakische Volk, sind eine Nation, die im Verlauf der Jahre schrecklich gelitten hat. Wir haben mit dem Iran lediglich ein Waffenstillstandsabkommen, aber der Krieg ist noch nicht wirklich vorbei, und wir haben das Recht, unser Land zu schützen. Die Leute im Parc-Krankenhaus nehmen in unserer Gesellschaft eine sehr privilegierte Stellung ein. Manche sagen, sie seien die glücklichsten Menschen im Irak. Wir erlauben es ihnen, frei durch die Wüste zu fahren, unsere Touristenattraktionen zu besuchen, nach Basra im Süden zu reisen, nach Mosul im Norden. Sie können reisen, wohin sie wollen, warum mußte denn Ihre Mutter ausgerechnet ins Gebiet von Hilla, das für jedermann gesperrt ist?«

Resigniert schüttelte er den Kopf, aber darauf war ich vorbereitet. Meine Mutter und Farzad waren an diesem Tag in Hilla nicht die einzigen gewesen.

»Aber wie Sie wissen, Mr. Ibrahim, waren dort auch zahlreiche andere Journalisten, um den Bericht im *Independent* zu überprüfen, daß es dort zu einer Explosion gekommen sei. Einige der Journalisten betraten sogar die Sperrzone, sie kletterten über den Zaun, und doch wurden sie freigelassen.«

»Bei Farzad Bazoft hat man eine Erdprobe und Karten des Gebiets gefunden. Das hat mit der Arbeit eines Journalisten nichts zu tun. Wir haben das Recht, unser Land vor Imperialisten und den zionistischen Satanen zu schützen, die uns zugrunde richten wollen. Wir sind ein junges Land, und unsere Errungenschaften in den letzten dreißig Jahren sind spektakulär. Wissen Sie eigentlich, daß es, als zu Anfang des Jahrhunderts Britannien uns regierte, weder Krankenhäuser noch Schulen für das irakische Volk gab? Heute haben wir eine Alphabetisierungsrate von einhundert Prozent, das ist höher als hier in England. Wir befinden uns fortwährend im Kampf gegen die zionistische Presse hier, die den Irak mit Mißachtung behandelt und unverfroren Lügen über Menschenrechtsverletzungen in unserem Land und die Absichten unseres Präsidenten verbreitet hat. Verstehen Sie nun, warum wir so empfindlich auf Geschichten wie die mit Ihrer Mutter reagieren?«

Ich sah, daß er langsam die Fassung verlor, und das letzte, was ich wollte, war, daß irgend jemand auf die Barrikaden ging. Ich brauchte soviele Freunde, wie ich innerhalb der Botschaft nur kriegen konnte. Ich lächelte.

»Ich bitte lediglich darum, daß meine Mutter und Farzad einen fairen Prozeß erhalten und beide gut behandelt werden.«

»Ihre Mutter wird gut behandelt«, versicherte mir Zuhair Ibrahim. »In Wirklichkeit wird sie in einem Apartment festgehalten, das sogar besser möbliert ist als das Zimmer, in dem wir uns befinden.«

Ich blickte mich in dem großen Raum um, der auf der Rückseite der Botschaft lag und in den verschiedensten Rottönen möbliert und eingerichtet war, und wunderte mich über diesen Mann. Er hatte gesagt, er würde versuchen, mir zu helfen, und ich wollte ihm glauben, doch irgendwie war ich doch absolut nicht überzeugt.

Eine ganz besondere Nachricht

Es war ein wunderschöner Traum. Irgend jemand ließ sanft seine Finger durch mein Haar gleiten. Ich langte hin, um die Hand zu packen, und fing statt dessen eine riesige Kakerlake ein.

»Iiiiiih! Iiiiiih!«

Auf mein Kreischen hin rannte der Aufseher den Korridor entlang, rieb sich den Schlaf aus den Augen und schrie mich auf arabisch an. Ich zeigte auf die Kakerlake, die über den Boden krabbelte. Der Aufseher lächelte.

»*Mako muskular. Boukra* (Kein Problem. Morgen)«, sagte er, wobei er das Aussprühen der Zelle nachahmte und mich anwies, weiterzuschlafen. Aber der Gedanke an dieses monströse Getier, das irgendwo in meiner Nähe war, reichte aus, um den Rest der Nacht wachzubleiben. Ich lag auf meiner Matratze, mit einem Schuh in der einen Hand und mit einem Auge auf der Hut. Ungezieferwache war nicht gerade etwas, das mir, mit meiner lebenslangen Angst vor allem, was kreucht und fleucht, leichtfiel.

Am Morgen kam Hamid, der englischsprechende Aufseher, der kürzlich nach mehrwöchiger Abwesenheit wieder zum Dienst aufgetaucht war, mit einer Dose Insektenspray zu meiner Zelle.

»Warum schreien Sie nachts? Die Kakerlaken sind gut, denn sie fressen alle kleineren Insekten. Wenn ich die Kakerlaken umbringe, wird Ihre Zelle von Ameisen wimmeln.«

»Das ist mir gleichgültig, Hamid, so lange es nur keine Kakerlaken mehr sind. Bitte schaffen Sie sie weg.« Das ging mir eigentlich gegen den Strich, denn ich hasse die Vorstellung, Tiere zu töten oder zu verstümmeln, aber ich hatte keine andere Wahl.

Als Hamid die Zelle aussprühte, setzte ich mich solange draußen in den Korridor. Mein Nachbar kam zu seiner Luke und sah zu mir hin. Er war groß und recht jung, hatte schwarzes Haar und eine olivfarbene Haut. Das war also der Knabe, den ich manchmal auf und ab gehen hörte, derjenige, wegen dem wir beinahe vierundzwanzig Stunden ohne Wasser zubringen mußten, weil er den ganzen Wasservorrat durch seinen Hahn hatte laufen lassen. Wir starrten uns an. Als er die rechte Gesichtshälfte zur Tür drehte, mußte ich Luft holen. Sein Gesicht wies starke Prellungen auf, sein rechtes Auge war geschlossen und zugeschwollen, und in seinem Haar klebte eine beträchtliche Menge getrockneten Blutes. Er zeigte auf sich, führte die Hand an den Hals und hob gleichzeitig das Kinn hoch. Später fand ich heraus, daß dies bedeutete, daß er gehängt würde.

Ein alter Mann kam mit einem Packen Zeitungen den Korridor entlang. Mein Blick fiel auf die englischen Wörter *Baghdad Observer.*

»*Shweya, shweya, lo sat mat, ahmey, min fadlik* (Entschuldigen Sie, bitte!« Ich deutete auf die Zeitung. »*Min fadlik*, bitte!« wiederholte ich.

Er gab sie mir und ging weiter. Ich ließ mich wieder auf dem Boden nieder, schlug die Zeitung auf und las jedes einzelne Wort der vier Seiten. Nach ungefähr dreißig Minuten schickte mich Hamid wieder in meine Zelle und schloß die Tür ab. Der Geruch des Insektenbekämpfungsmittels war überwältigend, aber noch schlimmer war, daß die Kakerlaken zu Dutzenden aus dem Abfluß im Waschraum kletterten, wie betrunken über den Boden schwankten, bis sie anhielten, sich auf den Rücken rollten und mit einer letzten verzweifelten Bewegung der Beine starben. Die Zelle war voller luftschnappender, sterbender Kakerlaken; es war entsetzlich. Ich kniete mich mit einem Schuh in jeder Hand auf die Matratze, bereit, jeden Überlebenden zu erschlagen, der es bis zu meinem Bett schaffte. Es kamen keine so weit, aber zuzusehen, wie soviel Ungeziefer einen anscheinend qualvollen Tod starb, war doch mehr, als ich ertragen konnte. Mit einem wachsamen Auge für die Vorgänge, die sich auf dem Boden der Zelle zutrugen, ging ich auf Zehenspitzen zur Tür hinüber, voller Furcht, eine dieser Kreaturen würde ihre letzten Energien sammeln und einen wilden Angriff auf mich starten.

»Hamid!« schrie ich durch die Luke. Er dachte eindeutig, jetzt sei ich ganz verrückt, kam jedoch zurück und spülte die Leichen durch den Abfluß.

»Jetzt«, warnte er mich zum Abschluß, »werden Sie Ameisen haben.«

Wie recht er hatte. Am nächsten Morgen wachte ich auf mit einer Ameisenstraße über dem Gesicht, über meine Nase bis in mein Haar. Ein zweites Bataillon marschierte gerade quer über den Boden auf mich zu. Ich schüttelte und schlug die Ameisen aus meinen Haaren und von meinem Körper und attackierte die auf dem Vormarsch befindlichen Truppen mit meinem getreuen Schuh. Und fragte mich die ganze Zeit, lieber Gott, wann ist dieser Alptraum zu Ende?

Ich weiß nicht genau, wann ich das erste Mal über Flucht nachdachte, doch nach mehr als zweieinhalb Monaten

Einzelhaft war ich überzeugt, daß ich, wenn ich aus dem Gefängnis herauskommen wollte, die Sache selbst in die Hand nehmen müßte. Ich hatte weder vom Krankenhaus, noch von der Britischen Botschaft, noch von meiner Familie etwas gehört. Was wußte ich denn, vielleicht dachten sie, ich sei tot. Ich hatte keinen richtigen Fluchtplan ausgearbeitet, doch ich beschäftigte mich mit den Möglichkeiten. Ein paar Wochen lang hatte ich den Dämmgips rund um den Wasserhahn im Waschraum herausgekratzt. Das war schmerzhaft, denn ich hatte als Werkzeug lediglich meine Finger, und der Gips war zwar ziemlich weich, aber es tat dennoch weh, wenn ich länger als einige Minuten hintereinander daran arbeitete. Ich ging im Laufe des Tages wieder und wieder in den Waschraum, um rund um den Hahn zu pulen und zu kratzen. Ich war sicher, daß es sich um eine Außenwand handelte, und da ich wußte, wie der allgemeine Installationsstandard im Vernehmungsblock war, rechnete ich mir aus, daß ich, wenn ich durch den Gips durchkäme, ein Fenster zur Außenwelt haben könnte.

Eines Nachmittags Ende November kratzte ich recht halbherzig an der Stelle herum, während ich ein Auge darauf hatte, ob jemand an der Luke erschien, als ich fühlte, wie der Gips unter meinen Fingern nachgab. So geräuschlos wie möglich begann ich, den Hahn nach vorne zu ziehen und nach hinten zu drücken. Der Gips brach, fiel aber nicht, wie ich gehofft hatte, heraus. Erneut probierte ich es und kratzte, aber jetzt, mit wachsender Aufregung, was wohl auf der anderen Seite lag, arbeitete ich konzentrierter. Es dauerte rund zwanzig Minuten, bis der erste kleine Gipsbrocken, etwa daumennagelgroß, zu Boden fiel. Das war nicht leicht gewesen, aber ich wußte sofort, daß es den Einsatz wert gewesen war. Ein Lichtstrahl schien auf den schmierigen Boden des Waschraums. Tageslicht.

Ich kniete mich nieder und lugte durch das Guckloch nach draußen. Ich entdeckte eine Ecke eines Parkplatzes, mit einem Tor, hinter dem die Freiheit lag. Hübsche grüne Bäume standen vor dem Tor, und kleine weiße Wolken zogen über den strahlend blauen Himmel. Der Ausblick erschien mir so wunderbar wie alle Kunstwerke, die ich jemals gesehen hatte, nachdem ich in all diesen Wochen nicht einmal einen Grashalm zu Gesicht bekommen hatte, aber ich schaute nicht lange hinaus; ich hatte gesehen, was ich sehen mußte. Ich packte den Stein und den Gips wieder lose in das Loch und kehrte zu meiner Matratze zurück.

Ich hob den *Baghdad Observer* auf und wandte mich dem Wetterbericht zu. Leichter Wind aus Südwest, hieß es da. Wundervoll. Ich hatte durch mein Guckloch gesehen, in welche Richtung die Wolken zogen, deshalb wußte ich nun, wo wir waren, und kannte unsere ungefähre Position in Relation zum Tigris. Ich hatte seit jeher einen guten Orientierungssinn besessen. Wenn ich durch eine mir unbekannte Stadt spaziere, mache ich mir im Geist Notizen, ob ich nach Osten oder Westen gehe, auf welcher Seite ich das Rathaus oder ein bestimmtes Kino oder Theater passiere. Das habe ich seit Jahren so gemacht, das geht ganz automatisch. So, nun hatte ich eine ziemlich genaue Vorstellung, wo ich mich geographisch gesehen befand, ich konnte nun die Richtung festlegen, in die ich mich wenden müßte, sollte sich jemals die Möglichkeit zu fliehen ergeben.

Seit der Zusammenkunft mit Farzad, als es den Anschein hatte, als wolle er sich auf mich stürzen, waren mehrere Tage vergangen. Was sich die Vernehmungsbeamten davon auch immer erhofft hatten, als sie das Treffen arrangierten, sie hatten sich eindeutig geirrt. Selbst dann, dessen war ich mir ziemlich sicher, würden sie es nicht dabei belassen, und ich hatte recht. Ein Schlüssel drehte sich im Schloß. Ahmed hielt mir eine Augenbinde hin. Wir gingen ins Verhörzentrum, wo Farzad in einem bequemen Sessel saß, eine Zigarette rauchte und ein Glas Kaffee trank. Man hatte ihm gegenüber einen kleinen Holzstuhl mit gerader Rückenlehne aufgestellt, und ich wurde angewiesen, mich daraufzusetzen. Als ich Platz nahm, klingelte das Telefon, der Zwerg sank in seinem Sessel zurück und bereitete sich offensichtlich auf ein längeres Geplauder vor. Ich merkte, daß weder Schiefgesicht noch Abu Samir bislang aufgetaucht waren. Die Gelegenheit war zu gut, als daß ich sie hätte vorübergehen lassen können.

»Farzad«, zischte ich, »warum hast du das Video gemacht?«

Damit dem Zwerg nichts auffiel, antwortete er mit seitlich geöffnetem Mund: »Ich mußte es tun, wegen der Elektroschocks.«

Ob Farzad tatsächlich Elektroschocks erhalten hatte, oder ob man ihm nur mit dieser schrecklichen Foltermethode gedroht hatte, sollte ich nie herausfinden, denn in diesem Augenblick betrat Abu Samir den Raum. Ein Aufseher brachte frischen Kaffee für Abu Samir und Farzad, aber nicht für mich. Farzad lehnte sich in seinem Sessel zurück und vermittelte aller Welt den Eindruck, als säße er zu Hause in seinem Wohnzimmer. Der Zwerg telefonierte noch.

»Der *Observer* rief an und hat nach Ihnen gefragt, Farzad«, sagte Abu Samir, »aber«, sagte er und sah mich beinahe bedauernd an, »nach Ihnen hat sich niemand erkundigt.«

Geschockt von dem, was er gesagt hatte, nahm ich nur vage wahr, daß der Zwerg sein Telefonat beendete, eine Akte vom Schreibtisch holte und durch den Raum eilte, wobei er Abu Samir etwas über die Schulter auf arabisch zuwarf, als er verschwand. Die Vernehmung fiel aus.

Ich wurde in meine Zelle zurückgebracht, wo ich mich auf die Matratze legte und zur Decke hochstarrte. Es hatte niemand angerufen und sich nach mir erkundigt! Das konnte bestimmt nicht wahr sein. Michelle würde vor Sorgen verrückt werden, und genauso Martina, mein Bruder Alan, meine Schwestern und Freunde. Doch vielleicht war ihnen überhaupt nicht klar, daß man mich verhaftet hatte. Vielleicht fingen sie jetzt erst an, sich zu fragen, warum ich so lange nicht geschrieben hatte, und schrieben dies möglicherweise den Launen des Postsystems zu. Was war mit dem Krankenhaus? Vielleicht hatten Dr. Raad und die Pflegedienstleiterin beschlossen, das Ganze zu vertuschen. Und was sollte das mit Farzad? Er hatte zu seiner Aussage gestanden, ein Spion zu sein, und wurde wie ein Held behandelt.

Wie die Vernehmungsbeamten Farzad behandelten war etwas, das für mich seit unserem ersten Zusammentreffen keinen Sinn ergab. Selbst wenn er mich gedrängt hatte, Dinge zu gestehen, die ich nicht begangen hatte, blieb doch das Gefühl, daß er dies nicht aus eigenem, freiem Willen tat. Er hatte mich damals ziemlich auf die Palme gebracht, aber seitdem hatte ich viel Zeit zum Nachdenken gehabt. Eben hatte er von Elektroschocks gesprochen. Mir graute, wenn ich nur daran dachte.

Ich fühlte mich vollkommen verlassen und glaubte in meiner Isolation fast, daß niemand wußte oder sich dafür interessierte, was mit mir geschah. Tränen flossen auf mein Kissen. Sogar als die Tränen die Wangen herunterrannen, wußte ich, daß Selbstmitleid in dieser Situation das letzte war, das ich mir leisten konnte. »Steh auf und tu was, Frau!« sagte ich fest. Ich war sicher, wenn ich den Eindruck verdrängen könnte, daß ich allein und völlig vergessen sei, ginge es mir gut. Ich machte ein bißchen Aerobic und fühlte mich gleich ein wenig besser. Zwanzig Minuten später hatte ich mich wieder unter Kontrolle. Gut, was nun? Scrabble langweilte mich: das faszinierendste Spiel verliert seine Anziehungskraft, wenn man es täglich ein dutzendmal spielt. Ich setzte mich wieder auf die Matratze und begann, aus einer Kolumne des *Baghdad Observer* einen Papierpfeil zu formen. Ich zielte auf die zerquetschte Fliege an der Zellenwand. He, warte mal, warum nicht ein Dartbrett anfertigen?

Ich ging in den Waschraum, wo ich den kleinen Bleistiftstummel versteckt hatte, den ich erst kürzlich aus dem Vernehmungsraum hatte mitgehen lassen. Ich fing an, den Umriß des Dartbretts über dem Kopfteil meiner Matratze an die Wand zu zeichnen, wo die Aufseher es nicht entdecken konnten. Das ging qualvoll langsam, da die rauhe Mauer meiner Zelle schnell den Stift abstumpfte, und ich ihn häufig an der Steinstufe des Waschraums nachspitzen mußte. Wohin jetzt mit den Zahlen? Mir fiel ein, daß die Zwanzig ganz oben hingehörte, die Eins daneben, die Drei unten hin, flankiert von der Siebzehn und der Neunzehn. Die Zahl Elf auf die Neun der Uhr und dann zur Zwanzig hinauf eine Zwölf und eine Fünf. Aber wo mußten die anderen Zahlen stehen? Wer das Dartbrett erfunden hat, mußte einen logischen Grund gehabt haben, die Zahlen auf bestimmte Positionen zu setzen. Ich setzte mich auf die Matratze, um dahinterzukommen. Dem mußte irgendein System zugrunde liegen. Ich setzte die Zwanzig der Drei gegenüber, die Elf der Zehn gegenüber und ging dann jede Zusammensetzung durch, die mir einfiel, aber es schien keine Lösung für das Rätsel zu geben. Ich ordnete die Zahlen rund um das Brett an so gut ich konnte, bevor ich neben das Dartbrett zwei Spalten malte, die eine mit der Kopfzeile »du«, die zweite mit »ich« oben drüber. Mein imaginärer Partner bei diesem Spiel war ein Mann, eine verschwommene Gestalt, die gleich das erste Match, das wir zusammen spielten, gewann.

Irgend jemand schrie auf dem Korridor; das hieß vermutlich, daß Bad News seinen Dienst angetreten hatte. Ich hörte, wie er meinen nächsten Nachbarn anbrüllte, seine Zeitung zurückzugeben, und ich trennte schnell den teilweise ausgerissenen Mittelteil des *Baghdad Observer* heraus, so daß ich ihm die Vorder- und Rückseiten geben konnte, auf denen stets Saddam Hussein abgebildet war. Ich wunderte mich, was die Aufseher mit all diesen Bildern wohl anstellten. Es war ein Vergehen, das Bild des Präsidenten zu verunstalten oder eine Zeitung mit seinem Bild in den Abfalleimer zu werfen. Die Küchenschränke und Schubladen der Iraker müssen mit Bildern von Saddam vollgestopft sein, dachte ich. Bad News warf einen finsteren Blick durch die Klappe. Ich übergab ihm den Rest der Zeitung mit einem Lächeln und ließ mich auf der Matratze nieder, um heute früh einzuschlafen.

An einem Morgen Anfang Dezember weckte mich Hamid um 6.00 Uhr.

»Waschen Sie sich zuerst, dann bringe ich Sie nach unten für ein Gespräch mit dem Chef«, befahl er.

Der Chef-Vernehmungsbeamte saß hinter einem hochglanzpolierten Schreibtisch in einem größeren, luxuriöser eingerichteten Raum als der am Korridor, wo ich gewöhnlich die zwei Schönheiten, Schiefgesicht und den Zwerg, traf. Sie war ich für diese Zusammenkunft losgeworden, doch der mir verhaßte Übersetzer Abu Samir war da, wie üblich mit seinem sardonischen Grinsen. Doch ich bemerkte schnell, daß heute, in Anwesenheit seines Vorgesetzten, mit ihm etwas anders war. Wo war der vertraute

Rüpel, der häufig nicht einmal auf die Anweisung der zwei Schönheiten wartete, sondern gleich seine eigenen beißend-sarkastischen Bemerkungen aus dem Handgelenk schüttelte? An seine Stelle war allem Anschein nach ein schwanzwedelndes, kriecherisches Wesen getreten, das den Chef fortwährend um Verzeihung bat, ihm Kaffee servierte, wartete, bis dieser einen Satz vollendet hatte, bevor es zu übersetzen begann. Ich war über diese Verwandlung erstaunt.

»Wir überlegen«, übersetzte er für den Chef, »überlegen aber nur, ob wir Ihnen erlauben sollen, die Leute aus Ihrer Botschaft zu sehen. Doch Ihnen muß klar sein, daß Sie dabei nicht sprechen dürfen.«

Also wußten sie doch, wo ich war. Gott sei Dank! Tief im Inneren hatte ich gespürt, daß sie es wissen mußten, doch an mir nagten stets Zweifel, daß die Menschen draußen glaubten, ich wäre einfach verschwunden. Das war die Bestätigung, die ich brauchte.

»Nichts sagen!« Ich war sehr erstaunt. »Sie müssen verrückt sein! Aber selbstverständlich werde ich etwas sagen. Ich brauche Lebensmittel, saubere Kleidung, Bücher, Nachrichten ...«

»Über solche Dinge können Sie sprechen«, unterbrach mich Abu Samir. »Über anderes nicht. Wir denken, Sie verstehen, was wir meinen.«

Bei mir fiel der Groschen. »Ah ja«, sagte ich vorsichtig, »Sie legen mir nahe, oder nicht, nicht zu erzählen, daß ich geschlagen und an den Haaren gezogen wurde. Nicht zu erzählen, daß meine Augen verbunden wurden und man mich mit einem Messer bedrohte, und auch nicht, daß man mir sagte, man würde mir die Kleider wegnehmen und mich die ganze Nacht im Stehen verbringen lassen. Soll ich den Mund halten über die Drohungen, die in Ihrer Anwesenheit, Abu Samir, ausgesprochen wurden, daß man mich schlagen und gegen die Wand schleudern wolle?«

Der Chef und Abu Samir unterhielten sich leise auf arabisch. Die Gesichtszüge der beiden zeugten von Unbehagen.

Ich empfand ein berauschendes Gefühl von Macht. Nach drei Monaten der Entbehrung, Isolation, Furcht und des Hungers hatte plötzlich ich alle Trümpfe in der Hand. Dummerweise stieg mir das gleich zu Kopf.

»Enthalten wir doch der britischen Presse solche interessanten kleinen Leckerbissen nicht vor! Unter anderem zu erfahren, daß man mich in eine Zelle gesperrt hat, die von Ameisen und Kakerlaken verseucht war, gäbe doch eine gute Lektüre ab, nicht wahr?« Ich hielt triumphierend inne. Abu Samir starrte mich mit schlecht verschleiertem Haß an.

»Diese Dinge werden Sie nicht erzählen!«

»Oh, und wie wollen Sie mich davon abhalten?« fragte ich mit ironischem Lächeln.

»Wir erlauben den Besuch nicht . . .«

Jetzt machte mich die Macht wahnsinnig. Jedesmal wenn ich den Mund öffnete, war es, als setzte mein Verstand aus, doch obwohl ich wußte, daß ich fürchterlich nahe am Abgrund stand, konnte ich nicht aufhören.

»Ach, Sie werden es doch. Sehen Sie, ich weiß zufällig, daß Gerüchte im Umlauf sind, ich sei bereits tot, werde gefoltert, vermutlich von den Vernehmungsbeamten. Sie müssen mich den Leuten von der Britischen Botschaft vorführen, um zu beweisen, daß ich noch lebe.«

Abu Samir konferierte mit dem Chef, ihre Gesichter sahen konsterniert aus. Oh, Rache ist süß!

»Wo Sie das hören?« Abu Samir war so durcheinander, daß er in Pidgin-Englisch verfiel. Das zu hören tat mir gut. Ich schwebte auf Wolke sieben, merkte aber, daß ich es mir nicht erlauben konnte, allzu überschwenglich zu sein. Ich brauchte diesen Besuch unbedingt. Meine Familie mußte verzweifelt sein, und außerdem durfte ich nicht den netten Übersetzer, den mit der narbigen Nase, in Schwierigkeiten bringen. Am Vortag hatte er mir bei einem »Fürsorgebesuch« erzählt, die Zeit sei nun gekommen, daß man mich den Botschaftsleuten vorführen würde, um zu beweisen, daß ich noch lebte. Ich mochte ihn zwar, doch ich hatte meine Hoffnung nicht die Oberhand gewinnen lassen. Die Iraker hassen es, Überbringer schlechter Neuigkeiten zu sein. Für jemanden aus dem Westen hört sich das abstrus an, doch immer wieder hatte ich im Krankenhaus beobachtet, wie das irakische Personal vom rechten Weg abwich und die verzweifelten Verwandten von Patienten, die eindeutig sterben würden, dadurch täuschten, daß sie ihnen Hoffnung vermittelten. Das war keine Unfreundlichkeit, ganz im Gegenteil, aber ich hatte bereits vor langer Zeit gelernt, daß es nicht klug war, alles zu glauben, was man mir erzählte. Doch nun hatte es den Anschein, als habe der Übersetzer die Wahrheit gesagt. Ich beschloß, eine andere Taktik anzuwenden.

»Man muß nicht gerade hyperintelligent sein, um darauf zu kommen«, erklärte ich ihm. »Allerdings«, so fuhr ich fort, »habe ich nicht die Absicht, die Besuchszeit damit zu vergeuden, über diesen verrückten Ort zu berichten.«

Abu Samir begriff, daß ich ein wenig einlenkte. Nun hatte er wieder die Kontrolle und zeigte es auch. Verachtung zog über sein Gesicht.

»Sie werden von diesem Gebäude nicht als verrücktem Ort sprechen. Sie werden Respekt vor dem irakischen Gesetz zeigen und daran denken, daß wir das Treffen in der zugestandenen Stunde jederzeit abbrechen können. Machen Sie, daß Sie hinauskommen, legen Sie die Augenbinde an und warten Sie draußen mit dem Gesicht zur Wand.«

Wie ein ungezogenes Schulmädchen stand ich draußen

vor der Tür des Vernehmungsraums, aber ich hatte Lust zu singen. In den Monaten, in denen ich hier eingesperrt war, hatte ich enorme Stimmungsumschwünge durchgemacht. An manchen Tagen war ich verzweifelt und fragte mich, warum niemand mit mir Kontakt aufnahm. In diesem Zustand war es nicht schwer, zu der Überzeugung zu gelangen, daß niemand wußte, wo ich mich befand, daß sich niemand dafür interessierte, und daß die irakische Regierung mich, angesichts des lumpigen Betrages, den es kosten mußte, mich durchzufüttern, für immer hierbehalten konnte, wenn sie wollte. An anderen Tagen war ich von Hoffnung erfüllt und betrachtete die lange Zeit, die ich bereits hier verbracht hatte, als viele Tage und Monate, die mich meiner Freilassung näherbrachten. Eine Nachricht, ein Brief, ein Besuch mußte kurz bevorstehen, überzeugte ich mich selbst. Als ich gerade darüber nachdachte, hörte ich die Stimme eines Mannes hinter mir.

»Hallo, Dee.«

Ich wandte mich um, bog den Kopf nach hinten, schaute unter meiner Binde hervor und erblickte Abdullah, den Wachmann aus dem Krankenhaus, der mich das letztemal, als ich ihn gesehen und erkannt hatte, angebrüllt hatte. Abdullah hielt die Hände auf den Rücken und trug nicht seine übliche grüne Militäruniform, sondern einen grauen Anzug mit weißem Hemd und bunter Krawatte.

»Ich gehe mit Ihnen zum Außenministerium«, sagte er.

»Gehen wir gleich?« fragte ich ungläubig. Konnte das denn wahr sein: Nach fast drei Monaten des Alleinseins erfahre ich, daß ich Besuch bekomme, und das auch noch am selben Tag? Ich wußte nicht, ob ich mich erleichtert oder betrogen fühlen sollte. Es dauerte nur den Bruchteil einer Sekunde, bis ich mich für ersteres entschied.

»Ja, wir fahren sofort«, entgegnete er.

Ich war höchst erfreut, daß er hier war. »Gott sei Dank

sind Sie gekommen«, sagte ich erleichtert. »Ich dachte schon, ich müßte den Vormittag mit dieser Schlange Abu Samir verbringen, der mir in den Nacken bläst und mir den Tag ruiniert.«

Abdullah warf den Kopf zurück und lachte. »Ich muß Ihnen leider mitteilen, Dee, daß er auch mitfährt.«

Als ich zwischen zwei Aufpassern und in Begleitung von Abdullah und Abu Samir hinten im Wagen saß, versuchte ich, mich zu sammeln, doch allein die Vorstellung, endlich mit jemandem aus England sprechen zu können, war einfach überwältigend. Der Wagen verließ den überdachten Parkplatz, passierte das Tor, das ich von meinem Loch im Waschraum aus sehen konnte, und ordnete sich in den Verkehrsstrom Richtung Arbah-Brücke ein.

Zu Anfang schmerzten meine Augen sehr, als sie versuchten, sich an die grellen Strahlen der Morgensonne anzupassen, die durch die Scheiben des Autos hereinfielen. Doch als ich mich an die intensive Helligkeit gewöhnt hatte, verging der Schmerz und ich merkte, wo wir waren. Wir fuhren am Melia Hotel vorbei, wo Farzad und ich beim ersten Treffen zu Abend gegessen hatten, und mir fielen auch die vielen von Gelächter erfüllten Abende in der Bar mit anderen ausländischen Freunden ein. Als wir durch die Tore des Außenministeriums fuhren, warf ich einen Blick auf die Armbanduhr meines Aufpassers zur Rechten. Abdullah hatte mir gesagt, das Treffen sei auf 11.00 Uhr angesetzt, doch es war erst zehn Minuten nach neun. Was um alle Welt sollten wir die nächsten zwei Stunden machen? In Wirklichkeit verging die Zeit sehr schnell, als mich ein fremdes Gesicht nach dem anderen anwies, was ich bei der Zusammenkunft nicht erzählen sollte. Ich sollte nicht über meine Zelle oder das Gebäude, in dem man mich gefangen hielt, sprechen, nicht über die Vernehmungsbeamten (sie nannten sie Offiziere), die Aufseher und auch nicht über das Essen. Ich sollte Farzad nicht erwähnen und auch nicht die Treffen mit ihm. Die Anweisungen gingen immer weiter.

Wir saßen in einem komfortablen Zimmer, das mit einer Couch, zwei Sesseln und einem Couchtisch möbliert war. Weitere fünf gerade Stühle wurden für Abdullah, zwei Leute aus dem Ministerium, und einen Wachmann hereingetragen. Heute saß ich in einem Sessel, war aber zu angespannt, um das genießen zu können.

Ich konnte hören, wie englischsprechende Stimmen auf dem Korridor näher kamen. Mein Mund wurde trocken, und mein Herz fühlte sich an, als befinde es sich irgendwo in der Gegend meiner Mandeln. Wir erhoben uns alle, als Robin Kealy, der Erste Sekretär der Britischen Botschaft, und Pauline Waugh, die Konsulin, das Zimmer betraten. Ich hatte die beiden bereits früher bei mehreren Anlässen getroffen und war mit Farzad in Robins Haus gewesen; doch dabei hatte es sich um eine große Gesellschaft gehandelt, und so bestand kein Grund, warum er sich an mich erinnern sollte. Nach allgemeinem Händeschütteln und Vorstellen setzten wir uns. Robin und Pauline hatten Seite an Seite auf der Couch Platz genommen, hinter dem Couchtisch, mir gegenüber, während Abu Samir seine Anwesenheit spüren ließ, indem er seinen Stuhl direkt neben den meinen gestellt hatte.

Es war alles sehr britisch. Robin beugte sich nach vorne, und Besorgnis stand in seinem Gesicht.

»Wir haben wiederholt versucht, Zugang zu Ihnen zu erhalten, und hatten endlich Erfolg. Wie geht es Ihnen, Dee?«

»Na, mir geht es gut«, sagte ich und log nach Kräften, da ich Angst hatte, etwas anderes zu sagen, damit das Treffen nicht, wie Abu Samir gedroht hatte, abgebrochen würde. Hat sich, so fragte ich mich, Farzad genauso gefühlt, als er vor eine Kamera gestellt und zu diesem Video gezwungen wurde?

»Wir haben einen Haufen Nachrichten für Sie«, sagte Robin lächelnd und begann aus einer Liste von Freunden und Kollegen aus dem Krankenhaus, meiner Familie und Freunde in England vorzulesen.

»Und natürlich«, fuhr er fort, »eine ganz besondere Nachricht von Ihrer Tochter Michelle.«

Das war zuviel. Ich konnte meine Gefühle nicht mehr länger beherrschen und brach in Tränen aus, in ein großes, langes, gepeinigtes Schluchzen, das ich seit Wochen zurückzuhalten versucht hatte. Durch nichts, was meine Vernehmungsbeamten getan hatten oder noch tun würden, konnte ich mich schlimmer fühlen als in diesem Augenblick. Ich warf alle Vorsicht in den Wind und schluchzte den schlechten Zustand meiner Gesundheit, die Diarrhöe, das Erbrechen, die Kopfschmerzen, Zahnschmerzen, den Gewichtsverlust, die Infektionen, Krämpfe und Taubheit in den Fingern und Zehen heraus, die Bedingungen, die ich sogar vor mir selbst herunterzuspielen versucht hatte, da ich Angst davor hatte, mir klarzumachen, was sie bedeuteten — daß ich die Zustände, in denen ich lebte, vermutlich nicht mehr lange überstehen könnte, ohne Gefahr zu laufen, gesundheitlich zusammenzubrechen.

»Am meisten von allem«, schniefte ich durch die Tränen, »brauche ich etwas, mit dem ich mich ablenken kann. Ich habe nichts zu tun, ich habe wochen-, monatelang mit Nichtstun hinter mir!«

»Dagegen konnten wir etwas unternehmen«, sagte Robin. »Wir haben Ihnen eine Kiste mit Büchern mitgebracht, die Ihre Freunde aus dem Krankenhaus zusammengestellt haben, und die Frau des Botschafters hat Ihnen ein Exemplar von *Die Muschelsucher* mitgeschickt, ein Buch, das sie sehr schätzt. Wir haben auch Lebensmittel dabei, Complan, Milchpulver, Kaffee, Käse, Biskuits, Dosennahrung und Schokolade.«

Nun schluchzte ich noch mehr. »Oh, danke, danke, das ist wunderbar.« Pauline, die sich Notizen gemacht hatte, fragte Abu Samir, ob man wegen meiner Zahnschmerzen eine zahnärztliche Behandlung arrangieren könnte.

»Sicher«, sagte er sanft, »Sie muß nur fragen, und wir kümmern uns um all diese Dinge, doch für heute«, er warf einen Blick auf seine Uhr, »ist das Treffen beendet.«

Wir standen alle auf. Wir waren eine Stunde lang zusammen gewesen, aber so war es uns nicht vorgekommen. Pauline umarmte mich fest, Robin schüttelte mir die Hand.

»Wir werden versuchen, ein weiteres Treffen im Januar durchzusetzen. Ach ja«, und er lächelte, »Frohe Weihnachten!«

Wie konnte er so etwas zu jemandem sagen, der Weihnachten alleine in einer Zelle verbringen würde? Ich brach erneut in Tränen aus, als Pauline und Robin hinausbegleitet wurden.

»Seien Sie still!« befahl Abu Samir. »Und hören Sie mit diesen Krokodilstränen auf. Farzad hat das bei seinem Treffen auch versucht. Riesenbabys«, knurrte er.

»Hamid«, fragte ich ihn zum x-ten Mal, »wo ist mein Lebensmittelkarton?« Seit dem Besuch von Robin und Pauline waren zehn Tage vergangen, und ich hatte damals beobachtet, wie meine Schachtel mit Schlemmereien in den Kofferraum des Autos verladen und mit ins Verhörzentrum transportiert worden war. Allein der Gedanke an Milchpulver und Schokolade ließ mich sabbern wie einen Pawlowschen Hund.

»Das weiß keiner«, sagte Hamid. »Vielleicht hat man sie im Wagen vergessen.«

»Und vielleicht auch nicht«, entgegnete ich wütend. Zehn lange Tage hatte ich darauf gewartet, daß die Schachtel, oder auch nur ein Päckchen Biskuits daraus, an meiner Zellentür auftauchte. Ich hatte über den Geschmack aller nur denkbaren Lebensmittel phantasiert, seit Robin die »Dosennahrung« erwähnt hatte; im Kopf hatte ich mir hundert Lieblingsbücher vorgestellt. Verdammt, selbst in meinen Träumen war ich nicht mehr länger englische Feldwege entlanggewandert; statt dessen lag ich auf meiner Matratze, aß Terry's Orangen-Schokolade und las einen total fesselnden, reißerischen Roman voller sorgloser, schöner Menschen, der am Mittelmeer spielt.

»Vielleicht«, brüllte ich den armen Hamid an, der vermutlich hier drinnen mein bester Freund war und ganz gewiß nicht derjenige, der meinen Zorn verdiente, »vielleicht steht sie genau in diesem Augenblick gerade auf den Regalen in den Häusern der Vernehmungsbeamten.«

»Ich versuche, es herauszufinden«, sagte Hamid in beruhigendem Ton. Er kam nicht zurück.

»Diebe!« brüllte ich einige Stunden später durch die Tür in einer Mischung aus Hunger, Wut, Erwartung und Frustration. »Die Vernehmungsbeamten sind Ali Babas vierzig Diebe. Diebe, Diebe, Diebe!«

Bad News kam den Korridor heruntergerast und sah aus wie der Donner persönlich. Hamid mußte seinen Dienst beendet haben. Er schloß meine Zelle auf und zerrte mich den Korridor entlang in den Aufzug. Abdullah saß hinter dem Schreibtisch des Vernehmungsraums.

»Was ist denn los, Dee?«

»Irgend jemand hat meine Lebensmittel und meine Bücher geklaut«, schluchzte ich. Er war dabeigewesen, er wußte genau, wovon ich sprach.

Abdullah langte unter den Schreibtisch und holte einen kleinen Pappkarton hervor. »Hier sind Ihre Lebensmittel. Sie müssen verstehen, daß alles erst kontrolliert werden muß. Das ist Vorschrift.«

Also er hatte sie die ganze Zeit gehabt; er hatte sie mir vorenthalten.

»Aber doch nicht zehn Tage lang! Um Himmels willen, wir reden von ein paar Dosen und einer Handvoll Bücher. Sie wußten ... Oh, Schwamm drüber, geben Sie mir bitte etwas Schokolade.«

»Sie können den Karton und zwei Bücher mitnehmen.«

Er fuhr mit der Hand in eine zweite Schachtel und zog wahllos zwei Bücher heraus und streckte sie mir hin.

Ich besah mir die Einbände. Eines der Bücher war ein Stück von Tom Stoppard, das andere war *Die Klasse* von Erich Segal. Die Anspannung ließ nach und ich konnte nicht aufhören zu lachen. Ich hatte *Die Klasse* einige Jahre zuvor bereits gelesen und wußte, daß sich das Buch für die Juden und die zionistische Sache insbesondere stark machte. Nachdem man mich monatelang beschuldigt hatte, Jüdin und Spionin für Israel zu sein, gab man mir ausgerechnet das Buch, das viele als Traktat des Zionismus einstufen würden. Ich schüttete mich aus vor Lachen.

»Warum lachen Sie?« fragte Abdullah.

»Ohne besonderen Grund, Abdullah. Ich fühle mich nur ein bißchen high. Kann ich in meine Zelle gehen?« Ich konnte mich kaum mehr bezwingen, verlangte so sehr danach, die Lebensmittel in die Hand zu bekommen.

Ich unterzog mich einer strengen Rationierung. Ein Päckchen Complan, ein Biskuit und ein Stückchen Schokolade pro Tag. Irgendwie funktionierte das nicht richtig. Ich mußte feststellen, daß ich die Matratze hinunterkroch, wie ein Dieb in der Nacht in die Schachtel faßte und noch ein weiteres Stück von dieser herrlichen Orangenschokolade herausfischte. Da ich kein Wasser erhitzen konnte, mischte ich Kaffee und Milchpulver mit dem kalten Wasser aus dem Hahn und benutzte dazu einen Teelöffel, den ich aus dem Vernehmungsraum hatte mitgehen lassen. Eigentlich hatte mich Farzad auf diese Idee gebracht. Seit ich gesehen hatte, wie er geschickt ein Päckchen Zigaretten und eine Streichholzschachtel während einer gemeinsamen Vernehmung in sein Notizbuch gleiten ließ und sie später in die Tasche bugsierte, hatte ich in jeder Sitzung etwas eingesteckt.

Macht das Häftlingsleben uns alle zu Dieben? fragte ich mich. Ich beruhigte mein Gewissen, indem ich mir sagte, daß ich es nicht wirklich aus dem Gebäude entfernt, sondern es einfach nur ein paar Stockwerke weiter nach oben verlegt hatte.

Ich ging in den Waschraum, langte zum Sims hoch und holte meinen Bleistiftstummel und das leere Zigarettenpäckchen (das ich mir auf gleiche Art verschafft hatte) herunter, um mein Tagebuch weiterzuführen. Der Stift war schon wieder stumpf; deshalb spitzte ich ihn an der Kante der Steinstufe zum Waschraum an, strich dann das Zigarettenpäckchen glatt und las noch einmal die Eintragungen der letzten zwei Wochen.

Dienstag, 5. Dezember: Robin und Pauline von der Britischen Botschaft getroffen.

Mittwoch, 6. Dezember: Meinen Gedanken nachgehangen.

Donnerstag, 7. Dezember: Wieder nur nachgedacht, aber auch etwas Gymnastik mit dem Ball.

Dieses »meinen Gedanken nachgehangen« bedeutete, daß ich jedes Wort, das über den Couchtisch des Außenministeriums hinweg gewechselt worden war, nochmals analysierte. Ich rätselte stundenlang an Robins Abschiedsworten herum. »Frohe Weihnachten«, hatte er gesagt. Ich war sicher, das war kein Fauxpas gewesen: dazu war er ein zu erfahrener Diplomat. Es konnte nicht bedeuten, daß ich bald entlassen würde, sonst hätte er nicht auf ein Treffen im Januar drängen müssen. Er wollte mir damit etwas sagen, davon war ich überzeugt, aber was? Ich ging die ganze Unterhaltung Satz für Satz wieder und wieder durch. Wenn ich nur nicht so aufgewühlt gewesen wäre, dann hätte ich nicht so viele Lücken im Gedächtnis. Und dann fielen mir die Worte wieder ein. »Michelle hofft, Sie besuchen zu können.« Das war es, das mußte es sein. Michelle würde herkommen. Ja, das war es, dessen war ich sicher. Ich setzte mich in der Ecke meiner Zelle gerade hin, so daß ich den Stift und das Papier vor den neugierigen Augen verbarg, die vielleicht durch die Klappe der Zellentür blickten, und brachte mein Tagebuch weiter auf den neuesten Stand.

Sonntag, 17. Dezember: Nach unten geführt und einen Karton Lebensmittel erhalten. Für übermorgen mehr Bücher versprochen. Aß sofort Schokolade, einen Frischkäse und einen Biskuit. Machte Kaffee mit Milchpulver. Ich frage mich, ob Michelle bald kommt. Letzte Nacht bekam ich sie nicht aus dem Kopf. Durch das, was Robin sagte, also »Frohe Weihnachten«, begann ich zu grübeln. Es erscheint sehr wahrscheinlich, aber man soll das Fell des Bären nicht verkaufen, ehe man ihn gefangen hat. In einer Woche ist Weihnachten.

»Lieber Gott, bitte laß Saddam Hussein einsehen, daß meine Mutter unschuldig ist, daß sie den Irak und das irakische Volk liebt und niemals etwas tun würde, womit sie dem Land Schaden zufügen könnte.« Ich betete — laut — nicht für die Ohren Gottes, sondern vermittelte vielmehr, wie ich hoffte, der irakischen Geheimpolizei eine deutliche Botschaft. Ich war überzeugt, daß sie mein Zimmer verwanzt hatten.

Peter und ich waren im Al-Rashid-Hotel abgestiegen. Es war unsere erste Nacht im Mittleren Osten. Wir wußten wenig über das Land, und das wenige hatten wir aus den Briefen meiner Mutter und der Berichterstattung über den iranisch-irakischen Krieg aus dem Fernsehen erfahren. Unser erster Eindruck von diesem Land war eine Offenbarung gewesen. »Mein Gott, da unten gibt es Licht«, sagte ich zu Peter, während ich aus dem Fenster des Flugzeugs blickte, als der Pilot die Landung in Bagdad ankündigte. Unter uns lag nicht die kleine Wüstenstadt, die ich erwartet hatte, sondern eine riesige Großstadt, die allem Anschein nach von Millionen orangefarbenen Lichtern beleuchtet wurde.

Am Flughafen wurden wir von Pauline Waugh, der britischen Konsulin, und einem Vertreter des Parc empfangen. Wir fuhren gemeinsam zum Al-Rashid-Hotel, das während des Golfkrieges zu Berühmtheit gelangt war, da es den meisten ausländischen Journalisten, die über die Geschehnisse aus Bagdad berichteten, als Basis diente. Ich war von den fünfspurigen Schnellstraßen und der herrlichen Brücke des Vierzehnten Juli, die später im Krieg zerstört wurde, beeindruckt. Die Skyline dominierten die hohen Büroblocks und enormen Monumente, die grell in Rot, Grün, Weiß und Schwarz, den irakischen Nationalfarben, angestrahlt wurden.

Mehrere Stunden später stand ich, da ich nicht einschlafen konnte, auf meinem Balkon und lauschte dem endlosen Hupen der Autos auf der Straße unter mir. Der Morgen brach an. Ich blickte auf den Tigris, jenseits der weißen, flachdachigen, vom Krieg beschädigten Gebäude, wo Gruppen von irakischen Soldaten zur Bedienung der in den Himmel weisenden Luftabwehrraketen abgestellt waren. Letzte Nacht hatte die Stadt romantisch gewirkt, doch im heraufziehenden Tageslicht sah sie schäbig und unheimlich aus. Ich fragte mich, wo sie in der wildwuchernden Masse Beton unter mir wohl meine Mutter festhielten. Ich überlegte, ob sie überhaupt wußte, daß wir hier waren.

Ein britischer Diplomat, mit dem ich gestern in London gesprochen hatte, hatte mich davor gewarnt, allzu optimistisch zu sein. »Vergessen Sie nicht, die Iraker haben offiziell nichts versprochen. Landen Sie nicht in Bagdad mit der Überzeugung, daß Sie Ihre Mutter sehen werden. Die Beamten können sich leicht in letzter Minute eines anderen besinnen und Ihnen den Zugang verwehren«, hatte er betont. Ich wußte seine Offenheit zu schätzen, aber es war mir unmöglich, nicht optimistisch zu sein.

Nach einem zweiwöchigen Aufenthalt in England war meine Mutter am dreiundzwanzigsten August nach Bagdad zurückgekehrt. Wir stehen uns nahe und kommen gut miteinander aus. Ganz ungewöhnlicherweise hatten wir kurz vor ihrer Abreise einen hitzigen Streit. Er brach wegen einer unwichtigen Kleinigkeit aus und hatte sich vollkommen verselbständigt, vielleicht weil es mich ärgerte, daß sie nach Bagdad zurückkehrte. Ich wußte, wie sehr sie ihren Job und ihr Leben im Irak liebte, und mir wäre es überhaupt nicht recht gewesen, wenn sie das alles aufgegeben hätte. Mein eigenes Leben war zwar auch ausgefüllt, aber sie war dennoch meine Mutter und ich vermißte sie manchmal einfach. Wenn sie weg war, telefonierten wir alle zwei Wochen und schrieben uns, aber das war nicht das gleiche, als wenn sie in London gewesen wäre. Tausendmal hatte ich mir meine beinahe letzten Worte an sie ins Gedächtnis gerufen: »Also gut, geh doch zurück in deinen blöden Irak und bleib dort!«

Das war jetzt vier Monate her, und nun stand ich auf einem Hotelbalkon und beobachtete den Sonnenaufgang über dieser Stadt, in der sie so gerne gelebt hatte. Als ich erfuhr, daß man sie verhaftet hatte, war ich fürchterlich wütend auf sie. Ich war mir sicher, daß sie irgendeinen verrückten Trip durch die Wüste unternommen habe. Sie sprach oft über die Fahrten durch die Wüste, die sie zusammen mit Freunden unternommen hatte. Ich war mir sicher, sie war unabsichtlich in eine Sperrzone gefahren und das Mißverständnis würde bald aufgeklärt sein.

Als ich erfuhr, was wirklich geschehen war, wandte sich meine Wut gegen die irakischen Behörden. Wie konnten sie nur glauben, meine Mutter, eine zu jedem Spaß bereite, aber vollkommen engagierte und professionelle Krankenschwester, habe mit Spionage zu tun? Ich kannte Farzad nicht, aber ich kannte meine Mutter. Es überraschte mich nicht, daß man von ihr kein Geständnis auf Video zu sehen bekommen hatte. Meine Mutter kann eine sehr entschlossene, ja sture Frau sein — sie ist auch einer der ehrlichsten Menschen, die ich kenne. Sie würde nicht etwas gestehen, was sie nicht getan hatte. Ich hatte nie daran gezweifelt, daß sie mit allem, was die irakischen Behörden ihr vorwürfen, fertig würde. Ich war nicht sicher, daß ich ihre Stärke besaß, und fragte mich, was der kommende Tag bringen würde.

Noch einmal sah ich mir den Plan an, den mir Pauline am vorherigen Abend gegeben hatte:

8.30 Uhr — Ein Wagen der Botschaft holt Peter und Michelle ab

9.00 Uhr — Besprechung in der Britischen Botschaft

11.00 Uhr — Robin Kealy, Pauline Waugh, Michelle und Peter besuchen Daphne Parish

Was nach 11.00 Uhr geschehen würde, stand in den Sternen, doch im Augenblick hatten wir noch fünfundvierzig Minuten, bis der Botschaftswagen kam. Frühstücken erschien uns als gute Möglichkeit, die Zeit zu vertreiben.

Als Peter und ich in den Speisesaal gingen, stellten wir beide fest, wie hungrig wir doch waren; vermutlich hatte aufgrund der ganzen Aufregung keiner von uns beiden am Vortag etwas gegessen. Uns lief das Wasser im Mund zusammen, als wir das reichliche Angebot sahen. Ein langer Tisch mit weißer Tischdecke und dekorativ arrangierten Blumen und goldfarbenen Bändern war mit vielen köstlich aussehenden Speisen gedeckt. Es gab keine Speisekarte, und so konnten wir unmöglich feststellen, wieviel das Frühstücksbüffet pro Person kostete, doch wir waren zu hungrig, um uns über den Preis Gedanken zu machen, und so beschlossen wir, da uns ja nur eine halbe Stunde Zeit zur Verfügung stand, anzufangen. Früher oder später mußte ja ein Ober erscheinen. Wir kannten nicht alle Speisen, doch wir beschlossen, mit Eiern und Muffins zu beginnen, und legten uns riesige Berge davon auf.

Ich bemerkte, daß anscheinend mehrere andere Anwesende zu uns herüberstarrten und dann anschließend, offensichtlich amüsiert, sich über uns unterhielten. Keiner von ihnen schien zu essen, sie schauten nur und kicherten. Es mußte an der Art meiner Kleidung liegen. War mein Rock für ein islamisches Land zu kurz? Ich beschloß, mich umzuziehen, bevor wir zur Botschaft fuhren; das letzte, was ich wollte, war jemanden gegen mich aufzubringen. Dann sah ich auf und erblickte ein junges Paar, das den Speisesaal betrat. Sie waren offenbar berühmt, denn auf ihr Eintreten hin brach plötzlich laute Konversation und etwas Applaus aus. Ich sah noch einmal hin, erkannte sie jedoch immer noch nicht — vielleicht waren es irakische Sänger oder Filmstars. Der Mann trug einen schicken schwarzen Anzug, die Frau war ziemlich aufgedonnert und trug ein langes, elegantes Kleid.

Ein Ober eilte an unseren Tisch und sah sehr perplex drein.

»Sind Sie Gäste der Familie?« wollte er wissen.

»Bitte?« fragte ich. Wovon redete der Mann? »Welche Familie?«

»Ich glaube, Sie verstehen nicht«, antwortete er, er war jetzt sehr aus dem Konzept gebracht. »Hier ist nicht der Speisesaal des Hotels. Das ist einer der Räume, die wir für spezielle Anlässe nutzen. Das Paar, das soeben hereinkam, heiratet heute. Sie essen von ihrem Hochzeitsfrühstück.«

Wir verzogen uns eiligst und lächelten den Hochzeitsgästen im Raum entschuldigend zu. Dann wurden wir zum Frühstücksraum des Hotels geleitet. Dieser war ganz anders möbliert, mit Plastikstühlen und -tischen, und die Büffetbar hatte nur eine kleine Auswahl reichlich unappetitlicher Speisen zu bieten. Eher um die Zeit totzuschlagen, bestellten wir einen Becher Kaffee und erhielten dafür eine Rechnung über dreiundzwanzig Pfund. Wenn wir uns nicht unter ein paar weitere Hochzeiten mischen konnten, so merkten wir, würde der Irak wirklich sehr teuer werden.

Als wir in der Lobby des Hotels auf die Ankunft von Pauline warteten, sah ich zu meiner Überraschung ein Schild mit der Aufschrift: »Willkommen im Al-Rashid-Hotel. Wir wünschen Ihnen fröhliche Weihnachten.« Das Schild hing neben einem großen Plastiktannenbaum in der Ecke in der Nähe der Rezeption. Was hatte ein Weihnachtsbaum in einem moslemischen Land zu suchen, wunderte ich mich. Später fand ich heraus, daß der Irak damals als einer der gemäßigteren Golfstaaten galt. Die Nachbarländer Iran und Saudi-Arabien haben ein streng islamisches Regime, aber der Irak, obwohl ebenfalls ein islamischer Staat, ist weitaus weniger konservativ. In die zwangloseren Golfstaaten wie Bahrain und die Vereinigten Arabischen Emirate fliegen die am Golf arbeitenden Ausländer gerne übers Wochenende. Beide sind stark verwestlicht. Der Irak schien mir schon sehr ein Land des Mittleren Ostens zu sein, aber unter westlichen Einflüssen, vielleicht weil er bis zum Jahr 1918, wie so viele andere Länder in dieser Region, von den Briten regiert wurde. Es gibt keine Pubs im eigentlichen Sinne, doch in den Hotels werden alkoholische Drinks serviert, und obwohl die meisten Frauen, die ich auf den Straßen von Bagdad sah, von Kopf bis Fuß mit dem islamischen Tschador verhüllt waren, ist das Tragen dieses Kleidungsstücks doch nicht obligatorisch.

Pauline brachte die Neuigkeit mit, daß ich meine Mutter

um 11.30 Uhr sehen dürfe. Als wir gemeinsam durch die Lobby gingen, fühlte ich mich unbehaglich. Im und um das Al-Rashid-Hotel herum waren ziemlich viele irakische Soldaten postiert, und unter den Militärkäppis schienen mich Dutzende von dunklen Augen anzüglich anzustarren. Mit allem Haß, den ich aufbrachte, starrte ich trotzig auf den Feind zurück, denn genau das waren sie für mich. Sie waren Angehörige der irakischen Streitkräfte, Saddam Hussein gegenüber loyal und deshalb gegen mich eingestellt. Als sie meinen Blick sahen, lächelten manche süßlich, andere kicherten einfach.

»Wie kannst du so etwas im Irak anziehen!« waren die ersten Worte meiner Mutter, als wir das Zimmer im Außenministerium betraten. Ich war betroffen, einen Augenblick lang wie vor den Kopf geschlagen, dann begann ich hysterisch zu weinen. Ich hatte nicht erwartet, sie so bald zu sehen und noch dazu ohne eine dieser Zeremonien, auf denen die Iraker bei jedem noch so geringfügigen Anlaß zu bestehen schienen. Es gab keine Sicherheitskontrolle, keine Anweisungen. Wir hatten einfach das Ministerium betreten, wurden in ein Zimmer gewiesen, und dort war sie: meine Mutter. Ich hatte nicht die Zeit gehabt, mich darauf vorzubereiten, wie sie aussehen würde, und ich war zutiefst geschockt.

Als ich sie zum ersten Mal seit vier Monaten umarmte, merkte ich, wieviel Gewicht sie verloren hatte. Sie war noch nie füllig gewesen, doch bei der jetzigen Umarmung wirkte sie in meinen Armen wie ein Kind. Ihr Gesicht war kreidebleich, ihr wundervolles blondes Haar dünn, trocken und drahtig, ihre Zähne waren verfärbt und ihre Augen rot und glasig. Ich muß beschämt gestehen, daß ich ihr nicht in die Augen schauen konnte. Ich hatte zuviel Angst vor dem, was ich dort sah, und noch mehr Angst, daß sie meinen Schock ablesen könnte. Um Himmels willen, das war meine Mutter! Wie konnte ich sie nicht ansehen wollen? Statt dessen studierte ich die Gesichter der Feinde. Es waren ihrer sieben im Zimmer. Sie saßen in Sesseln um einen Couchtisch herum. Sie schienen meiner Mutter und uns anderen gegenüber Feindseligkeit zu verspüren. Ich wollte meine Mutter in den Armen halten, sie beruhigen. Mehr als alles andere auf der Welt wollte ich sie hier herausholen. Aber von meinen Gefühlen konnte ich nichts mitteilen. Ich wußte, daß dieses Treffen sofort abgebrochen werden konnte, wenn ich etwas Falsches tat. Es war nicht einfach zu wissen, worüber man sprechen sollte, was sicherer Boden war. Auf eine Frage zum Essen hörte ein wieselartiger Mann sofort auf, mit seiner Gebetsschnur zu spielen, und schnappte: »Das ist kein Fünf-Sterne-Hotel.«

»Was machst du den ganzen Tag über?«

Meine Mutter hob frustriert die Hände. »Nichts! Ich sitze in meiner Zelle. Ich schaue an die Wand . . .«

»Sie können jeden Abend in meinem Büro fernsehen«, fuhr der wieselartige Mann erneut dazwischen. »Sie müssen nur fragen, und wir machen Ihnen die Umstände leichter.«

Meine Mutter zog die Augenbrauen hoch, sagte aber nichts.

»Wie sieht die Zelle aus?« fragte ich, bestrebt, eine Art Gespräch in Gang zu halten, bevor unsere gemeinsame Zeit zu Ende ging.

»Darüber darf sie nicht sprechen«, sagte ein grauhaariger Mann in einem schlecht sitzenden Anzug mit einem Blick in meine Richtung.

Lediglich ein Mann in diesem Zimmer erschien mir auch nur ein bißchen sympathisch. Darüber konnte ich natürlich nicht mit meiner Mutter sprechen, aber ich hatte das Gefühl, daß er zumindest recht human war, und er sah auch gut aus. Ich hoffte, er sei einer der Leute, die mit ihr im Verhörzentrum zu tun hatten. Er blickte weder finster drein, noch trug er dieses hochnäsige Grinsen zur Schau, das ich schon mehrfach auf den Gesichtern irakischer Beamter entdeckt hatte.

Bei späteren Besuchen erwies sich dieser Mann, Abu Samir, als rechter Charmeur, begrüßte mich mit Küßchen und Fragen nach meinen Heiratsplänen. Er war der einzige irakische Beamte, den ich traf, von dem ich glaubte, ihm vertrauen zu können. In der Hoffnung, dadurch würde es für meine Mutter leichter, aber auch weil ich ihn wirklich mochte, witzelte ich mit ihm herum, brachte ich ihm Bücher und Magazine aus England mit, damit er sein Englisch verbessern konnte, und auch kleine Geschenke für seinen kleinen Sohn. Abu Samir, wie hast du mich getäuscht! Erst Monate später sollte ich herausfinden, daß du der größte Folterknecht meiner Mutter warst.

Bei Abu Samir hatte ich die irakische Mentalität falsch verstanden, etwas, das mir in Zukunft noch häufiger passieren sollte. Er streute mir Sand in die Augen, wie der Irak selbst. Als ich den Charme des Landes, seine Schäbigkeit, seine Geschichte und sein erniedrigtes freundliches Volk kennenlernte, als ich anfing, Schönheit in seinen ornamentreichen Moscheen und seinen gewundenen Nebenstraßen zu entdecken, mußte ich mir immer ins Gedächtnis rufen, daß dies das Land war, das meine Mutter und mehrere tausend andere unschuldige Opfer gefangenhielt. Daß unter seiner fortgeschrittenen liberalen Schale die unheilvollen Unterdrückungsmachenschaften von Saddam Husseins üblem Regime blubberten. Einem Regime, das kleine Kinder als Geiseln ins Gefängnis warf, wenn deren Eltern gegen die Regierung opponierten; einem Regime, das Hunderte von Kurden massakrierte, Männer, Frauen und Kinder, weil allein ihre pure Existenz Saddam Hussein gegen den Strich ging; einem Regime, das die Menschen im Westen allgemein nicht kannten und das auswärtige Regierungen lieber ignorierten — bis Saddams Truppen im Sommer 1990 nach Kuwait einmarschierten, und da war es zu spät.

Glockengeläut

Stille Nacht, heilige Nacht,
Alles schläft, einsam wacht...

Es war der erste Weihnachtsfeiertag. Ich hatte mir mein liebstes Weihnachtslied für diesen besonderen Morgen aufgehoben. Ich habe Musik schon immer gemocht, und obwohl ich die erste bin, die einräumt, daß ich keine großartige Stimme besitze, so trägt sie doch; mein Gesang echote durch die Zelle, strömte durch die Klappe und den Korridor entlang. Abdul Rahmed hörte mich und lächelte, ohne den Text zu verstehen, als er mir von seinem Wagen süßen schwarzen Tee gab.

»Fröhliche Weihnachten, Abdul Rahmed!«

Er erwiderte mein Lächeln mit einem Grinsen, das seine Zahnlücken freilegte, und zockelte mit seinem Teewagen auf dem Korridor weiter. Ich stellte die Tasse auf den Boden und holte den winzigen Weihnachtskuchen von Harrod's hervor, den Michelle mir mitgebracht hatte. Er war hervorragend, aber so schrecklich klein. Ich entschied, die eine Hälfte jetzt zu verspeisen und die andere zur Teestunde, zur britischen Teestunde, wenn alle Menschen, die ich liebte und an denen mir lag, zu Hause ihre Kuchen anschneiden würden.

Als ich den dunklen, schweren Kuchen kostete, wanderten meine Gedanken zurück zu einem der letzten Weihnachtsmorgen in England, als ich mit Michelle einen erheblich größeren Kuchen verzehrt und ein Glas kühlen Champagners getrunken hatte. Unsere Londoner Wohnung, die dank meines steuerfreien Einkommens, das ich im Mittleren Osten verdiente, mittlerweile nicht mehr ganz so sparsam möbliert war, der aber in einigen Zimmern immer noch die Vorhänge fehlten, war hell erleuchtet und festlich. Ich erinnerte mich an den riesigen Christbaum, den wir gekauft und mit den traditionellen, bunten Lämpchen dekoriert hatten. Ich hatte sie an einem kühlen, dunklen Abend Ende Dezember, als ich von der Arbeit an einem Londoner Krankenhaus nach Hause ging, hell aus unserem Wohnungsfenster leuchten gesehen und staunte, als ich die Straße hochkam, wie fröhlich und einladend sie wirkten.

Nachdem Michelle und ich den Morgen des ersten Weihnachtsfeiertages festlich begangen hatten, segelte ich den Rest des Tages auf dem Boot eines Freundes auf der Themse. Wir fuhren zur Anlegestelle des Bootes in der Nähe der Isle of Dogs im Londoner East End und segelten den Fluß hinauf. Es war ein frostiger Tag, und wir hatten uns beide so dick angezogen, daß wir wie Michelin-Männchen in gelbem Ölzeug aussahen, aber es machte einen Heidenspaß. Gegen 16.00 Uhr brach die Dämmerung herein, und alle Brücken wurden angestrahlt. Sogar die Kräne hatte man mit Lämpchen und Weihnachtswünschen dekoriert. Das alles schien schon sehr lange her zu sein, Lichtjahre entfernt von dieser irakischen Einzelhaftzelle. Was das Schicksal, oder was auch immer, doch für seltsame Dinge für uns bereithält.

Religion hat in meinem Leben nie eine große Rolle gespielt. Als Kind besuchte ich die Kirche und die Sonntagsschule, ich kann mich auch noch erinnern, daß ich — wie so viele in meinem Alter in den fünfziger Jahren — auf die Evangelical school wollte. Ich glaube an Gott, und manchmal bete ich, aber ich bin keine Kirchgängerin, und das seit vielen Jahren, höchstens zu Hochzeiten und Beerdigungen, das ist das äußerste. Und dennoch war Weihnachten für mich stets eine besondere Zeit, eine Zeit für Familie und Freunde, und meine Gedanken an diesem Tag waren dauernd bei den Menschen zu Hause.

Bei meinen Eltern war Weihnachten immer etwas Außergewöhnliches, und ich hatte versucht, für Michelle und später für meine Stieftochter Martina es ihnen gleichzutun. Vor mehr als zwanzig Jahren, als Michelle noch sehr klein und ich sehr pleite war, verbrachten wir Weihnachten erstmals zu zweit. Die luxuriösen Tage auf den Bahamas lagen hinter uns, und ich hatte ihren Strumpf mit farbenfreudigen, billigen Dingen von Woolworths gefüllt. In Erinnerung an meine eigene Kindheit war ich, wie ich heute erkenne, mehr für mich als für sie, an Heiligabend in die Stadt gegangen und hatte für zweieinhalb Pfund eine Puppe erstanden. Für mich war die Puppe, mit ihrem gelockten blonden Haar, den sich öffnenden und schließenden Augen, den langen Wimpern und dem gestärkten, blauweiß gestreiften Kleid, der Inbegriff des Weihnachtstraums eines jeden Kleinkindes. Ich gab für dieses eine Geschenk mehr Geld aus als für unser Weihnachtsessen, und ich war voller Erwartung und beglückwünschte mich selbst, als ich die Puppe mit ausgestreckten Armen oben in Michelles Strumpf steckte. Am Morgen des ersten Weihnachtstages konnte ich es kaum erwarten, daß Michelle aufwachte und die tollen Sachen entdeckte, die ihr der Weihnachtsmann gebracht hatte.

Als sie schließlich zum Fußende ihres Bettes wackelte, zog sie als erstes meine/ihre Puppe an den Haaren aus dem Strumpf, warf sie zur Seite und kramte sich schnell zu den weitaus interessanteren Dingen wie Wachsmalkreiden, Mandarinen und Malbüchern durch. Die ganzen Weihnachtstage über versuchte sie, diese Puppe zu verlieren: sie haßte sie. Schließlich gab ich sie weg. Meine Tochter hatte seit jeher einen sehr eigenen Kopf, etwas, wofür ich später noch Gott dankbar sein sollte.

Dieses Jahr fand natürlich keiner dieser traditionellen Countdowns für Weihnachten statt. Die Anzahl der Einkaufstage hätte kaum weniger unwichtig sein können: seit September hatte ich keinen Zutritt in Geschäfte gehabt, um Karten oder Geschenke erstehen zu können. Das hätte mich nicht beunruhigen sollen, aber das tat es doch. Schon vor einigen Jahren hatte ich einen Plan für Weihnachten aufgestellt. Im Oktober begann ich damit, Karten an Freunde und Familienangehörige in Übersee zu schreiben, denen ich schließlich noch einen persönlichen Brief beilegte, — um sie im November abzuschicken. Ungefähr zur gleichen Zeit fing ich dann an, für Leute, die ich in der Urlaubszeit voraussichtlich nicht treffen würde, Geschenke einzukaufen. Denjenigen, von denen ich wußte, daß ich sie an Heiligabend, am ersten Weihnachtstag oder in der Woche zwischen Weihnachten und Neujahr sehen würde, denjenigen also, die mir am nächsten standen, würde ich an Heiligabend etwas kaufen.

Ich weiß, die meisten Männer und viele Frauen würden es für eine besondere Art von Wahnsinn halten, in der City von London an diesem Tag einkaufen zu gehen, doch für mich gehört es zu Weihnachten, genau dann zwischen Hamleys — »dem größten Spielwarengeschäft der Welt« — in der Regent Street, John Lewis — »niemals wissentlich hinausgeschmissenes Geld« — in der Oxford Street und Harrod's in Knightsbridge hin- und herzuhasten. Die Straßen sind voller Menschen, die stoßen und schubsen, aber überwiegend auf eine gutgemeinte Art. In letzter Minute in der Menschenmenge zu stecken, erzeugt eine gewisse Kameradschaft. Alle Schaufenster sind dekoriert, manche schreiend bunt, andere geschmackvoll. Alles ist überteuert, und ein großer Teil davon wird sicherlich im Winterschlußverkauf reduziert werden, doch über allem liegt ein Zauber, eine Vitalität, an der ich gerne teilhabe. Na gut, ich bin vielleicht gezwungen worden, dieses Jahr auf dieses besondere Vergnügen zu verzichten, aber ich war nicht faul gewesen. Entschlossen, das Fest so gut wie möglich zu feiern, hatte ich Vorbereitungen getroffen.

Wochenlang hatte ich die Innenseiten des *Baghdad Observer* gehortet. Ich war dahintergekommen, daß sich ein sehr gut formbares Pappmaché herstellen ließ, wenn ich die Seiten in Streifen zerriß und sie in Wasser tränkte. So hatte ich einen kleinen Christbaum modelliert. Es war mir auch gelungen, den Baum mit Sternen, Glöckchen, Engeln und Kugeln aus demselben Material zu dekorieren. Daneben hingen Klumpen zusammengedrückten Papiers, von denen ich hoffte, sie würden wie Geschenke aussehen, die darauf warteten, geöffnet zu werden. Und auf dem höchsten Ast stand tatsächlich der traditionelle Weihnachtsengel strahlend auf einem wackligen, grauen Pappmachébein.

Ich studierte sorgfältig jede Überschrift des *Baghdad Observer* und riß die notwendigen Buchstaben heraus, so daß ich meinen eigenen Weihnachtsgruß hatte. »Merry Christmas (Fröhliche Weihnachten)« stand über der Tür zum Waschraum in den unterschiedlichsten Größen und Schriftarten. Die Buchstaben hatte ich mit der schrecklichen Linsensuppe angeklebt, für die ich endlich einen Verwendungszweck gefunden hatte. Wenn die klebrige Suppe trocknete, fielen die Buchstaben zu Boden, aber jeder Morgen brachte neuen Nachschub an Linsen-

138

klebstoff, und so war der Wunsch auch heute wieder komplett.

Heiligabend hatte mir ein unerwartetes Geschenk präsentiert. Ich hatte es schon fast aufgegeben, ein »y« für das Wort »Merry« zu finden: Dieser Buchstabe schien in keiner Überschrift aufzutauchen, und in einer kleineren Schriftgröße würde es einfach blöde aussehen. Dann, an Heiligabend, entdeckte ich es. In Wirklichkeit sprang es mich auf der Seite geradezu an — das schwer zu fassende »y«, das ich für meinen Weihnachtswunsch brauchte, stand in dem Wort »Yugoslavia«. Als ich mich umsah, war ich mit meinem Tun zufrieden. Natürlich fehlten die traditionellen Weihnachtsfarben, es gab kein strahlendes Rot, Weiß oder Grün, alles war aus demselben Matschgrau, doch ich fand, daß die Dekorationen meine Zelle enorm aufhellten. Es erschien durchaus angebracht, heute Weihnachtslieder zu singen.

Ich sang noch immer, als Hamid auf seiner Inspektionstour mitten am Vormittag vorbeikam. Er schielte durch die Klappe herein. Die englische Lady war verrückt! Sie hatte einen Papierbaum mit Papierklumpen, die an den Zweigen hingen — und was war das da an der Wand? Langsam begriff er; er lachte und rief mich zur Klappe.

»Sie haben Geschäft«, sagte er mit breitem Grinsen. »Was kann ich einkaufen?«

Ich hatte nicht erwartet, daß ich an diesem Weihnachtstag würde lachen können, doch plötzlich lachte ich.

»Hamid, nehmen Sie alles, meinen Papierbaum, meine Seife, mein selbstgebasteltes Scrabblespiel, meinen wertvollen Weihnachtskuchen. All das kann Ihnen gehören für den Schlüssel zu meiner Tür. Alles, was ich besitze für meine Freiheit. Nehmen Sie es, nehmen Sie es«, kicherte ich hysterisch.

Hamid sah nun besorgt drein. Wirklich, er muß gedacht haben, die Frau schnappt über. Eigentlich nicht überraschend, nachdem sie monatelang in Einzelhaft gesessen hat. In einem Impuls schloß er die Zellentür auf und reichte mir eine Augenbinde. Er steuerte mich den Korridor entlang und hielt vor der Tür am Ende an. Aus einem Schlüsselbund vom Regal suchte er einen Schlüssel aus, öffnete die Tür und ließ mich durch.

»Nehmen Sie die Binde ab«, befahl er.

Ich starrte völlig ungläubig um mich. Wir waren draußen auf einer Dachterrasse, von der sich glatte Betonwände bis zu einer Höhe von ungefähr sieben Metern erhoben. Darüber war ein riesiger Maschendraht gespannt, durch den ich den strahlend blauen Himmel sehen konnte.

»Wie wundervoll!« Ich schnappte nach Luft.

Hamid lächelte. »Hier können Sie eine halbe Stunde lang spielen. Wenn Sie das nicht mehr wollen, klopfen Sie an die Tür.«

War er verrückt? Das war unwahrscheinlich.

Es ist unmöglich zu beschreiben, wie herrlich es war, draußen zu sein, die Sonne auf meinem Gesicht zu spüren und diesen tiefblauen wolkenlosen Himmel über mir zu sehen. Meine Zelle hatte keine Fenster. Ich war nur jenseits der Gefängnismauern gewesen, als ich Michelle oder die Angehörigen der Britischen Botschaft traf. Doch da wurde ich stets von Aufsehern begleitet und war ohnehin so mit den bevorstehenden Ereignissen beschäftigt, daß ich kaum etwas anderes wahrnahm. Ich hatte mein Guckloch auf den Parkplatz, doch das war mit dem hier nicht zu vergleichen. Ich spazierte um die Terrasse herum und sah zu den Wänden hinauf. Es gab nichts, woran ich mich festhalten konnte, keine Risse, keinen Halt für die Füße, nichts außer glatten, reinen Beton: Hier käme ich nur heraus, wenn ich Flügel ausbreiten und davonfliegen könnte.

Doch ich würde das Beste daraus machen. Ich fing an zu rennen, eine Runde nach der anderen, ich ging langsam, neigte den Kopf nach hinten und fuchtelte mit den Armen — es war so toll, am Leben zu sein. Wie phantastisch, wie absolut phantastisch! Ich begann zu joggen und dabei zu singen:

Jingle bells, jingle bells,
Jingle all the way,
Oh what fun it is to ride,
On a one-horse open sleigh, oh!*

Hamid schaute von der anderen Seite durch das Guckloch. Gut, gut, muß er zu sich selbst gesagt haben, er hatte einen drohenden psychischen Zusammenbruch verhindert. Die englische Lady war wieder glücklich. Hamid brüstete sich, daß er noch nie einen Häftling hatte festhalten müssen, damit ihm intravenös Valium gespritzt werden konnte. Oh nein, nicht in seiner Schicht. Er sorgte lieber dafür, daß seine Häftlinge glücklich waren. Na ja, recht glücklich jedenfalls.

Doch was auch seine Motive waren, er hatte mir das schönste Weihnachtsgeschenk meines Lebens gemacht und eines, das ich nie vergessen werde. Für eine kurze Zeit fühlte ich mich frei. Ich war nicht frei, aber fühlte mich nach vier Monaten in einer fensterlosen Zelle so.

Weihnachten ging vorüber, Neujahr stand bevor. Ich hatte eine Einladung entworfen, die ich an die Tür heftete.

---

* *Glockengeläut, Glockengeläut,*
schellt den ganzen Weg,
oh was für einen Spaß macht es,
in einem einspännigen Pferdeschlitten zu fahren.

Einladung zur Silvesterparty
Jeder ist willkommen.
Für Speis und Trank ist gesorgt.
Musik von den Boomtown Rats
Bitte etwas zu trinken mitbringen.

Die Champagnergläser klirrten, und elegant gekleidete tanzende Pärchen gaben der Einladung einen festlichen Glanz. Die Aufseher kamen, um nachzusehen, lächelten und verschwanden wieder.

Silvester ist für viele von uns eine besinnliche Zeit. Ich persönlich finde, sie kann niederdrückend sein. Ich glaube, deshalb gehe ich dann so gerne aus und mache einen drauf; damit hält man die Schreckgespenster fern. Ich fing an, über mein Leben nachzudenken. Es war bislang nicht besonders ungewöhnlich verlaufen, aber es hatte, wie wohl bei jedem, Hochs und Tiefs gegeben, Pleiten und finanzielle Höhenflüge und umgekehrt. Als ich Ende zwanzig war und noch mit Cory zusammenwohnte, hatte ich wie eine Königin gelebt, hatte wochenlang Segeltörns auf unserem eigenen Boot rund um exotische Inseln gemacht, war für ein paar stressige Tage zum Einkaufen und Ausgehen mal schnell in die Vereinigten Staaten gejettet, wenn die Schönheit und Ruhe der Karibik uns einfach zuviel wurde. Nur wenige Jahre später war ich eine alleinerziehende Mutter, versuchte vom Schwesterngehalt ein Kind großzuziehen und lebte in einem feuchten, windigen Dorf in Berkshire von der Hand in den Mund. Meine Heirat mit John brachte neun Jahre relativen Komforts und Sicherheit — doch wenn diese Zelle der Lohn für die Aufregung war, konnte ich absolut ohne sie auskommen.

Ich blieb bis 3.00 Uhr morgens — Mitternacht zu Hause — auf. Eine Minute vor drei löffelte ich Milchpulver in meine Tasse, fügte die letzten Reste Kaffee hinzu und mischte Wasser darunter. Dann hielt ich die Tasse hoch.

»Frohes neues Jahr, Michelle. Frohes neues Jahr, Martina, Erica, Joyce, Brenda, Alan. Frohes neues Jahr Anne, June, Janet, Gill, Joy. Ich denke an euch. Ich weiß, ihr denkt an mich.« Tränen fielen in die Tasse.

Am Dreikönigstag quälte ich mich damit herum, ob ich den Weihnachtsschmuck, der meine triste Zelle so aufgeheitert hatte, abnehmen sollte oder nicht. Der Aberglaube behielt die Oberhand. Ich brauchte nicht noch mehr Pech. Abdul Rahmed brachte mir einen Müllsack, und traurig ließ ich meine Papierschätze hineinfallen.

Der Gerechtigkeit wird Genüge getan

Die Zeit wurde mir lang. Die Vernehmungen waren anscheinend eingestellt worden, und nachdem Michelles Besuch und Weihnachten vorbei waren, gab es nichts mehr, worauf ich mich freuen konnte. Ich intensivierte mein Fitneß-Programm und dehnte es auf viele Stunden täglich aus. Mein Geburtstag kam und ging vorüber. Ich erhielt weder Geschenke noch Karten — es war ein Tag wie jeder andere.

Robin hatte gesagt, er würde auf ein weiteres Treffen mit mir im Januar drängen, doch es tat sich nichts. Ohne die Vernehmungen hatte ich fast nur Kontakt mit den Aufsehern und den Teejungen. Abdullah, der Wachmann aus dem Krankenhaus, stattete mir mehrfach sogenannte »Fürsorge-Besuche« ab. Ich versuchte herauszufinden, ob man mich eines Verbrechens wegen angeklagt hatte oder nicht. Er konnte mir mitteilen, ich würde gemäß Paragraph 158 festgehalten, einem Gesetz über Gefährdung der inneren Sicherheit des Irak, doch er konnte oder wollte mir nicht sagen, ob ich angeklagt würde. Ich versuchte ihn auszufragen, ob ich durch einen Anwalt vertreten würde oder nicht, wer das sein und wieviel das meine Familie kosten würde. Wieder zog ich eine Niete — Abdullah konnte mir nichts erzählen. Ich fragte mich, was gerade mit Farzad geschah. Er hatte sein Geständnis auf Video abgelegt: war er wieder in London oder saß er noch immer irgendwo im Verhörzentrum eingesperrt und fragte sich, genau wie ich, was um alles in der Welt mit uns passieren würde?

Stundenlang war ich an der Zellentür, wie eine einsame alte Frau hinter ihren Spitzengardinen, und hoffte, ein vertrautes Gesicht zu erspähen oder ein paar Sätze einer Unterhaltung belauschen zu können. Ich hörte, wie Hamid mit jemandem weiter oben auf dem Korridor englisch sprach. Das konnte Farzad sein, oder auch nicht. Niemand schien irgend etwas zu wissen, oder zumindest war niemand gewillt einzugestehen, daß sie etwas wußten.

Der Januar und beinahe der ganze Februar zogen sich auf diese Weise endlos hin. Es waren meine schlimmsten Tage und Wochen: lange Tage und noch längere Nächte voller Frustration, Pein und manchmal überwältigender Verzweiflung. Ich fing an, mich für immer allein in dieser Zelle zu sehen. Jemanden in Einzelhaft zu stecken ist zweifellos das Schlimmste, was ein Mensch einem anderen antun kann. Langsam, stetig und unweigerlich wird das Opfer seines ganzen Selbstgefühls beraubt. Manchmal kroch ich zum Hahn im Waschraum, pulte den losen Gips heraus und schaute durch mein winziges Guckloch nach draußen. Mit an die dreckige, schleimige Wand gepreßtem Gesicht blieb ich in dieser Stellung, bis meine verkrampften Glieder taub waren, und beobachtete den Himmel, die Wolken, den Parkplatz und das Tun freier Männer und Frauen, die drei Stockwerke tiefer ihren täglichen Verrichtungen nachgingen.

Etwa Ende Februar, nach einer wochenlangen Pause, wurde ich in den Vernehmungsraum gebracht. Hier erklärte man mir, daß ich bald vor Gericht gestellt würde.

»Morgen«, sagte der Vernehmungsbeamte, »werden Sie Ihren Anwalt kennenlernen.«

Am nächsten Tag erwachte ich um 6.00 Uhr morgens,

wie immer, wenn etwas Ungewöhnliches meine Alltagsroutine unterbrechen sollte. Ich wurde zum Außenministerium gebracht, um dort den Mann zu treffen, der mich vor Gericht verteidigen würde. Abdullah, dem, wie ich erkannte, die Aufgabe zugewiesen worden war, meinen Fall zu bearbeiten, Abu Samir und zwei Aufseher begleiteten mich. Wir kamen beinahe zwei Stunden vor dem für das Treffen angesetzten Zeitpunkt an. Ich wurde in ein ziemlich kleines Zimmer gebracht, wo ich dasaß und wartete, während meine Begleiter ein- und ausgingen, sich unterhielten, lachten und Kaffee tranken. Kurz vor 11.00 Uhr setzten sie sich. Ein Mann und eine Frau, vermutlich Beobachter des Informationsministeriums, und Robin und Pauline gesellten sich zu uns. Ich widmete dem Anwalt nicht allzu viel Aufmerksamkeit, als er das Zimmer betrat, bis ich hörte, wie eine vertraute Stimme sagte: »Hallo, Dee!« Zu meinem Erstaunen und zu meiner Freude war es mein Bruder Alan, der hinter dem Anwalt hereinkam.

Ich hatte keinen Besuch erwartet. Ich wußte, Michelle würde im Februar nicht nach Bagdad kommen, und hatte mich mit der Tatsache abgefunden. Und jetzt war Alan hier. Er lächelte breit. Zwar war es streng untersagt, daß sich Häftlinge und Besucher berührten, doch ich umarmte ihn schnell, bevor irgend jemand im Zimmer es auch nur mit einem Wort verhindern konnte.

Alan ist ein paar Jahre älter als ich, und als wir noch Kinder waren, war er wohl der fürchterlichste Bruder der Welt, der die Art von Streichen spielte, die die meisten Menschen nur aus Büchern von Enid Blyton kennen. Eine seiner Lieblingsbeschäftigungen war es, während des Frühstücks mein langes Haar hinten an meinem Stuhl festzubinden, so daß ich es mir fast ausriß, wenn ich aufstand. Einmal hat er mich überredet, in eine

Schubkarre zu klettern, angeblich weil er mich herumfahren wollte. Die Fahrt endete damit, daß er mich in ein Brennesselbeet kippte. Später, als ich ein Teenager und er ein Twen war, standen wir uns sehr nahe. Beide Singles, sahen wir zahlreiche Vorteile darin, im anderen einen präsentablen Partner für Partys und Tanzveranstaltungen zu haben. Jetzt war Alan ein respektabler Computerberater und hatte eine Familie.

Der Anwalt sah nicht wie ein Iraker aus. Mit seinem hellbraunen, beinahe sandfarbenen Haar hätte er Türke oder Syrer sein können. Meine Stimmung stieg: Ein ausländischer Anwalt würde sich wohl weniger bereitwillig zur Marionette der irakischen Regierung machen lassen. Vielleicht würde ich doch noch einen halbwegs fairen Prozeß bekommen. Zu meinem Leidwesen dauerte es nur ein paar Minuten, bis mein Optimismus der Enttäuschung wich, als der Anwalt meine Fragen abschmetterte.

»Würden Sie mir bitte eine Vorstellung vermitteln, wie ich meinen Fall am besten darlegen kann?« fragte ich.

Als Antwort lächelte er rätselhaft und murmelte: »Der Gerechtigkeit wird Genüge getan.«

»Was wird mit mir geschehen? Ich bin keine Spionin und auch nicht gegen den Staat. Wie soll ich das dem Gericht klarmachen?«

»Der Gerechtigkeit wird Genüge getan«, intonierte er wieder.

Hat der Mann nicht alle Tassen im Schrank? fragte ich mich. Wollten sie mich so ins Gefängnis bringen, indem sie mir als Anwalt einen völligen Spinner gaben? Jede meiner Fragen beantwortete er mit: »Der Gerechtigkeit wird Genüge getan.« Nun gut, ich hatte bereits einen Vorgeschmack von der irakischen Gerechtigkeit bekommen und brachte ihr weniger Vertrauen entgegen, als dieser umgängliche Advokat es anscheinend vermochte.

Ich hatte das Gefühl, Alan als Mann könnte bei dem Anwalt mehr Erfolg haben. Zwar spielen Frauen im irakischen Leben, zu Hause wie in der Arbeitswelt, eine sehr wichtige Rolle, doch die Gesellschaft ist nach wie vor von den Männern dominiert. Aber so funktionierte es auch nicht. Weder Alan noch Robin kamen einen Schritt weiter.

Die Vernehmungsbeamten hatten viel Aufhebens um meine Bemerkung zu Farzad, daß ich »ständig eine Kamera mit mir herumtrage«, gemacht. Ich wollte unbedingt erfahren, ob es irgendwelche Vorschriften oder Gesetze gab, die das Tragen oder Benutzen einer Kamera im Irak regeln. Sein juristischer Rat zu diesem Punkt gipfelte in einem: »Sie haben nichts zu befürchten.«

Robin fragte ihn dreimal, wessen ich angeklagt würde, aber er war nicht imstande oder nicht gewillt, es zu sagen. Es war hoffnungslos, und abgesehen von der Freude, Alan zu sehen, erschien mir das ganze Treffen für alle als reine Zeitverschwendung. Allerdings schöpften wir Zuversicht, daß die Gerichtsverhandlung unmittelbar bevorstehe, und Alan versicherte mir, daß er bis zum Ende des Prozesses im Irak bleiben würde.

In den nächsten Tagen bereitete ich meine Verhandlung vor: Da ich kein Vertrauen zu dem für mich ausgewählten Anwalt hatte, mußte ich die Sache so gut ich nur konnte selbst in die Hand nehmen. Ich ging im Kopf unsere Fahrten nach Hilla in allen Einzelheiten wieder und wieder durch, rief mir alle Fragen der Vernehmungsbeamten an mich in Erinnerung und bereitete mich auf diese hartnäckigen Kreuzverhöre vor, wie ich sie bereits im Verhörzentrum erlebt hatte. Ich besaß keinerlei Erfahrung mit Gerichten — ich war noch nicht einmal Geschworene gewesen —, doch ich war entschlossen, mit allen Waffen zu kämpfen. Ich war keines Verbrechens schuldig, und das Gericht mußte dazu gebracht werden, dies einzusehen.

Ich mußte freigesprochen werden. Die Alternative war zu schrecklich, um darüber nachzudenken.

Am Morgen der Verhandlung wurde ich um 6.30 Uhr geweckt und aufgefordert, mich anzukleiden. Zwei Stunden vergingen, bis man mich zu einem Transporter ohne Fenster und nur mit einem schmalen Brett als Sitz brachte. Abu Samir und zwei Aufseher begleiteten mich. Ich versuchte, mich an den Seitenwänden des Transporters festzuhalten, als wir über die Straßen holperten. Ich versuchte aber auch, durch den Vorhang zu lugen, der mich vom Fahrer trennte. Ich sah, daß wir uns auf der Straße nach Fallugia befanden, das später im Golfkrieg von britischen Fliegern bombardiert werden sollte. Der Transporter hielt vor dem Gebäude des Revolutionsgerichts und ließ uns aussteigen, bevor er wieder davonfuhr.

In unserer unmittelbaren Nähe stand ein großer dunkelfarbiger Wagen. Auf dem Rücksitz saß, mit einem Aufseher an jeder Seite, Farzad. Also hatte man ihn nicht nach Hause fahren lassen, trotz seines Geständnisses. Ich fragte mich, wie weit das Video seine Chancen auf einen fairen Prozeß beeinträchtigen würde. Ich merkte schon allein an seinem Gesicht, daß er Gewicht verloren hatte, er war hohlwangig und sah noch ausgemergelter aus als bei unserem letzten Zusammentreffen. Wir blickten uns an und entdeckten in den Augen des anderen jeweils die unausgesprochene flehentliche Bitte: »Bitte, lieber Gott, laß den gesunden Menschenverstand die Oberhand gewinnen und laß uns frei.«

Doch an diesem Tag sollte noch nicht über unsere Freiheit entschieden werden. Als wir da herumlungerten und sehnsüchtig auf ein Zeichen warteten, daß es gleich losginge, kam jemand aus dem Gebäude heraus und teilte den Wachen mit, daß unsere Verhandlung verschoben worden sei. Ganz offensichtlich war einfach die Kommunikation zusammengebrochen, doch nach der riesigen Erwartung und Pein zu erfahren, daß die Gerichtsverhandlung heute nicht beginnen würde, war eine schier unerträglich Enttäuschung. Wie lange sollte das noch so weitergehen? Schließlich plazierte man mich auf den Beifahrersitz des Wagens, in dem Farzad saß. Er war stinkwütend.

»Verfluchte Arschlöcher!« brüllte er. Wut und aufgestaute Frustration blitzen aus seinen schwarzen Augen. »Warum haben sie uns das nicht gleich gesagt? Wenn es einen Weltcup für Ineffizienz gäbe, würde ihn der Irak gewinnen.«

»*Hallas*!« rief der Aufseher, was »Schluß! Seien Sie still!« bedeutet.

Im Radio wurde in arabischer Sprache ein Fußballspiel kommentiert; der Fahrer und die Aufseher lauschten gefesselt. Ich begann leise mit der Melodie von »Baa, Baa Black Sheep« zu singen.

> What is going to happen with us?
> Have you been charged yet?
> I am beeing held under section 158.*

Dann sang Farzad.

> If you are released and
> get back to the UK,
> go and see a friend of mine
> who lives in Camberley.**

---

* Was wird mit uns geschehen?
Bist du schon angeklagt worden?
Ich bin nach Section 158 inhaftiert.

** Wenn du freigelassen wirst und
Nach Großbritannien zurückkehrst,
Besuche bitte einen Freund von mir,
Der in Camberley wohnt.

Das ergab für mich überhaupt keinen Sinn, aber er sang mir noch Straße und Hausnummer des Freundes vor, den ich besuchen sollte, falls ich vor ihm freikommen würde. Mittlerweile diskutierten der Fahrer und die Aufseher über die verschiedenen Verdienste der Fußballmannschaften, die gerade gegeneinander spielten. Niemand schien zu bemerken, was wir taten.

Die Gerichtsverhandlung wurde auf den achten März, zehn Tage später, anberaumt. Als ich wieder in meiner Zelle war, kratzte ich zehn Striche in die Wand. Jeden Abend strich ich einen ab, bevor ich mich zum Schlafen auf die Matratze legte. Es waren die längsten zehn Tage meines Lebens. Ich ging wiederholt die Geschehnisse durch, bis sie für mich kaum mehr einen Sinn ergaben. Ich stand unter enormer Anspannung, die auch Yoga nicht lindern konnte. Meine Unterlippe und mein linker Daumen wurden taub, und ich konnte mich nicht einmal mehr auf die simpelsten Aufgaben konzentrieren: Zum Beispiel schaute ich an mir herunter und stellte fest, daß ich nur einen Strumpf angezogen hatte.

Schließlich kam der Tag, an dem wir wieder zum Revolutionsgericht gebracht wurden. Drinnen wurden wir in einen großen Wartesaal geschoben, der mit Reihen Holzlattenstühlen ausgestattet war. Farzad wurde in die vorderste Reihe gesetzt und ich in die letzte. Ein anderer Häftling, der blauweiß gestreifte Gefängniskleidung und Gummilatschen trug, saß irgendwo in der Mitte. Es war wie auf dem Oberdeck eines Busses, der so groß wie ein Jumbo war. Abu Samir und vier bewaffnete Wachen gingen auf dem Gang auf und ab.

Es verging fast eine Stunde, bis wir in den Gerichtssaal gerufen und die zwei Stufen zur Anklagebank hinaufgeführt wurden, einem Holzpferch in rechteckiger Form von ungefähr 4 mal 1,3 Metern. Uns gegenüber hatten drei Generäle in voller Uniform Platz genommen; der Gerichtsschreiber saß an einem Tisch zu unserer Linken. Ich stand in der Mitte des Pferches, Farzad rechts und der unbekannte Häftling links von mir. Eine Tür im Gerichtssaal öffnete sich, und mein Anwalt und zwei andere Männer, die ich gleichfalls für Anwälte hielt, traten herein, gingen auf die Richterbank zu und verbeugten sich vor dem Richter, bevor sie sich an dem langen Tisch gegenüber dem Protokollanten niederließen. Robin Kealy bildete die Nachhut. Ihm wurde ein einfacher Holzstuhl neben den Anwälten angewiesen. Daß Robin, wenn auch nur als stiller Beobachter, anwesend war, war tröstlich. Das vermittelte mir das Gefühl, in diesem Schlamassel nicht ganz allein zu sein.

Die Verhandlung begann. Sie wurde auf arabisch geführt, und ich wartete umsonst darauf, daß jemand das Gesagte für uns auf englisch übersetzte, daß mir jemand erklärte, was vor sich ging. Ich hatte nicht die leiseste Vorstellung, was da geredet wurde. Als mein Anwalt eine lange Erklärung verlas, wurde diese nicht übersetzt: Das einzige, das er zu meiner Verteidigung vorbrachte, und das ich verstand, war mein Name. Er hatte seine Verteidigungsstrategie nie mit mir besprochen, mir nie irgendwelche Fragen gestellt, deshalb hatte ich keine Ahnung, wovon er sprach. Ich hegte den starken Verdacht, daß er nicht viel mehr als das zu bieten hatte.

Nachdem die Anwälte dran gewesen waren, wurde Farzad aufgefordert, sich zu äußern. Mein Herz sank, als ich feststellte, daß Abu Samir übersetzte. Farzad begann mit der Feststellung, daß er Journalist beim Observer sei, daß er aber auch frei arbeite, vor allem für eine schottische Tageszeitung. Ich hörte mit wachsender Besorgnis zu, wie er dann detailliert einen Urlaub schilderte, den er vor kurzem in Deutschland verlebt hatte. Die Dinge, die er dem

Gericht über diese Zeit in Deutschland erzählte, erschienen mir völlig nebensächlich. Warum um alle Welt sollte irgend jemand hier wissen wollen, wer ihn vom Flughafen abholte und wieder hinfuhr? Er nahm sich kaum Zeit, Luft zu holen, und machte mit seinem zusammenhanglosen Seemannsgarn weiter und ließ sich über unnötige Einzelheiten seines Lebens zu Hause aus. Abu Samir versuchte vergeblich, ihn zur Sache zurückzubringen. »Äußern Sie sich zur Sache«, stieß er hervor. »Sprechen Sie in kurzen Sätzen.« Doch das war fruchtlos; Farzad machte weiter wie zuvor.

Nach ungefähr einer Stunde hatte ich von diesem scheinbar endlosen Strom nutzloser Informationen die Nase voll. Ich ermahnte mich, tolerant zu sein: Farzad hatte das Recht, die Methode anzuwenden, die er für die Vertretung seines Falles als die geeignete ansah, aber es war nur schwer einzusehen, was es ihm nützen sollte, wenn er die Richter zu Tode langweilte.

Farzad zog nun das sogenannte »Geständnis«, das im irakischen Fernsehen ausgestrahlt worden war, mit der Behauptung zurück, es sei unter Druck zustande gekommen. »Ich war verängstigt«, sagte er.

Ich hatte es sowieso nicht geglaubt. Schließlich war ich ernsthaft versucht gewesen, falsche Informationen zu geben, und zwar aufgrund meiner Angst vor den Vernehmungsbeamten und auch, so verblüffend das nun klingen mag, im Austausch gegen Milch und Obst.

»Hier fühle ich mich entspannt«, warf Farzad von Zeit zu Zeit ein, was mich zu der Überlegung veranlaßte, ob man ihm vielleicht am frühen Morgen eine Dosis Valium oder ähnliches verabreicht hatte. Und sein Redestrom setzte sich fort. Es war, als stünde er auf der Bühne und gebe eine gutgeprobte Vorstellung eines obskuren Stückes, das niemand verstand. Es ging nicht nur mir so;

ein Blick in den Gerichtssaal zeigte, daß alle verdutzt waren. Unser Herumzappeln wurde schließlich von Robin Kealy unterbrochen, der sich erhob und eine Erklärung des Inhalts abgab, daß die Britische Botschaft, nie, unter keinen Umständen sich bereitgefunden habe, Farzads Bodenproben mit dem Diplomatengepäck außer Landes zu schicken. Nach Robins Aussage ging Abu Samir rasch dazu über, mich zu befragen. Ich hatte oft geglaubt, er würde gerne Vernehmungsbeamter werden; heute spielte er zur Abwechslung einmal gerne Anwalt.

»Sind Sie schuldig oder nicht schuldig?« raunzte er mich an.

»Wessen schuldig oder nicht schuldig?« fragte ich. »Soweit mir bekannt, hat man mich keiner Straftat beschuldigt.«

Das schien im Gerichtssaal erhebliches Aufsehen hervorzurufen. Abu Samir wiederholte die Frage. »Sie müssen mit schuldig oder nicht schuldig antworten.«

»Dann antworte ich nicht schuldig, da ich nichts getan habe, das man als schuldhaft bezeichnen könnte.«

Ich war bitter enttäuscht gewesen, als ich feststellte, daß Abu Samir bei der Verhandlung als Übersetzer fungieren würde, doch als er anfing, auf die gleiche, bereits bekannte Weise Tiraden auf mich abzufeuern, ließ meine Anspannung merklich nach. Das war mittlerweile vertrautes Terrain: Dee kontra Abu Samir, nicht gegen die Macht des irakischen Rechtssystems.

»Sie sind nicht erst seit gestern im Irak«, fuhr er höhnisch fort. »Die Zustände, in denen sich unser Land befindet, müssen Ihnen bekannt sein. Der Krieg mit dem Iran ist noch nicht beendet, und doch haben Sie vorsätzlich einem Ausländer geholfen, sich Informationen über ein militärisches Gebiet zu verschaffen.«

Ich gab zur Antwort, daß ich im August 1988 in den

Irak gekommen sei, nachdem mit dem Iran ein Waffen-stillstand vereinbart worden war. Ich hätte den Kriegszustand nicht miterlebt.

»Warum waren Sie bereit, mit Bazoft in einem Krankenwagen nach Hilla zu fahren?«

»Das Auto, das mir zur Verfügung stand, war kein Krankenwagen im eigentlichen Sinn. Es war ein ganz normales Fahrzeug mit Vierradantrieb, den das Personal benutzt, wenn es dienstfrei hat.«

»Aber nicht zur Verfügung von Bazoft«, schoß Abu Samir zurück.

»Die Autos stehen dem Krankenhauspersonal und dessen Freunden zur Verfügung. Ich brauchte keine Erlaubnis dafür, daß Bazoft mitfuhr. Ich mußte lediglich meine Route dem Fahrdienst des Krankenhauses mitteilen, was ich auch tat.«

»Aber Sie wußten, daß Bazoft Fotos machen wollte?«

»Nein, doch ich gehe davon aus, daß Sie, nachdem Journalisten Kameras mit ins Land bringen dürfen, ihnen auch erlauben, sie zu benutzen. Es gab in Hilla keine Schilder, die das Fotografieren untersagten. Gibt es hier ein Gesetz, das mir verbietet, in meinem Wagen jemanden mit einem Fotoapparat mitzunehmen?«

»Es wäre kein Problem, Babylon zu fotografieren, doch die Verwendung eines Fotoapparates an einem geheimen Ort geht nicht an.«

»Aber wir fuhren zu keinem geheimen Ort. Das Gebiet war eingezäunt. Ich sagte Farzad, daß wir nicht über die Zäune klettern sollten, und er erklärte sich einverstanden. Wir fuhren schlicht an der Außenseite des Drahtzauns entlang, und dort, vor dem Drahtzaun, entdeckten wir etwas, das wie Kohlestaub aussah und am Straßenrand aufgehäuft war. Ich persönlich glaubte nicht, daß es von der Explosionsstelle stammte, da ich davon ausgehe, wenn ich auch kein Chemiker bin, daß Explosionsabfall giftig und folglich gefährlich ist. In diesem Fall würde man ihn nicht am Straßenrand liegen lassen.«

»Was passierte mit den Bodenproben?«

»Farzad erzählte mir, er habe sie zur Britischen Botschaft gebracht und gefragt, ob man sie nicht ins Diplomatengepäck stecken könne. Er sagte auch, die Botschaft habe das abgelehnt.«

»Haben Sie dem Gericht sonst noch etwas zu sagen?«

»Ich weiß nicht, wogegen ich mich verteidigen sollte. Wessen bin ich denn genau schuldig?«

»Wie können Sie vorgeben, nicht schuldig zu sein?« fragte Abu Samir mit Verachtung.

Die Befragung wandte sich dem mir unbekannten Häftling zu meiner Linken zu und wurde in arabisch geführt, so daß ich am Ende kein bißchen klüger als zuvor war. Ich kannte den Mann nicht und hatte keine Ahnung, warum sein Fall mit den unseren zusammen verhandelt wurde, aber er hatte eindeutig irgendwie damit zu tun.

Kurz danach führte man uns aus dem Gerichtssaal und teilte uns mit, die Verhandlung würde übermorgen fortgesetzt.

An diesem Abend erschien Abdullah mit Milch und Käse an meiner Zellentür.

»Die habe ich aus einem Hotel in der Nähe«, sagte er mit echter Wärme und Freundlichkeit.

»Danke, Abdullah, Sie sind sehr freundlich.« Ich wünschte, ich könnte dieselbe Wärme wie für Hamid, den englischsprechenden Aufseher, der mich an Weihnachten auf die Dachterrasse gelassen und gegen eigenes besseres Wissen meine Zelle von den Kakerlaken befreit hatte, auch für ihn empfinden. Leider mußte ich jedesmal, wenn ich Abdullah mit seinem Haarflaum im Gesicht und seinen engstehenden Augen sah, daran denken, wie er uns im Krankenhaus nachgegangen war und alles vermerkt hatte, was wir sagten und taten, um es seinen Arbeitgebern bei der Geheimpolizei zu melden. Aber vielleicht wußte er mit diesen sehr engen Verbindungen mehr als ich darüber, was im Augenblick vor sich ging. Es war einen Versuch wert.

»Abdullah, können Sie mir helfen? Ich weiß immer noch nicht, warum ich hier bin. Es scheint eine riesige Menge Aufhebens um ein kleines bißchen Asche zu geben.«

Abdullah dachte einen Moment nach. »Vielleicht hat Allah Sie hierhergebracht, damit Sie nicht bei einem Autounfall umgefahren und getötet werden.«

Ich schauderte. Wollte er mir damit sagen, daß ich Glück hatte, noch am Leben zu sein?

Der zweite Verhandlungstag war eine Wiederholung des ersten, er war lediglich wesentlich kürzer. Die Generäle unterhielten sich einige Minuten lang und standen dann auf. Das war er, der gefürchtete Augenblick, in dem wir erfahren sollten, was man uns für ein Schicksal zugedacht hatte. Auch wir erhoben uns. Es gelang mir nicht, die Stimmung der Generäle aus den Gesichtern um mich herum abzulesen. Mein Bruder Alan war nicht im Gerichtssaal; später erfuhr ich, daß man es ihm verboten hatte. Robin Kealy hatte während des Prozesses nicht einmal zu Farzad oder mir herübergesehen. Ich wußte, daß er fließend arabisch sprach, und wäre für ein Zeichen der Unterstützung in diesem Augenblick dankbar gewesen, aber es kam keines. Ich betrachtete Robin mittlerweile als Freund, und sein Verhalten, seine Weigerung, mich oder Farzad auch nur eines Blickes zu würdigen, verwirrten und beunruhigten mich. Ohne es zu wollen, umklammerte und löste ich meine Hände. Mein Mund war trocken, und ich merkte, wie meine Beine unkontrolliert zitterten. Ich warf Farzad einen Blick zu: Unterhalb seines rechten Auges schien er ein leichtes nervöses Zucken zu haben. Abu Samir starrte mich gelassen an, während die Urteile auf arabisch verlesen wurden, und sein Gesicht blieb völlig ausdruckslos, als er uns aufforderte, die Anklagebank zu verlassen. Wir gingen hinaus in den Wartesaal und setzten uns auf die hölzernen Lattenbänke. Ich sah Farzad an. Er war weiß wie die Wand.

»Hat der Richter gesagt, daß er mich hängen will?« krächzte er.

Abu Samir lachte laut heraus. »Nein, nein, der Richter sagte, daß er Sie nicht hängen wird.«

»Was ist mit mir?« fragte ich. »Was hat der Richter über mich gesagt?«

»Das ist noch nicht entschieden«, sagte Abu Samir. »Wenn sie soweit sind, werden die Urteile abgetippt und ins Verhörzentrum geschickt.«

Ich glaubte ihm nicht, nicht eine Minute. Warum wollte er mir nicht erzählen, was man gesagt hatte? Das war ein Prozeß gewesen, und man hatte uns verurteilt. Mein und Farzads Schicksal war in diesem Gerichtssaal entschieden worden, und wir hatten ein Recht darauf, es zu erfahren.

»Aber ich muß wissen, was man gesagt hat«, drängte ich. »Werde ich freigelassen oder was?«

»Wer weiß? Vielleicht erhalten Sie eine kleine Strafe. Vielleicht auch nicht.«

Warum erzählte uns Abu Samir nicht, was los war? Unsere Strafen waren offensichtlich beschlossen und offen im Gericht verkündet worden. Er wußte ganz genau, was nun geschehen würde. Das war typisch für ihn!

Wir fuhren alle im gleichen Wagen zurück zum Verhörzentrum. Die Fahrt verlief schweigend. Farzad starrte ausdruckslos geradeaus; er hätte in einer anderen Welt sein können.

Abu Samir stieg aus dem Wagen, als dieser gleich hinter der Einfahrt zum Verhörzentrum anhielt, und ging weg; Farzad und mich überließ er zwei Aufsehern. Der Fahrer fuhr den Wagen auf den überdachten Parkplatz. Einer der Aufseher begleitete ihn. Farzad und ich waren nun mit dem einen Aufseher allein, der langsam zu der Fertigbaubaracke in der Nähe hinüberging. Wir sahen zu, wie er sich mit den Händen am Türrahmen abstützte, den Kopf ins Innere streckte und mit jemandem sprach. Es war offenbar jemand, den er sehr gut kannte; denn bald hörten wir eine laute Unterhaltung und Gelächter. In der Barackenwand auf dieser Seite waren keine Fenster eingelassen, so daß der Aufseher nicht mitbekam, was wir taten. Es schien unglaublich: Wir standen hier gerade hinter der Einfahrt zum Verhörzentrum, nur Meter von der Straße entfernt, auf der ganz normale Bagdader Bürger ihren täglichen Geschäften nachgingen, unbewacht und unbeobachtet.

»Farzad«, sagte ich schnell. »Du könntest leicht fliehen. Du könntest losrennen.« Weder schaute er mich an, noch antwortete er. Ich wußte, daß ich als Frau mit hellen Haaren, blauen Augen und der Kleidung, die ich trug, nicht darauf hoffen konnte, in der Menge unterzutauchen, die sich einige Meter von uns entfernt auf den Gehsteigen drängte. Aber Farzad konnte es. Er trug einen dunklen Blazer und graue Hosen, genau wie Dutzende irakische Männer, die knapp hinter dem Tor durch die Straßen spazierten.

»Es schaut keiner her, Farzad. Es wäre einfach«, drängte ich ihn, unfähig, den Gedanken zu ertragen, daß er für vielleicht zwanzig Jahre hinter Gittern säße. Er registrierte überhaupt nicht, was ich sagte. Seine Augen waren glasig, als stünde er unter Schock; er schien im Boden festgewachsen, zu keiner Bewegung fähig. Ich hatte gute Lust, ihn auf die Straße zu stoßen.

»Farzad!« zischte ich. Aber ich konnte ihn nicht erreichen, er war Meilen weit weg. Ich bemerkte, daß er hochsprang und aufschreckte, als der Aufseher einige Minuten später wieder zu uns stieß.

Wir betraten das Gebäude. Mir wurde befohlen, bei dem Aufseher zu warten, der genau an der Tür hinter einem Schreibtisch saß. Ein anderer Aufseher eskortierte Farzad zum Aufzug. Als sich die Türen schlossen, starrte er heraus wie jemand, der träumt. Ich winkte ihm zu, aber er reagierte nicht. Es war das letztemal, daß ich ihn lebend sah.

Ich schlief in dieser Nacht nicht. Wenn ich nur besser Arabisch könnte, so daß ich meine Strafe verstanden hätte. Ich hatte nicht einmal andeutungsweise einen Hinweis. Robins Gesicht hatte absolut nichts verraten, als sich alle im Gerichtssaal erhoben hatten und der Richter die Strafen verkündete, und danach war er ohne einen Blick nach links oder rechts ziemlich hastig verschwunden. Was hatte Abu Samir zu mir gesagt? »Vielleicht erhalten Sie eine kleine Strafe, vielleicht auch nicht.«

In meiner Verzweiflung schaffte ich es, mich davon zu überzeugen, daß man mich freigesprochen hatte. Was sollte es sonst sein? Abu Samir hatte mir fünf Monate lang erzählt, ich würde den Rest meines Lebens im Gefängnis sitzen, wenn ich nicht mit ihm kooperierte und ein Geständnis ablegte. Nun, da man mich für nicht schuldig befunden hatte, wollte nicht er es sein, der mir das sagte: Es wäre für ihn eine Erniedrigung, das Gesicht zu verlieren. Ich fing an zu phantasieren. Würde ich ins Krankenhaus zurückkehren, oder würde man mich nach Hause schicken? Wann ging die nächste Maschine nach London? Vermutlich einmal am Tag eine, dachte ich. Würde ich einen Job bekommen? Dann wies ich mich kurz zurecht. Hier saß ich und dachte an Heimflug und Jobsuche, und ich hatte keine Ahnung, was mit Farzad geschehen würde. War es möglich, daß auch er freigesprochen worden war? Vielleicht wollte Abu Samir ihn noch ein wenig länger schmoren lassen?

Wir hatten nichts wirklich Schlimmes getan, um Himmels willen! Was war schon ein bißchen Asche, das man am Straßenrand liegengelassen hatte? Gut, er hätte vielleicht nicht gerade die Britische Botschaft bitten sollen, um sie mit dem Diplomatengepäck außer Landes zu bringen — aber sie hatten das ja eh abgelehnt.

Im Verlaufe dieser Nacht machte ich mir mehrere Tassen kalten Kaffees, wozu ich das Wasser aus dem Hahn im Waschraum benutzte. Ich mußte das Milchpulver nicht mehr rationieren. Wie wundervoll es sein würde, einen elektrischen Teekocher anstellen und eine gute Tasse Tee kochen zu können, durch meine Londoner Wohnung zu wandern, in einem Bett zu schlafen, auf einem Stuhl zu sitzen und an einem Tisch zu essen. Lammbraten — ich würde Lammbraten mit Pfefferminzsauce und allem drum und dran essen. Seit Monaten hatte ich davon geträumt, mich vor eine Portion Lammbraten zu setzen: Bei zahlreichen Gelegenheiten sah ich den Teller fast schon vor mir. Bestimmt würde der Traum nun endlich wahr, und ich würde wieder mit meiner Familie zusammen sein. Sie kannten das Urteil vermutlich bereits, dachte ich. Ich betrog mich natürlich selbst; die Morgendämmerung brachte mir eine völlig andere Wirklichkeit, als ich erwartet hatte.

Ich wurde um 6.00 Uhr morgens aus einem leichten Schlaf wachgerüttelt. Bad News brüllte, ich solle mich anziehen. Gewöhnlich war das Rattern des Teewagens mein Wecksignal. Trotz der Dringlichkeit in seiner Stimme, kehrte er erst zwei Stunden später wieder zurück.

»*Yalla!*« schrie er. Ich ging mit ihm ins Erdgeschoß des Gebäudes und hinaus über den Parkplatz zu der Baracke, wo Dr. Raad und ich uns hatten trennen müssen, als ich vor sechs Monaten verhaftet worden war. Ein Aufseher, der an einem klapprigen Tisch saß, händigte mir einen Umschlag mit meiner Uhr und meinen Schlüsseln aus und hielt mir ein Buch hin, in dem ich unterschreiben sollte. Ich wußte nicht, ob er englisch sprach, doch ich fragte dennoch: »Wohin komme ich?«

Er schaute zu mir hoch und schüttelte den Kopf. »Ich nicht wissen. Fragen einen anderen.«

Ich wurde aus dem Zimmer geleitet und in einen Raum gebracht, der den Aufsehern anscheinend als Ruheraum diente. Einige saßen auf angeschlagenen oder kaputten Stühlen herum und reichten sich ein Marmeladenglas mit schwarzem Tee.

»Wohin komme ich?« fragte ich sie, zunächst auf englisch und dann in arabisch. Keiner antwortete, keiner schaute mich auch nur an. Ich schlug mit der Faust auf den Tisch und wiederholte die Frage lauter und schärfer. »Wohin komme ich?«

»Sie gehen zur Britischen Botschaft«, sagte einer der Aufseher.

Zur Botschaft? Ließen sie mich heute frei? Wenn ich zur Botschaft gebracht wurde, mußte das so sein. Ich würde freikommen. Ich schlug die Arme um den Aufseher und küßte ihn auf die Wange. »Danke, danke, o, herzlichen Dank!« Ich küßte sie alle, grinste wie eine Katze und ging noch einmal herum und schüttelte allen die Hand. Sie schoben mich in einen Wagen, und ich rief und winkte wie ein fröhliches Kind, als wir schnell davonfuhren. Nichts wie weg von sechs Monaten der Isolation und Einsamkeit, von den Ameisen, Kakerlaken, von der Linsensuppe. Ich lehnte mich auf dem Autositz zurück und

162

blickte aus dem Fenster. Ich fühlte mich erleichtert, wundervoll, in Hochstimmung. Mein Martyrium war endlich vorbei. Ich besah mir vergnügt die Bäume und den blauen Himmel und empfand neue Wertschätzung für sie. Ich war frei!

Nach einiger Zeit fing ich an mich genauer umzuschauen. Was für eine Straße war das? Wir fuhren an einer Häusergruppe vorbei, die ich nicht kannte, und mir wurde im Magen flau. Diese Straße war ich noch nie entlang gekommen, und ich dachte, ich würde Bagdad gut kennen. Irgend etwas stimmte nicht, und ganz sicher sollte sich die Sonne auf der anderen Seite befinden! Wir fuhren nach Süden, aber warum? Die Britische Botschaft lag im Nordwesten.

»Wohin fahren wir?« fragte ich leise.

Der Aufseher, der den Wagen neben mir lenkte, schien mein gebrochenes Arabisch zu verstehen. Er hob einen Brief von dem Sitz neben ihm auf und wedelte mit ihm in meine Richtung, wobei er irgend etwas erzählte, er müsse ihn im Haus eines Freundes abgeben. Ich verbot mir zu denken. Ich machte meinen Kopf völlig leer. Sie hatten mir erzählt, ich würde in die Britische Botschaft gebracht, und schließlich würden wir auch dort ankommen, wenn ich, obwohl ich wußte, daß die Botschaft nicht in dieser Richtung lag, nur still und ruhig bliebe und niemanden verärgerte. Die Alternative — daß man mich nicht zur Botschaft fuhr — war zu fürchterlich, um auch nur daran zu denken.

Einige Kilometer weiter auf derselben Straßen hielt der Wagen an. Der Aufseher stieg aus, und ich beobachtete, wie er den Brief einem jungen Mann gab. So weit, so gut. Der Wagen startete wieder, doch anstatt zu wenden, fuhren wir weiter nach Süden. Was sollte das nun wieder? Ich stellte mir vor, wie Robin und Pauline auf mich in der Botschaft warteten. Ich stellte mir meine Ankunft dort vor. Wenn ich nur saubere Kleider hätte! Ich reckte den Kopf, um mich im Autospiegel zu betrachten, und sah mich zum erstenmal seit sechs Monaten. Ich erkannte kaum mein eigenes Gesicht wieder. Meine Haut war von einem blassen Grüngrau. Mein Haar sah wie ein Wollknäuel aus, das Kätzchen massakriert hatten. Meine blauen Augen starrten mich an, matt und leblos und von schwarzen Ringen umgeben. Ich schnüffelte und überlegte, ob ich auch stank. Ich sah aus wie jemand, der stinkt. Doch bestimmt käme ich bald in den Genuß eines warmen Bads mit Badeschaum und dicken Handtüchern zum Abtrocknen. Vielleicht würde Pauline etwas Make-up haben, das ich mir borgen könnte, und vielleicht könnte ich zum Haareschneiden und Fönen ins Melia Hotel gehen.

Wir verließen die Hauptstraße, kamen an Sümpfen und einer Militärstellung vorbei und fuhren auf ein großes Tor zu, das in einer hohen Mauer mit mehreren Reihen Stacheldraht auf der Oberkante eingelassen war. Zwei Soldaten mit Waffen kamen herbei und prüften einige Dokumente, die der Aufseher ihnen durch das Fenster hinhielt. Die Tore schwangen auf, wir fuhren hindurch auf einen staubigen ummauerten Hof und hielten vor einem Gebäude in Fertigbauweise an.

»Yalla!« winkte mir der Aufseher zu. Ich stieg aus dem Wagen und folgte ihm in das Gebäude. Wir setzten uns auf eine Holzbank.

Ein Mann in einem braunen, knitterfreien Anzug betrat durch eine andere Tür den Raum und wies mich an mitzukommen. Ich stand auf und sah mich um, doch der Aufseher aus dem Verhörzentrum war wortlos verschwunden. Ich folgte dem Mann mit dem braunen Anzug in einen anderen Raum, in dem drei Männer hinter einem langen Tisch saßen, der wie ein Schreibtisch

164

arrangiert war, mit Akten, einem Telefon und verstreuten Papierbergen.

»Spricht hier irgend jemand Englisch?« fragte ich auf arabisch.

Sie schüttelten die Köpfe. Ich setzte mich, vor Angst wie betäubt. Ich begriff einfach nicht, was passierte. Die Aufseher aus dem Verhörzentrum hätten mir doch bestimmt nicht als Witz erzählt, daß ich in die Britische Botschaft gebracht würde? Das wäre doch zu grausam. Sie hatten gesehen, wie sehr mich das freute. War es denkbar, daß sie die Geschichte erfunden hatten? Nein, hier handelte es sich vermutlich um eine Art Prozedur, die erfüllt werden mußte, bevor ich freigelassen würde. Vermutlich mußten Papiere unterzeichnet oder Entlassungsurkunden ausgehändigt werden. Das waren einfach die Iraker und ihre endlose Bürokratie. Plötzlich ergab diese Erklärung auch keinen Sinn mehr. Warum sollte man mich, nur wegen der Unterzeichnung einiger Papiere, so weit von Bagdad wegbringen?

Die nächste halbe Stunde brachte mich der Antwort nicht näher. Ich debattierte noch immer innerlich mit mir, als eine Aufseherin den Raum betrat. Sie war ziemlich jung, stämmig, aber hübsch. Sie lächelte und sagte: »Hallo, wie geht es Ihnen?«

Mittlerweile war ich zu erregt, um höfliche Nettigkeiten auszutauschen. »Wo bin ich? Was ist das hier?« stammelte ich.

Das Lächeln blieb auf ihrem Gesicht, als sie sagte: »Sie sind im Gefängnis.«

»Im Gefängnis? Ich sollte in der Britischen Botschaft sein. Da muß ein Fehler vorliegen. Im Gefängnis? Das verstehe ich nicht. Für wie lange?«

Sie beugte sich über den Schreibtisch und blätterte lässig eine Akte durch. »Fünfzehn Jahre.«

Ich glaube, mein Herz setzte einen Augenblick lang aus, dann schlug es wieder, und zwar bis in meinen Hals. Mir drehte sich der Kopf, ich fühlte mich schwach und kalt. Dutzende kleine Schweißtröpfchen erschienen auf meinen Augenbrauen; ich spürte, wie sie über mein Gesicht rannen, und sah zu, wie sie in meinen Schoß fielen. Fünfzehn Jahre! Fünfzehn Jahre! Zum Zeitpunkt meiner Entlassung würde ich eine alte Frau sein, Michelle wäre sechsunddreißig Jahre alt. Mein Gott — Michelle — wußte sie, was geschehen war? Ich konnte es nicht ertragen, mir den Schmerz vorzustellen, den ihr diese Nachricht bereiten würde. Sie war so tapfer gewesen und hatte mich so unterstützt. Und was war mit Farzad? Wenn ich zu fünfzehn Jahren verurteilt worden war, was würden sie dann mit ihm erst machen?

Ein Toast auf die Freiheit

Am zehnten März klingelte um 9.00 Uhr morgens das Telefon. Es war Stephen Lamport, ein Beamter aus dem Außenministerium, der sich mit dem Fall meiner Mutter befaßt hatte.

»Ich fürchte, ich habe keine guten Nachrichten, Michelle«, sagte er leise. »Die Gerichtsverhandlung hat heute morgen nur eine halbe Stunde lang gedauert, und die Urteile sind hart. Ihre Mutter, es tut mir leid, das sagen zu müssen, hat fünfzehn Jahre Haft bekommen, und Farzad hat man zum Tode verurteilt.«

Ich hörte mich laut aufschreien. Meine Beine schienen nachzugeben, und als ich mich setzte und zu sprechen versuchte, merkte ich, daß ich verwirrtes und irres Zeug vor mich hinbrabbelte, das nicht einmal ich verstand. Peter kam, nachdem er meinen Schrei gehört hatte, ins Zimmer und hielt meine Hand. Ich lauschte weiterhin Stephens Worten, doch mir schwirrte der Kopf.

»Ganz klar, oberste Priorität hat, daß Farzads Urteil umgewandelt wird, obwohl wir den Irakern völlig klar gesagt haben, was wir von ihrer Entscheidung halten. Ihr Botschafter ist ins Außenministerium zitiert worden, und wir versuchen gerade zu arrangieren, daß der Außenminister Douglas Hurd nach Bagdad fliegt und Saddam Hussein unsere Ansichten persönlich überbringen kann. Wenn Sie ins Außenministerium kommen wollen, um zu besprechen, was Sie gerne unternehmen würden, so sind Sie jederzeit willkommen.«

Ich legte den Hörer auf die Gabel, noch zu verwirrt und erschüttert, um bereits über meinen nächsten Schritt nachdenken zu können. Peter nahm mich in die Arme. »Diese Scheißkerle, diese Scheißkerle«, wiederholte er ständig.

Es dauerte einige Minuten, bis ich mich gefangen hatte. Mir wurde klar, daß es nur eine Frage der Zeit sein konnte, bis die Presse von den Neuigkeiten Wind bekommen würde, und plötzlich erschien es mir dringend geboten, daß unsere Verwandten und die Freunde meiner Mutter von mir erfuhren, wie die neueste Entwicklung aussah. Ich wollte nicht, daß irgendein eifriger junger Reporter mit einer derartigen Nachricht auf sie losstürmte. Ich führte eine Menge Telefonate und bekam viel Vernünftiges von besorgten Freunden und Verwandten zu hören. Sie hatten recht, es war noch nicht vorbei, absolut nicht, und ich war entschlossen, alles zu tun, was ich konnte, damit die Iraker erkannten, welch schrecklichen Fehler sie begangen hatten.

Den zweiten Telefonanruf an diesem Morgen erhielt ich vom Staatssekretär des Außenministeriums, William Waldegrave, der deutlich machte, wie schockiert er über die beiden Urteile sei, und wiederholte, daß die britische Regierung alles in ihrer Macht Stehende tun würde, um Farzads Hinrichtung zu verhindern. Sofort nachdem ich den Hörer aufgelegt hatte, erhielt ich die ersten Anfragen von seiten der Presse. »Wann ich es erfahren habe? Wie ich mich fühlte? Mit wem ich gesprochen habe?« Ich muß mit hundert Journalisten geredet haben, die alle dasselbe wissen wollten. Ich konnte nachvollziehen, wie sie sich fühlten: Das war einerseits eine gute Story, aber Farzad war auch einer von ihnen. Ihr Interesse und ihre Sorge waren nur natürlich, aber ich konnte nicht die ganze Zeit am Telefon hängen. Ich beschloß, eine Pressekonferenz abzuhalten. Ich nahm mit einem Freund, einem Fernsehjournalisten, Jon Scammell, Kontakt auf, der mit den Kollegen von Associated Press sprach und alles in die Wege leitete, damit an alle Nachrichtenbüros im ganzen Land eine Mitteilung geschickt wurde, in der stand, wo und wann wir sie abzuhalten gedachten.

Donald Trelford, der Herausgeber des *Observer*, hatte mir dafür einen Raum im Gebäude der Zeitung zur Verfügung gestellt. Als ich mit Peter und Jon um 16.30 Uhr dort hinkam, warteten vor dem Hauseingang etwa neun Kameracrews, jede begierig auf eine Exklusivstory. Jon schob mich nach drinnen, und Donald gab mir kurz ein paar Ratschläge, wie ich meine erste Pressekonferenz angehen sollte.

Ich betrat den Konferenzraum und fand ihn bis zu den Türen mit Reportern vollgestopft; sie wirkten, als stünden sie sich gegenseitig auf den Köpfen. Neben den rund hundertfünfzig Journalisten waren noch Kameraleute, Tontechniker und Photographen anwesend. Ich zitterte wie Espenlaub. Jon wandte sich als erster an die Reporter.

»Michelle wird zunächst eine Erklärung abgeben, und wenn Sie ihr dann Fragen stellen möchten, wird sie Ihnen jeweils eine beantworten.«

Ich sah nervös auf und versuchte, mich auf das zu konzentrieren, was ich sagen wollte.

»Das ist meine erste Pressekonferenz«, begann ich. »Ich bin äußerst nervös, haben Sie deshalb bitte Geduld mit mir. Doch bevor ich anfange, meine Erklärung zu verlesen, möchte ich Sie alle bitten, bei der Berichterstattung in den morgigen Ausgaben sehr vorsichtig zu sein. Die Situation ist nun so heikel, daß jeder überzogene Bericht, der die irakische Regierung verärgern könnte, nicht unseren vorrangigen Interessen nützt, die, wie Sie alle wissen, darin bestehen, eine Umwandlung des Urteils von Farzad und die Annullierung des Urteils meiner Mutter zu erreichen.« Dann begann ich mit meiner Erklärung:

Es ist äußerst unfair, und der Gerechtigkeit wurde heute nicht Genüge getan. Nachdem ich gehört habe, was meine Mutter am Donnerstag vor Gericht ausgesagt hat, ist mir klar, daß sie nichts verbrochen hat. Der Meinung war ich bereits die ganze Zeit. Ich bin heute im Außenministerium gewesen, und man hat mir versichert, daß man so rasch wie möglich protestieren werde. Ich hoffe ernsthaft, daß Präsident Saddam Hussein im Irak diesen Justizirrtum nicht durchgehen lassen wird. Man hat mich darüber informiert, daß die Strafen erst in Kraft treten, wenn er sie bestätigt hat. Ich flehe ihn an zu intervenieren. Meine ganze Familie kann nicht glauben, was heute morgen im Irak geschehen ist. Ich weiß, das habe ich schon einmal gesagt, doch für mich ist es wichtig zu betonen, daß meine Mutter Krankenschwester und niemals eine Spionin gewesen ist, und daß sie diese Sperrzone nicht betreten haben. Das einzige Verbrechen meiner Mutter — wenn es denn eines ist — besteht darin, an den Sperrzaun herangefahren zu sein. Daß sie dafür fünfzehn Jahre in einem irakischen Gefängnis sitzen soll, ergibt keinen Sinn.

Sofort nachdem ich aufgehört hatte zu sprechen, begannen aus allen Richtungen die Kameras zu blitzen und wurden Fragen auf mich abgefeuert.

»Werden Sie nach Bagdad reisen?«

»Was hat das Außenministerium Ihnen mitgeteilt?«

»Haben Sie heute mit Ihrer Mutter sprechen können?«

Fragen, Fragen und noch mehr Fragen. Ungefähr eine halbe Stunde lang, die sehr schnell zu verstreichen schien, versuchte ich, sie zu beantworten. Dann wurden noch ein paar Bilder geschossen, bevor Jon Scammell einschritt. »Ich glaube, das reicht jetzt«, meinte er zu seinen Kollegen von Zeitung, Rundfunk und Fernsehen. »Wenn Sie Michelle freundlicherweise gehen lassen würden; ich denke, ihr steht etwas Ruhe und Frieden für den verbliebenen Rest des Tages zu.«

Als ich eine weitere halbe Stunde später nach Hause zurückkehrte, fand ich auf meinem Anrufbeantworter zweiundvierzig Nachrichten vor, und das Telefon hörte nicht auf zu läuten.

Die Nachrichtensendungen in England wurden von dem Urteil beherrscht. Farzads Foto flimmerte an diesem Abend über den Bildschirm, und die Pressekonferenz wurde landesweit übertragen. Das Telefon läutete weiterhin, auch die Nacht hindurch, alle zwei Minuten, als Freunde und Leute, die Glück wünschen wollten, mir ihre Schockiertheit mitteilten. Wir erhielten 230 Anrufe von Leuten aus den Medien, die um Fernseh-, Rundfunk- und Zeitungsinterviews nachsuchten.

Am nächsten Morgen war ich bereits um 6.00 Uhr auf den Beinen, um mit Donald Trelford bei TV AM aufzutreten und anschließend für BBC Television, über Sky Television und GLR Radio Interviews zu geben. Ich war entschlossen, die Botschaft, daß Farzad und meine Mutter freigelassen werden müßten, an so viele Menschen wie möglich zu übermitteln, und das schien eine wirksame Methode, dieses Ziel zu erreichen. Zu Mittag schloß ich mich einer Protestaktion vor der Irakischen Botschaft in London an, wo Journalisten und Freunde von Farzad eine Schweigedemonstration abhielten und Bilder und Zeichnungen von ihm trugen. Donald Trelford übergab dem irakischen Botschafter, der anscheinend von der gegen die Urteile protestierenden Öffentlichkeit siebenhundert Telefonanrufe erhalten hatte, einen Brief.

Die Regierung handelte ebenfalls rasch, wie der Staatssekretär im Außenministerium, William Waldegrave, es versprochen hatte. Der irakische Botschafter wurde ins Außenministerium zitiert, und ihm wurde mitgeteilt, daß Britannien gegen die harschen Urteile, die man über Farzad und meine Mutter verhängt hatte, aus humanitären Gründen Berufung einlegen würde. Die Regierung werde außerdem die Vereinten Nationen und die Europäische Gemeinschaft um Unterstützung ersuchen. Außenminister Douglas Hurd kündigte an, er werde mit einer Delegation in den Irak reisen und den Versuch unternehmen, das über Farzad gesprochene Todesurteil abzuwenden und das meiner Mutter auferlegte Strafmaß zu reduzieren. Premierministerin Margaret Thatcher sagte in einer Erklärung, sie sei »entsetzt« und »appelliere an Saddam Hussein um Milde aus humanitären Gründen«. Mrs. Thatcher führte auch die Hilfe König Husseins von Jordanien ins Feld, der zu der Zeit gerade zusammen mit seiner Frau Königin Noor Britannien einen Besuch abstattete. Als geschätzter Freund des Irak, sagte der jordanische König, würde er versuchen, Saddam Hussein zu einem Meinungsumschwung zu bewegen. Weltweit sprachen sich Regierungen gegen die Urteile aus. Es war ein echter Skandal.

Es setzte ein Wettlauf zur Rettung von Farzads Leben ein, denn niemand konnte einschätzen, ob oder wann seine Strafe vollstreckt würde. Im irakischen »Rechtssystem« gibt es so etwas wie ein Berufungsgericht nicht, deshalb finden sich auch, wenn das Urteil einmal gefällt wurde, kaum Gründe, seinen Vollzug aufzuschieben. Da nur Präsident Saddam Hussein die Strafen umwandeln konnte, war es unabdingbar, ihn ja nicht zu verärgern. Das war nicht einfach, doch in den Fernseh- und Rundfunkinterviews pries ich den

Irak und dankte Präsident Hussein vielfach. Das geschah stets mit zusammengebissenen Zähnen und gekreuzten Fingern, doch wenn es half, Farzad und meine Mutter nach Hause zu holen, schien es ein sehr kleiner Preis zu sein.

Mir gelang es, ein Treffen mit dem irakischen Botschafter zu vereinbaren, bei dem ich ihm einen Brief übergab, der meinem persönlichen Entsetzen über die Wendung der Ereignisse Ausdruck gab. Während eines halbstündigen Gespräches flehte ich ihn an zu helfen, Farzads Strafmaß abzuschwächen. Er empfand anscheinend aufrichtiges Mitgefühl und versicherte mir, er würde tun, was er könne. Zwar vermittelte er den Eindruck eines netten alten Herrn, doch erschien er irgendwie schwach und pathetisch, und ich hegte meine Zweifel, daß er wirklichen Einfluß besaß. Ob er von einer unserer Unterredungen an Saddam Hussein weiterberichtete oder nicht, fand ich nie heraus.

Ich war erschöpft, lebte von meiner nervösen Energie und konnte weder essen noch schlafen. Ich absolvierte ein Interview nach dem anderen, immer in dem Wissen, daß es ein Rennen gegen die Zeit war. Ich schrieb einen persönlichen Brief an den Botschafter oder Hochkommissar jeder ausländischen Botschaft in London. »Wenn Sie meinen, Sie könnten dazu beitragen, für meine Mutter und Farzad Bazoft Gerechtigkeit zu erreichen, unterstützen Sie bitte meine Kampagne«, beendete ich jeden Brief. Mehr als dreißig Botschafter antworteten. Ich schrieb auch Briefe an den *Independent*, worin ich die Öffentlichkeit aufforderte, sich unserer Kampagne anzuschließen, doch trotz der über eintausend Briefe und fünf Petitionen an die Iraker, die Tausende unterzeichnet hatten, blieb Saddam Hussein unbeeindruckt und verkündete, er lasse sich nicht »unter Druck zum Handeln« zwingen.

Die Irakische-Nachrichten-Agentur (INA) zitierte einen Sprecher des irakischen Außenministeriums, der sagte, die britische Reaktion auf das Urteil sei »vorschnell« und Präsident Saddam Hussein könne »nicht intervenieren, solange auf ihn politisch Druck ausgeübt« werde. Zu diesem Zeitpunkt hatten mehr als zwanzig Staaten das Urteil bedauert, darunter manche, die man bislang als engste Verbündete des Irak eingestuft hatte. Die Europäische Gemeinschaft entwarf einen Antrag, in dem die Mitglieder aufgefordert wurden, den Irak zu isolieren, wenn er seine Drohung, Farzad hinzurichten, wirklich wahr mache. Es hatte den Anschein, als kämpfe die ganze Welt um seine Rettung; aber Saddam Hussein ignorierte all diese Bemühungen und es kam keine offizielle Reaktion von der irakischen Regierung. Die britische Premierministerin Margaret Thatcher erhielt keine Antwort auf ihre persönliche Bitte an Bagdad, andere politische Führer auf der Welt anscheinend auch nicht. Und allen Beteiligten war klar, daß in diesem Fall keine Nachrichten schlechte Nachrichten bedeuteten.

Ich besuchte das Außenministerium, wo ich William Waldegrave traf. Er bestätigte, was ich vermutet hatte: »Die Situation ist im Augenblick äußerst heikel, und die Presse ist nicht gerade eine Hilfe.« Das stimmte: Die Zeitungen hatten sich die Story sehr zu Herzen genommen, in einer Mischung aus empörtem Entsetzen, Entrüstung, Kampflust und echtem Mitgefühl für die Nöte von Farzad, einem durchschnittlichen britischen Journalisten, der im Irak seinem Job nachging, und meiner Mutter, einer durchschnittlichen britischen Krankenschwester, die einem Freund einen Gefallen erwiesen hatte. Sie veröffentlichten Artikel über Saddam Husseins abstoßende Menschenrechtsverletzungen und dazu Berichte zahlloser Greueltaten, die er verübt hatte und über die von Angehörigen der irakischen politischen Oppositionsgruppen im Exil Buch geführt worden war. Ich bezweifelte zwar keinen Augenblick lang, daß jedes Wort, das sie schrieben, absolut wahr war, aber ich wußte auch, daß Überschriften wie »Der Schlächter von Bagdad«, die von der irakischen Botschaft in London an den Golf, so schnell wie es mit modernster Technik möglich war, übermittelt wurden, unserer Kampagne alles andere als halfen.

Vor dem Außenministerium hielt ich eine improvisierte Pressekonferenz für rund zwanzig Journalisten ab, die auf mich gewartet hatten. Ich erzählte ihnen nur, was William Waldegrave gesagt hatte, und fügte hinzu: »Er sicherte zu, daß die Regierung tut, was in ihren Kräften steht. Wir glauben immer noch, daß Farzad gerettet werden kann, aber ich möchte Sie anflehen, der Versuchung, Adjektive wie ›brutal‹ und ›barbarisch‹ auf den irakischen Präsidenten anzuwenden, zu widerstehen. Wir müssen ihn im Moment wirklich bei guter Laune halten.«

Nachdem ich das Foreign Office verlassen hatte, machte ich ein Interview für Sky Television und später, am Nachmittag, von der Wohnung aus für mehrere Radiostationen. Ich wollte an diesem Tag soviel wie nur möglich schaffen, da ich mir selbst versprochen hatte, mir für den Abend freizunehmen. Es sollte in einem Restaurant in Battersea eine Party für Julia, eine meiner besten Freundinnen, stattfinden, die ihren Geburtstag feierte. Auf der Party waren Leute, die ich seit Jahren nicht gesehen hatte, und indem ich den Großteil des Abends darauf verwandte, Freundschaften wieder aufzufrischen, konnte ich das Hauptthema in meinem Kopf wenigstens für ein paar Stunden vertreiben. Wir brachten alle einen Toast auf Julia aus, und dann sagte sie, wobei sie mir den Korken der Champagnerflasche reichte: »Der ist für dich, Michelle, das bringt Glück. Bringen wir einen Toast auf die Freiheit aus, für Dee und Farzad.« Ich hob mein Glas.

Zu Hause legte ich den »glückbringenden« Korken auf das Regal über meinem Bett.

Sagen Sie Dee, daß es mir leid tut

Fünfzehn Jahre — ich konnte es nicht glauben. Ich wurde völlig benommen aus dem Büro geführt.

Eine Aufseherin teilte mir in gebrochenem Englisch mit, daß sie mich zu Mohammed, dem Gefängnisverwalter, bringen würde. Ich hatte sofort eine Antipathie gegen diesen Mann. Er sprach etwas Englisch, aber nicht genug, um die vorgeschriebenen Formulare für Neuzugänge auszufüllen. Ich tat mein Bestes, seine stockenden Fragen zu beantworten, aber das half nicht viel. Mohammed warf völlig frustriert seinen Stift von sich, stieß die unvollständigen Formulare in eine bereits prall gefüllte Schublade und schob sie zu. Angesichts der Art und Weise, wie sie hier mit dem Papierkram umgingen, hoffte ich nicht sehr stark auf einen Hafturlaub.

Mohammed riß die Tür auf und rief eine vorbeigehende Aufseherin heran, die mich mit offener Verachtung ansah. Sie erinnerte mich an einen Hund, einen Boxer, den sich ein ehemaliger Nachbar von uns früher hielt, doch ich vermutete, daß diese Frau anders als der Hund nicht eine einzige gute Seite besaß. »*Yalla*«, sagte sie. Ich folgte ihr den Korridor entlang, unter einem hölzernen Torbogen hindurch und durch ein Metalltor. Auf der anderen Seite des Tors standen dicht an dicht Frauen in den vom Kopf bis zu den Zehen reichenden langen schwarzen Gewändern. Es war ein furchteinflößendes Erlebnis, sich durch die wimmelnde Masse von Körpern zu quetschen, ein wenig wie der Versuch, sich durch eine riesige Ansammlung Krähen zu kämpfen. Es erinnerte mich an Alfred Hitchcocks Film *Die Vögel*.

Als wir uns hindurchzwängten, streckten sich Hände aus, um mein Haar zu berühren. Ich warf den Kopf zurück und starrte die Frauen um mich herum zornig an — das sollten sie besser nie wieder versuchen. Nachdem wir um eine Ecke gebogen waren, mußten wir durch einen Streifen dunkelbraunen Schlamm waten, bevor wir eine betonierte Zone erreichten, die fünf offene Latrinen beherbergte. Der Geruch von Exkrementen stieg mir in der Nase hoch, Benommenheit und Übelkeit ergriffen mich. Wir näherten uns einer Tür in einem einstöckigen L-förmigen Gebäude. Ich fiel zurück, wollte nicht herausfinden, was dahinter lag. Doch die stets hilfsbereite Aufseherin war gleich mit einem freundlichen Schubs der Ermutigung zur Stelle, der mich durch die Tür über eine rauhe Steinstufe und in eine Zelle hinein wirbelte.

Das erste, das mir auffiel, waren ein Paar Nylonvorhänge in schreiendem Pink, die an einem Fenster hingen, das mit starken Eisenstangen vergittert war. Drei eiserne Betten und eine Matratze reihten sich an den Wänden des viereckigen Raums auf, der etwa die Größe eines Einzelzimmers hatte. Ich schaute mich um. Vier Augenpaare starrten von der Matratze auf dem Boden zu mir herüber. Eine dunkelhaarige, sehr blasse Frau von ungefähr dreißig Jahren erhob sich und streckte die Hand aus. Sie sah gesund aus, hatte ein quadratisches Gesicht und trug Fürsorglichkeit zur Schau. Ich lag mit ihr sofort auf einer Linie.

»Willkommen«, sagte sie auf englisch. »Ich heiße Nisreen. Das ist Sabiha«, sagte sie und zeigte auf ein Mädchen von ungefähr Zwanzig mit dunkler Hautfarbe und glitzernden schwarzen Augen. »Das ist Tanya.« Sie wies auf ein noch jüngeres Mädchen mit europäischem Aussehen und hellbraunem Haar. »Und«, lachte sie, »ihren Namen wirst du nicht aussprechen können, also nennst du sie am besten Ann.« Sie zeigte auf eine Frau mittleren Alters mit friedfertigen Gesichtszügen und ausladenden Hüften.

»Sie sprechen kein Englisch. Wie ist dein Arabisch?«

»Beklagenswert unzulänglich, fürchte ich.« Selbst wenn sonst niemand im ganzen Gefängnis Englisch konnte, hatte ich doch zumindest einen Menschen gefunden, der dieser Sprache mächtig war.

»Wie lange bist du schon da, Nisreen?«

»Fünf Jahre, aber es erscheint mir länger.«

»Was macht ihr den ganzen Tag über?«

»Nicht sehr viel. Wir schlafen viel, wir essen, wir unterhalten uns, und abends, wenn es etwas kühler ist, gehen wir ein wenig nach draußen, und wir beten natürlich.«

Noch immer erstaunt, nicht so sehr über das, was Nisreen gesagt hatte, als vielmehr über die Tatsache, daß sie es auf englisch sagte, setzte ich mich auf eines der Betten, stand aber sofort wieder auf, als ich Sabihas bösen Blick bemerkte. Du liebe Güte, sie schien ein übellauniges Mädchen zu sein.

»Lest ihr Bücher?« fragte ich Nisreen.

»Nein, Bücher sind hier nicht erlaubt, bis auf den Koran natürlich.«

»Dürft ihr Briefe schreiben?«

»Nein, Stifte und Papier sind auch nicht erlaubt. Wir sollen auf unseren Betten sitzen und bereuen. Die Tage sind sehr lang.«

Als ich ein verschlucktes Kichern hörte, drehte ich mich um und sah im Türrahmen lauter Gesichter. Alte Gesichter, junge Gesichter, manche ohne Zähne, andere mit strahlendem Lächeln.

»Hallo, hallo!« riefen sie im Chor.

Eine der Frauen kam in die Zelle und hielt einen Teller mit Huhn und Reis vor sich. Es roch köstlich, doch es war mehr, als daß mir eine dieser Frauen etwas anbot: ich erhielt ein Geschenk.

Während der Monate in Einzelhaft hatte ich mich oft gefragt, wie es wohl in einem Gefängnis zusammen mit anderen wäre. Manchmal glaubte ich, die Anwesenheit anderer Frauen könnte fürchterlich aufdringlich sein, wenn sie alle arabisch sprachen und mich eventuell wegen meiner westlichen Herkunft verabscheuten. Zu anderen Zeiten sehnte ich mich so sehr nach Gesellschaft, daß mir selbst der Teufel persönlich als willkommener Zellengenosse erschienen wäre. Jetzt, da ich unter ihnen war, wurde mein Traum/Alptraum Wirklichkeit. Ich sprach Englisch, und man bot mir Essen an. Nie wieder mußte ich versuchen, durch die Klappe meiner Zellentür zu schielen, nie wieder meine Ohren nach dem Geräusch des Teewagens spitzen, was sechs Monate lang das einzige Zeitmaß war, das ich kannte.

Ich setzte mich auf den Boden und nahm ein paar Mundvoll Huhn, bevor ich merkte, daß ich weinte. Das sollte sich noch zwei Tage lang wiederholen. Jedesmal wenn ein Teller mit Essen vor mich hingestellt wurde, war es, als habe sich in meinem Kopf ein Hahn geöffnet, und rannen meine Tränen in den Reis und die Kräuter.

Am Nachmittag dieses ersten Tages ließen sich alle für eine Siesta nieder. Sabiha, Tanya und Ann belegten die Eisenbetten, während Nisreen sich mit der Matratze zufriedengab, da der Raum für eine vierte Bettstatt nicht groß genug war. Ich hatte weder ein Bett noch eine Matratze, deshalb breitete ich auf dem schmalen Fleckchen in der Mitte der an der Wand entlang aufgestellten Betten und der Matratze einige Decken aus.

Ich legte mich auf die Decken und starrte an die Zimmerdecke. Ich überdachte die letzten Ereignisse. Obenan in meinem Kopf standen die Gedanken an meine Familie und die Drohung einer fünfzehnjährigen Haftstrafe. Fünfzehn Jahre! Kein Wunder, daß Abu Samir mir nicht gesagt hatte, wie mein Urteil lautete. Er wußte, wie ich reagieren würde, und machte sich vermutlich Sorgen, er wäre nicht imstande, mich zurückzuhalten. Ich hatte nichts von der Britischen Botschaft gehört. War es möglich, fragte ich mich, daß sie intervenierten und die Iraker vielleicht überreden könnten, meine Haftstrafe umzuwandeln? Ich muß darum bitten, Robin sehen zu dürfen. In der Zwischenzeit mußte ich einräumen, daß meine neue Situation einige unleugbare Pluspunkte hatte. Ich saß nicht mehr in Einzelhaft, und Nisreen, die Frau, die mich so warm willkommen geheißen hatte, sprach Englisch. Dagegen verhielt sich Sabiha wie ein eifersüchtiger Liebhaber, wann immer ich mit Nisreen redete, und forderte, alles zu erfahren, was gesagt wurde, und bestand zudem darauf, daß jede Frage und jede Antwort sofort ins Arabische übersetzt wurde.

Die ganze Anstrengung erwies sich schließlich für Nisreen als zuviel, die entschuldigend zu mir sagte: »Ich muß aufhören, englisch zu sprechen, Dee. Es tut mir leid, ich habe fürchterliche Kopfschmerzen. Schau, ich habe seit fünf Jahren nicht mehr englisch gesprochen, und es ist sowieso meine dritte Sprache.«

Unfähig mich zu beherrschen, stellte ich noch eine Frage. »Welche anderen Sprachen kannst du noch?«

»Natürlich arabisch und daneben russisch. Ich erhielt zwanzig Jahre, weil ein Iraker, den ich zufällig bei einem Besuch in Moskau kennengelernt hatte, den Behörden erzählte, ich habe mit Spionage zu tun.«

»Was ist mit Tanya? Sie scheint mir sehr jung zu sein; warum ist sie hier?«

»Ihre Eltern sind Kommunisten, aber sie konnten aus dem Irak fliehen und haben sich in Griechenland niedergelassen. Tanya wurde in der Obhut eines Verwandten zurückgelassen, bis ihre Familie ein neues Zuhause gefunden hätte; doch als die Behörden dahinterkamen, was ihre Eltern getan hatten, brachten sie Tanya als eine Art Geisel hierher.«

»Wie lange wird sie hierbleiben müssen?«   »Wer weiß. Sie wurde mit sechzehn Jahren hergebracht, das war vor vier Jahren. Sie kann noch weitere vier Jahre hier drin sein oder noch vierzehn, oder sie kann in den nächsten Tagen entlassen werden. Jetzt muß ich mich hinlegen, Dee, mein Kopfweh ist sehr schlimm.«

Ich fühlte mich ziemlich schuldig, weil ich die arme Frau so unter Druck gesetzt hatte, doch es war für mich noch so neu, wieder mit jemandem englisch sprechen zu können.

»Es tut mir leid, Nisreen, daß ich so viele Fragen gestellt habe, aber es ist so herrlich, wieder englisch zu sprechen«, erklärte ich. »Ich hoffe, wir können nicht nur Zellengenossinnen, sondern auch Freundinnen sein.«

Sie warf Sabiha einen Blick zu, die auf ihrem Bett lag und deren schwarze Augen finster auf uns niederstarrten, während wir plauderten. »Das hoffe ich auch, Dee.«

An meinem sechsten Tag im Gefängnis kam eine Aufseherin, um mich zum Büro der *Madeira* oder Gefängnisdirektorin zu eskortieren, einer Frau namens Senna. Später erfuhr ich, daß sie diese Stellung erst sieben oder acht Wochen zuvor angetreten und damit Mohammed aus seiner Position als Leithund vertrieben hatte. Senna hatte kaukasische Gesichtszüge, und ihr braunes Haar reichte bis zur Schulter. Sie trug eine Armeeuniform und wirkte schlank und athletisch. Sie saß hinter einem polierten Holzschreibtisch in einem großen, mit Teppichen ausgelegten Zimmer, das voller Gemälde, Bücher und Topfpflanzen war.

»Wie zivilisiert!« rief ich aus, als uns auf einem Tablett Kaffee gebracht wurde, das eine in einen schwarzen Tschador gekleidete Gefangene hereintrug. Der Frau fehlten alle Oberzähne, und ich erkannte sie als eine von denen wieder, die ich durch den Zaun zwischen unserem politischen Flügel und dem nebenan befindlichen Flügel für gemeine Verbrechen gesehen hatte.

»Gern geschehen«, sagte die Gefangene auf mein »*Shukran* (Danke)« hin.

Gut, sie spricht englisch, dachte ich. Das nächste Mal, wenn ich ihr Gesicht durch den Zaun sehen würde, würde ich sie ansprechen, wenn keine Aufseherinnen in der Nähe wären.

»Ich wollte mit Ihnen reden, Dee, bevor Sie zum Außenministerium fahren und dort Leute aus Ihrer Botschaft treffen.« Senna sprach fließend englisch. »Es tut mir leid, daß wir uns nicht schon früher kennengelernt haben, doch ich war einige Tage auf einer Unterrichtstour unterwegs. Sagen Sie mir, wie haben Sie sich eingewöhnt?«

»So gut wie es zu erwarten ist«, antwortete ich schnell, um auf die wichtigeren Punkte kommen zu können. »Sagten Sie, ich soll ins Außenministerium? Können Sie mir sagen, wann?«

»Ja, heute morgen gegen 11.00 Uhr. Aber zunächst möchte ich Sie fragen, ob Sie mir nicht etwas über die Gründe für Ihr Hiersein erzählen würden. Sie sind dazu nicht gezwungen, doch es ist für mich hilfreich, wenn ich Ihre Vorgeschichte kenne.«

Bis 11.00 Uhr konnte es nicht mehr weit sein, dachte

ich. Wie erstaunlich, ich sollte also ins Außenministerium. Ich überlegte, welcher neue Trick oder welche Wendung an diesem Morgen zu erwarten wäre. Ich war bereits einmal zu oft getäuscht worden, um zu glauben, daß ein Gefängnisbeamter die Wahrheit sagen würde, obwohl diese Frau aufrichtig zu sein schien. Ich gab ihr eine Kurzfassung meiner Fahrt mit Farzad nach Hilla, und ich denke, sie glaubte mir, als ich sagte, ich hätte nichts mit Spionage zu tun gehabt und auch keinen Grund anzunehmen, das sei bei Farzad der Fall gewesen. Während ich sprach, machte sie sich kurze Notizen in ein Buch auf dem Schreibtisch. Als ich den Bericht meines »Verbrechens« abgeschlossen hatte, schloß Senna das Buch und sah zu mir hoch.

»Haben Sie alles, was Sie brauchen?«

Ihr schien zwar wirklich an meinem Wohlbefinden gelegen, doch ich wollte sie nicht verärgern, und ich wußte, daß die Bitte um all die Dinge, die ich brauchte, genau dies zur Folge haben könnte, und so erwähnte ich lediglich, daß ich ein richtiges Bett zum Schlafen brauchte. »Im Augenblick schlafe ich auf einer Decke auf dem Boden«, erklärte ich.

»Das werde ich veranlassen«, sagte sie und stand auf. Es hatte den Anschein, als sei das Interview beendet. »Gehen Sie jetzt, Dee. Sie werden erwartet.«

Abdullah kam in Begleitung eines Fahrers und eines Wachmanns, um mich abzuholen. Als wir im Außenministerium eintrafen, warteten Robin und ein anderer Diplomat, den ich noch nicht kannte, bereits auf mich. Wir schüttelten uns die Hand und setzten uns. Ich war über diese Zusammenkunft glücklich: Ich hatte Robin sehen wollen, weil ich dringend erfahren wollte, was weiter geschehen würde. Er könnte mir sagen, was beschlossen worden war. Vielleicht war es der Botschaft gelungen, eine Art Kuhhandel mit den irakischen Behörden zu machen. Ich konnte in meinem Bauch Optimismus blubbern spüren. Vielleicht gab es gute Nachrichten — sollte ich entlassen werden?

Robin sah blaß und angespannt aus, als er sich über den Couchtisch zu mir beugte. »Dee«, sagte er leise, »es sind keine guten Nachrichten. Farzad wurde heute morgen hingerichtet.«

Ich blinzelte ihn an. Mein ganzer Körper erlitt einen Schock. Alles Gefühl schwand aus meinen Armen und Beinen, so daß es schien, als hinge mein schwirrender Kopf frei im Raum.

»Oh, nein«, flüsterte ich. »oh, nein, nein, nein...«

Farzad — der große, dunkle, gutaussehende, lustige, fürsorgliche, liebe Farzad. Eine Reihe von Bildern — die Highlights unserer gemeinsam verbrachten Zeit — schossen mir durch den Kopf. Als ich ihn zum erstenmal im Krankenhaus sah, als er mich fragte, ob er mich anrufen dürfe. Die Gespräche, die wir über seinen Beruf, die Leute, mit denen er zusammenarbeitete, und seine Ambitionen, in der konkurrenzstarken Welt des Journalismus zu reüssieren, führten. Seine Hoffnungen — nicht unähnlich denjenigen, die mich zum ersten Mal in den Mittleren Osten brachten —, Möbel und eine Hifi-Anlage für seine neue Wohnung anschaffen zu können. Die Mahlzeiten, die wir im Irak gemeinsam eingenommen hatten, und die Witze, die romantischen Abende in London. Ich hatte noch nie einen Mann wie Farzad getroffen. Man hatte enorm viel Spaß mit ihm, ein vielschichtiger, interessanter Mann mit vielen, vielen Stimmungen, die rasch umschlagen konnten.

Jedesmal, wenn ich ihn sah, fiel mir etwas auf, das ich zuvor noch nicht an ihm entdeckt hatte. Wir hatten nie einen langweiligen Augenblick zusammen verlebt. Ich konnte nicht glauben, daß jemand, der so vital war, tot sein könnte.

»Wußte er, was mit ihm geschehen würde?« krächzte ich.

»Er ahnte es«, sagte Robin traurig.

Plötzlich begann ich sehr schnell zu reden. Mir war bewußt, daß ich drauflosplapperte, aber ich kann mich wirklich nicht mehr erinnern, was ich sagte. Mein Herz und meine Gedanken rasten in halsbrecherischem Tempo. Robin hob seine Hand, um mich zu bremsen.

»Waren Sie dabei, Robin?« fragte ich.

»Ja. Bis ungefähr zwanzig Minuten, bevor er zur Hinrichtung weggeführt wurde. Die Gefängnisverwaltung fragte mich, ob ich zusehen wolle, aber das habe ich abgelehnt.« Robin hob den Kopf. Er sah schrecklich aus.

»Er hat Ihnen eine Nachricht hinterlassen«, sagte Robin sanft. »Er sagte, ›Sagen Sie Dee, daß es mir leid tut.‹«

Wieder im Gefängnis zurück, brach ich zusammen. Meine Knie hüpften, meine Hände zitterten und meine Zähne schlugen unkontrolliert aufeinander. Ich schluchzte die fürchterliche Neuigkeit für Nisreen heraus, die sie für Sabiha und den Rest der Frauen, die den Eingang unserer Zelle bevölkerten, übersetzte.

»Dort war ich ganz in Ordnung«, schluchzte ich. »Aber jetzt kann ich nicht aufhören zu zittern. Wie konnten sie so etwas nur tun? Sie wußten, daß er unschuldig war. Der Prozeß war eine Farce, es gab keinerlei Beweise gegen uns, nichts. Wie können sie einen Mann dafür hängen, daß er nichts getan hat?«

Ich war von der Ungerechtigkeit der ganzen Angelegenheit völlig überwältigt. Ich war mit Farzad in Hilla gewesen, und ich wußte, was geschehen war. Sie wußten, daß er unschuldig war, dessen war ich sicher. Die Gerichtsverhandlung war ein Schauprozeß gewesen, da sein Schicksal, und offensichtlich auch meines, bereits vorher besiegelt waren. Nichts würde mich, so schien es, trösten können, als sich mein Kopf mit Bildern füllte und ich mir vorstellte, wie wohl Farzads letzte Minuten auf Erden gewesen sein mußten.

Nisreen saß neben mir. »Weine, Dee. Es ist besser, du weinst hier, wo wir dich trösten können. Wir kennen den Schmerz, den du verspürst. Wir alle hier haben jemanden an den Henker verloren.«

Von ihrem Platz im Türrahmen kam eine ältere Frau herbei. Sie setzte sich neben mich und nahm meine Hand. »Was Nisreen sagt, stimmt. Von den vierzig Mitgliedern meiner Familie leben nur noch sieben.«

Eine Frau nach der anderen kam herbei und drückte mir ihr Mitgefühl aus, während Nisreen übersetzte. In all ihren Gesichtern, in den jungen und besorgten und verhärmten und des Lebens müden, sah ich die Widerspiegelung meines eigenen Grams. Für viele dieser Frauen war die Exekution beinahe etwas Alltägliches; sie hatten auf diese Weise zu viele geliebte Menschen verloren. Ich wußte, daß sie meinen eigenen Schmerz mit mir teilten, aber auch den ihren neu durchlebten, und mein Herz tat mir weh, wegen Farzad, wegen ihnen und wegen mir.

In dieser Nacht wanderte ich den Korridor auf und ab, während die anderen schliefen. Von Zeit zu Zeit suchten verschwommene Gestalten den Waschraum auf und verließen ihn wieder. Das Entsetzen über Farzads Hinrichtung wich die ganze Nacht nicht von mir. Ich durchwanderte noch immer den Korridor, als die anderen Frauen in der Morgendämmerung aufstanden, um zu beten.

Schwestern im Gefängnis

Mich marterten Bilder von Farzad, und ich wurde von den Leiden, die er am Ende durchgemacht haben mußte, verfolgt.

Die Tage waren leichter zu ertragen als die Nächte. Tagsüber herrschte in dem Gefängnis ständig Riesenlärm, und wenn es auch nur ein Streit auf arabisch war, so lenkte er mich doch von meinen Gedanken ab. Aber die Nächte waren eine Tortur. Sobald mein Kopf aufs Kissen sank, gingen mir Gedanken durch den Kopf. Wenn er nur nicht das Videogeständnis abgegeben hätte. Wenn ich nur nicht frei gehabt hätte. Wenn nur der Jeep zusammengebrochen wäre. Wenn ich ihm nur nicht die leeren Töpfchen überlassen hätte. Ich stellte ihn mir in seinen Bluejeans und mit kurzärmeligem Hemd vor, wie er auf den Galgen zuschritt. Was war da in ihm vorgegangen? War er sich darüber im klaren, was gleich geschehen würde? Haben sie ihm einen Sack über den Kopf gezogen? Stand er unter Drogen, war er betäubt vom Schock, oder schrie er?

Spätestens dann war ich bereits wieder aus dem Bett, wanderte den Korridor entlang und atmete tief durch in dem Versuch, meinen schnellen Herzschlag zu dämpfen. Ich schlief nachts kaum länger als zwei Stunden und blieb zumeist auch während der Siesta wach. Wie konnten diese Frauen nur so viel schlafen? Sie waren bereits um

Mitternacht im Bett und standen zwar zum Morgengebet in der Dämmerung auf, aber dann legten sie sich noch einmal bis 8.00 Uhr unter die Decken. Nur einige Stunden später schliefen sie erneut, hielten von 14.00 Uhr bis 17.30 Uhr ihre Siesta.

In den frühen Morgenstunden an einem Tag kurz nach der Hinrichtung lag ich mit zahllosen Gedanken im Bett, und mir schossen gerade all die »Was wäre wenn«-Fragen durch den Kopf, als mich jemand am Arm schüttelte. Es war Melka aus der Zelle neben dem Waschraum. Sie konnte kein Englisch, machte sich aber verständlich, indem sie mich am Arm zog.

»*Yalla*, Dee. *Yalla* (Komm, Dee. Komm).«

Ich stieg aus dem Bett und folgte ihr zu ihrer Zelle, wo Cheddah, ihre Zellengenossin, gerade einen Asthmaanfall hatte. Ihr Gesicht hatte eine blaugraue Farbe, als sie da im Schneidersitz auf dem Boden saß und nach Luft schnappte. Ihre Fäuste waren geballt, und die Schultern hatte sie fast bis zu den Ohren hochgezogen.

Ich setzte mich vor sie auf den Boden. Die arme Cheddah, sie sah völlig verzweifelt aus.

»*Ahney, mort* (ich sterbe)«, keuchte sie.

»Unsinn«, sagte ich, wobei ich mich anhörte, als hätte ich die Situation unter Kontrolle, nur war dem nicht ganz so. Ich nahm ihre Hände und legte sie ihr im Yogastil mit den Innenflächen nach oben auf die Knie. Wenn ich nur einen Inhalator hätte, irgend etwas, das ihre Atmung unterstützen könnte, Sauerstoff, irgend etwas! Ich langte nach vorne und legte meine Hände auf ihre hochgezogenen Schultern und drückte sie sanft, aber fest nach unten in ihre normale Stellung.

»Entspann dich«, sagte ich auf englisch und hoffte, mein Ton würde die Bedeutung vermitteln. Ihre Hände verkrampften sich erneut zu Fäusten, und als wir das

Ganze noch einmal absolvierten, begann ich, ihr ruhig zu-
zusprechen.

»Entspann dich einfach, Cheddah. Alles wird gut. Alles ist gut, entspann dich.«

Jedesmal wenn ich »Entspann dich« sagte, öffnete ich
ihre Fäuste und drückte ihre Schultern nieder. Bald sagten alle anderen Frauen in der Zelle sanft zu ihr »Entspann dich«. Ich schickte Melka weg, damit sie Wasser
aufkochte und wir Dampf für Cheddah bekamen. Ich
war nicht der Meinung, daß dies viel helfen würde, doch
es war einen Versuch wert. Erst nach beinahe eineinhalb
Stunden wurde Cheddahs Atmung besser, und sie verlor
die blaugraue Blässe. Danach fiel sie erschöpft auf ihr
Bett und schlief ein.

Höchstwahrscheinlich hätte sich Cheddah von ihrem
Asthmaanfall ohne meine Hilfe genau im gleichen Zeit-
raum erholt, doch das sah sie nicht so. Ihrer Meinung
nach hatte ich ihr das Leben gerettet, und das erfuhren
auch alle am nächsten Morgen. Danach wurde ich regelmäßig gerufen. In unserem Flügel gab es drei Asthmati-
kerinnen, und auch nahezu allen anderen fehlte irgend
etwas. Der Irak ist ein Binnenland, mit Ausnahme des
winzigen Hafens Umm Qasr im Süden, und Kröpfe sind
aufgrund des Jodmangels sehr verbreitet. Viele Frauen
hatten einen schlimmen Rücken, Schmerzen in den Hüften oder Knien, doch ohne jede Ausrüstung und ohne
Medikamente konnte ich nicht sonderlich viel für sie tun.
Dennoch stellte ich bald fest, daß ich von meiner Zelle
aus, in der sich die Frauen einstellten und mir ihre Beschwerden schilderten, eine Klinik führte. Ich war darüber nur zu glücklich: Es war eine Abwechslung und
lenkte mich von Farzads Tod ab. Den meisten meiner
»medizinischen« Ratschläge lag nichts weiter zugrunde
als gesunder Menschenverstand und ganz normale Hy-

gienetips. Ich versuchte, ihnen beizubringen, richtig aufzustehen und ihre Haltung zu kontrollieren, indem ich ihnen erklärte, sie sollten in jeder Hand einen halbvollen Eimer tragen statt einen vollen in nur einer.

Bald erfuhr ich, daß jeden Tag von 9.00 Uhr bis Mittag eine Krankenschwester ins Gefängnis kam, und daß es ferner eine Ärztin gab, die jeden Donnerstagmorgen Sprechstunde hielt. Warum kamen bei diesen Möglichkeiten die Frauen zu mir, vor allem da ich doch so offensichtlich schlecht ausgerüstet war?

»Warum suchen die Frauen nicht die Sprechstunde auf?« fragte ich Nisreen. »Es ist einfach, einen Kropf zu behandeln, und einigen Frauen mit vorgefallenem Uterus würde eine kleine Operation helfen.«

»Sie fürchten sich vor der Ärztin, weil diese sie anschreit«, entgegnete Nisreen.

»Das ist doch lächerlich!« sagte ich.

Am Donnerstag morgen sammelte ich mehrere Patientinnen ein, darunter auch Sabiha, die einen riesigen Kropf hatte, und brachte sie in das Ordinationszimmer. Die Ärztin sprach englisch.

»Guten Morgen«, begrüßte sie mich freundlich. »Was haben Sie für ein Problem?«

»Zum Glück geht es mir gut, Frau Doktor«, sagte ich lächelnd, »aber diese Frauen haben leichtere Beschwerden, auf die Sie vielleicht einen Blick werfen sollten. Sie sehen den Kropf, Frau Doktor, ich dachte, wir könnten vielleicht . . .«

Ich wollte meinen Augen nicht trauen. Plötzlich ging mit dieser gutgekleideten, elegant aussehenden Ärztin, die sich noch einen Augenblick zuvor wie eine Allgemeinärztin mittleren Alters in einem Landkreis verhalten hatte, eine Verwandlung vor sich. Mit gegrätschten Beinen und zurückgelegtem Kopf brüllte sie wie ein wütender Bulle die Zimmerdecke an. »Das sind politische Gefangene, Staatsfeinde, begreifen Sie das nicht?«

Ich begriff, daß die Ärztin ausgeflippt war, aber sonst nichts; doch ich wich keinen Zentimeter und änderte die Taktik in dem Bewußtsein, daß meine »Patientinnen« um mich herum vor Angst zitterten.

»Frau Doktor«, sagte ich beschwichtigend, »bitte verzeihen Sie meine Diagnoseversuche. Ich habe mich nur gefragt, aus Interesse, ob Sie bestätigen könnten, daß dieser Knoten zum Beispiel«, und ich deutete auf die stark vergrößerte Kehle einer meiner »Patientinnen«, »wirklich ein Kropf ist. So etwas sehen wir in England nicht so oft.« In Wahrheit hatte ich bereits Dutzende ähnlicher Fälle gesehen, doch die Jahre als Krankenschwester hatten mich gelehrt, wie man am besten mit schwierigen, zumeist männlichen, Ärzten umgeht. Als allererstes gilt es, vor ihrem überlegenen Status auf die Knie zu sinken. Diesmal wirkte das jedoch nicht.

»Natürlich ist das ein Kropf. So etwas gibt es im Irak sehr häufig.«

Ich machte weiter. »Schauen Sie sich dieses junge Mädchen an, Frau Doktor«, sagte ich und zog die zitternde Sabiha nach vorne. »Ihr Geschwür ist so riesig, daß sie Probleme mit dem Schlucken hat. Sie ist keine Staatsfeindin. Sie war zur Zeit ihrer Verhaftung zu jung, um sich mit solchen Dingen auszukennen.«

Die Ärztin preßte die Finger gegen Sabihas Hals und zwang sie, vor Angst würgend, zu schlucken.

»Gut, sie kann ins Krankenhaus, aber den Transport dorthin muß sie bezahlen.« Die Ärztin wandte sich von uns ab, kritzelte eine kurze Notiz und gab sie mir.

»Und jetzt verschwinden Sie!« schnappte sie.

Das war nicht gerade die beste Methode, die mir bislang begegnet war, mit Kranken umzugehen, aber zumindest sollte eine meiner »Patientinnen« in Behandlung kommen. Ich beschloß, es sei besser zu verschwinden, solange wir diesen Vorteil hatten. Wir gingen zusammen zurück in den politischen Flügel, wo danach große Aufregung herrschte. Eine Tasse wurde herumgereicht, in die jede Frau einen Dinar für Sabihas Fahrtkosten warf. Am nächsten Tag fuhr Sabiha ins Krankenhaus und kehrte mit hundert Schilddrüsentabletten und der Anweisung zurück, allmorgendlich eine davon vor dem Frühstück zu schlucken. Wir beobachteten, wie der Kropf in den folgenden Wochen langsam kleiner wurde. Davon war ich genauso angetan, als wenn ich persönlich eine große Operation durchgeführt hätte.

Der Höhepunkt im Leben aller Gefangenen war natürlich der Besuchstag, der die Bedeutung von Weihnachten, Geburtstag und Ferien zusammen erhielt. Von den Besuchern erwartete man, daß sie für die Gefangenen Lebensmittel und Kleidung mitbrachten, wodurch diese Besuche für uns alle von höchster Wichtigkeit waren. Die Nahrungsmittel wanderten, gewöhnlich von Zelle zu Zelle, in einen Pool, und selbst für diejenigen, die nur wenig beisteuern konnten, war immer genug da.

Pauline Waugh, die lächelnde, verständige, mütterliche Konsulin von der Britischen Botschaft war der erste Mensch, der mich nach der Hinrichtung besuchte. Sie tauchte eines Morgens mit frischen Nahrungsmitteln, Obst und Gemüse bepackt auf — doch noch wesentlich wichtiger waren die Neuigkeiten, die sie mitbrachte: Michelle und Peter wollten mich in vierzehn Tagen besuchen. Ich tanzte den Weg zu meiner Zelle zurück. Ich sollte meine Tochter sehen!

Sie kamen mit Geschenken beladen. Es war ein gefühlvolles Wiedersehen, doch unsere Unterhaltung wurde streng überwacht. Farzad erwähnten wir überhaupt nicht: Hätten wir das getan, hätten die Aufseherinnen den Besuch mit Sicherheit sofort für beendet erklärt. Statt dessen sprachen wir über familiäre Angelegenheiten, zum Beispiel wessen Hund Junge geworfen hatte, wo ein Freund seinen Urlaub zu verleben gedachte — triviale Themen angesichts dessen, was in unseren Köpfen tatsächlich herumspukte.

Ich hatte mir Sorgen gemacht, welche Wirkung Farzads Hinrichtung wohl auf Michelle haben würde. Sie war jung und sensibel, und ich wußte, daß die Presse ihr auf der Suche nach Neuigkeiten an den Fersen kleben mußte. Doch in dem Augenblick, als ich sie sah, merkte ich, daß sie den Kopf oben behielt. Sie sah müde und blaß aus, aber sie war guter Stimmung, und sie lachte während unseres Geplauders viel. Peter sagte nicht viel, doch er war ihr eindeutig eine große emotionale Stütze. Sie ihrerseits erlebte mich in einer weitaus besseren Umgebung: Zumindest war ich nun mit anderen Menschen zusammen und hatte sogar ein paar Freundinnen gefunden. Ich erzählte ihr von meiner »Klinik« und einigen Frauen, die ich kennengelernt hatte. Trotz der Umstände und der Tatsache, daß wir nicht frei reden konnten, hatte der Besuch für uns beide einen enormen therapeutischen Effekt.

Meine nächsten Besucher waren Anne Morgan und Paul Coleman, Kollegen aus dem Ibn-Al-Bitar-Krankenhaus. Es machte mich traurig zu hören, daß mehrere meiner engsten Freunde fortgegangen waren — ich überlegte, daß ich sie vermutlich nie mehr wiedersehen würde.

Meine Besuche fanden zumindest unter vergleichsweise komfortablen Umständen statt, nämlich stets in Sennas Büro. Abu Samir kam vom Verhörzentrum, gewöhnlich in Begleitung von Abdullah, und schrieb alles auf, was gesagt wurde. Für die arabischen Frauen war der Besuchstag wesentlich weniger luxuriös organisiert. Jede

Frau hatte eine Decke als Sitzunterlage dabei, leere Plastiktüten im Austausch gegen solche voller Lebensmittel und ein Tablett mit Tee. Auf ein Wort der Aufseherin hin eilten die Frauen hinüber zu einem riesigen Gemeinschaftssaal, jede darauf bedacht, eine Ecke Boden an der Wand zu ergattern, wo sie ihre Decke ausbreiten, ihrem Besuch Tee servieren, plaudern und sich anlehnen konnte. Man mußte dort schreien, um sich verständlich zu machen; Kinder rannten herum; und Mohammed und seine Wachleute patrouillierten durch den Raum, um dafür zu sorgen, daß keine Kassiber oder ähnliches den Gefangenen zugesteckt werden konnten. Und dennoch war es verblüffend, wie viele verbotene Dinge den Weg in unseren Flügel fanden.

Nach jedem Besuch fühlte ich mich ein paar Tage lang »high«, bevor ich erneut in eine leichte Depression verfiel, die etwa achtundvierzig Stunden anhielt. Gewöhnlich bat ich dann während dieses Tiefs um die Erlaubnis, Senna in ihrem Büro aufsuchen zu dürfen, wo sie sich die Zeit nahm, bei einer Tasse Kaffee mit mir zu reden.

Sie hatte ein interessantes Leben hinter sich und schon in Fürsorgeabteilungen von Jugendstrafanstalten in Amerika und Japan gearbeitet. »Ich weiß, wie einsam Sie sich fühlen«, sagte sie zu mir. »Als ich in Japan war, konnte ich kein einziges Wort Japanisch und fühlte mich genauso isoliert, wie Sie sich hier fühlen müssen.«

Irgendwann im April, nach Michelles Besuch, teilte mir Senna mit, mich würde noch jemand besuchen. Ein französischer Journalist wollte mich interviewen.

»Oh nein, Senna, ich will ihn nicht sehen. Nein, wirklich, bitten Sie ihn, nicht zu kommen.«

Sie breitete die Hände in einer Geste des Bedauerns aus, als wolle sie sagen, das stehe außer ihrer Kontrolle.

Ich ging zurück in den politischen Flügel, um die Sache mit Nisreen zu besprechen.

»Du mußt mit den Behörden kooperieren, Dee«, meinte sie.

»Und wenn ich mich weigere?«

»Dann werden sie dir vermutlich weitere Besuche verbieten.«

»Sie haben mich also in der Hand?«

»Ja, dich und uns auch. Wenn wir keine Besuche empfangen dürfen, können wir genausogut verhungern. Außerdem hilft es uns, im Kopf klar zu bleiben, wenn wir alle vierzehn Tage unsere Familie und Freunde sehen. Das hält uns wortwörtlich am Leben. Ich bin heute am Besuchstag noch genauso aufgeregt, wie das erste Mal vor fünf Jahren. Meine Mutter hat keinen einzigen Besuchstag ausgelassen, und wenn sie anschließend nach Hause kommt, verbringt sie die nächsten zwei Wochen damit, für mich Essen vorzubereiten und einzufrieren, um es mir bei ihrem nächsten Besuch zu geben.«

Sabiha marschierte in die Zelle und führte Nisreen weg; mir schenkte sie über ihre Schulter einen letzten eifersüchtigen, bösen Blick aus ihren schwarzen Augen. Sie konnte es nicht ertragen, wenn wir uns auf englisch unterhielten.

Der »französische« Journalist erwies sich als Libanese. Er war recht nett. Die Frauen schielten mit durch Tücher verhüllten Köpfen flirtend durch die offenen Türen, als er kam. Ich muß alt werden, dachte ich, für mich sieht er aus wie ein kleiner Junge.

Ich beantwortete seine forschenden Fragen so kurz wie möglich. Da das Interview von den irakischen Behörden arrangiert worden war, war mir klar, daß ich nicht in gutem Licht erscheinen würde, ganz gleichgültig was ich sagte; so war es wohl am besten, so wenig wie möglich zu

sagen. Doch der Journalist wirkte beim Abschied hoch-
zufrieden — und das konnte nicht überraschen, denn als
ich später seinen Artikel las, merkte ich, daß er offensichtlich unter Zuhilfenahme offizieller Dokumente ergänzt
hatte, was ich ungesagt ließ.

Es war wirklich spaßig, seinen Erguß zu lesen. Enge
Freunde beschrieb er als intime Freunde, und so wie ich
ihn als kleinen Jungen betrachtet hatte, hielt er mich für
eine alte Frau. Der Artikel bezog sich auf zahlreiche
Punkte, die wir im Verlauf des Interviews überhaupt
nicht angesprochen hatten, darunter auch eine ver-
dammte Behauptung, ich hätte davon gesprochen, Farzads Erdproben von Hilla mit der Krankenhauspost nach
Britannien zu schicken, die, wie ich ihm angeblich mitteilte, »nie durchsucht wurde«. Dies, wie überhaupt das
ganze Interview, war völliger und reiner Blödsinn, ohne
jeden Bezug zur Wahrheit, doch mittlerweile überraschte
mich das nicht mehr. Ich hatte schon vor langer Zeit erkannt, daß Wahrheit ein höchst entbehrliches Gut war,
soweit es die irakischen Behörden betraf.

Bald merkte ich, daß das stumpfsinnige Gefängnisleben
die Wahrnehmung verändert. Besitztümer etwa — man
hat so wenige davon, daß alles, das man sein eigen nennen kann, riesige Bedeutung erlangt. Platz stand stets
hoch im Kurs, und auf dem Zellenboden gab es nie genug
Platz für die erschreckend wenigen Dinge, die jede von
uns besaß.

Ann war nach meinem Gespräch mit Senna in eine andere Zelle umgezogen, und ich hatte nun ein Bett, doch
wenn wir nicht alle im Bett lagen, konnten wir vier Zellengenossinnen kaum alle gleichzeitig in dem Raum stehen.
Bei der leichtesten Provokation ging das Temperament
mit uns durch, und jede machte sofort mit, ergriff Partei

und versuchte, alle anderen niederzuschreien. In der Hitze des Augenblicks verhielten wir uns fürchterlich, aber später, manchmal nach Stunden, manchmal nach Tagen, gaben wir unser Bestes, unsere Wut niederzukämpfen, indem wir sie in ein Lied, eine Pantomime und schließlich Gelächter kanalisierten. Aus schlimmen Dingen, die geschahen, einen Witz zu machen, rückte sie in die richtige Perspektive.

Nach ungefähr sechs Wochen im Gefängnis kannte ich die Regeln. Doch ich konnte genau wie die anderen die Fassung verlieren, wie viele Freundinnen eines Tages feststellten, als Hadi, eine klapperdürre Frau mittleren Alters, die, für den Irak sehr ungewöhnlich, nie geheiratet hatte und diese selbstbezogene Engstirnigkeit besaß, die häufig mit der Ehelosigkeit verbunden ist, beschloß, Hausputz zu machen. Sie hatte einen dreckigen alten Teppich vom Boden ihrer Zelle aufgehoben, um ihn auf die Wäscheleine zu hängen, ihn mit einem Stock zu klopfen und auf diese Weise etwas Sand und Staub aus ihm zu entfernen, die alles, von den Lebensmitteln bis zu den Betten, zu durchdringen schienen. Doch da ihre Wäscheleine bereits mit nasser Kleidung belegt war, beschloß sie, ohne zu fragen, statt dessen meine eigene kleine Leine zu benutzen, und diese riß durch. Ich wurde wild. Ich hatte stundenlang um ein passendes Stück Schnur, das ich als Wäscheleine nutzen wollte, verhandeln müssen. Da ich nichts hatte, um die Schnur zu reparieren, stand ich wieder exakt am Anfang, mußte andere Frauen um ein bißchen Platz auf ihrer Leine bitten, damit ich einen Schlüpfer hier und einen Schlüpfer dort aufhängen konnte. Noch schlimmer als die Tatsache, daß sie meine Leine zerrissen hatte, erschien mir, daß Hadi dann einfach ihren Teppich genommen und in ihre Zelle zurückgetragen hatte, ohne auch nur auf die Idee zu kommen, mir zu sagen, was passiert war. Ich fand das erst heraus, als ich meinen eigenen Eimer voller Wäsche nach draußen brachte und feststellte, daß ich sie nirgends aufhängen konnte.

»Wer war das?« verlangte ich wütend zu wissen. »Wer hat meine Leine zerrissen?«

Hadi hielt den Mund, aber ich konnte die Schuld in ihren Augen lesen. Ich wedelte mit einer Hälfte der zerfransten Schnur vor ihr herum. Nisreen machte sich bemerkbar.

»Es tut Hadi leid, es war ein Unfall«, versuchte sie zu erklären. Ich sah einfach rot.

»Hadi, *mort* (stirb)!« kreischte ich wütend. Die anderen schnappten nach Luft und begannen miteinander zu flüstern und schüttelten die Köpfe.

Nisreen, wie immer die Schlichterin, nahm mich am Arm und führte mich von der Gruppe weg. »Es ist schlimm, so etwas zu sagen, Dee. Hadi ist außer sich, daß du sie tot sehen willst.«

»Hadi ist außer sich? Hadi ist außer sich?« brüllte ich. »Na und! Ich bin auch außer mir! Wo soll ich jetzt meine Wäsche aufhängen? Gibt mir Hadi ihre Leine? Ich glaube nicht. Und es ist nicht das erste Mal, daß sie mir so etwas angetan hat. Denk nur daran, wie sie mein heißes Wasser nahm und den Eimer mit kaltem auffüllte, als ich gerade nicht im Waschraum war! Wieso glaubt sie eigentlich, sie kann mein heißes Wasser klauen und meine Wäscheleine zerreißen, wann immer ihr danach zumute ist?«

Nisreen sah beunruhigt aus. »Dee, du kennst Hadi. Sie ist nun mal so. Sie wird sich nicht ändern, aber sie hat auch ihre guten Seiten. Erinnere dich, wie sie dir ein Kleid gemacht hat, als du gerade hier aufgetaucht warst. Normalerweise verlangt sie dafür fünf Dinar, aber dir schenkte sie es, weil du so allein und einsam warst und weil sie dich gern hat.«

Das stimmte — als ich ins Gefängnis gekommen war und mich ohne Freunde und verlassen fühlte, war Hadi eine der Frauen gewesen, die sich mir gegenüber freundlich gezeigt hatten. Wir konnten uns nicht richtig verständigen, doch die meisten Frauen wußten, warum ich hier war, und Hadi empfand offensichtlich Mitgefühl für meine Not. Ich war dankbar und gerührt gewesen, als sie mir ein knöchellanges arabisches Kleid machte, denn ich fand mich darin weniger auffallend als in der westlichen Kleidung, die ich besaß. Ich wußte auch, daß sie hier nicht aufgrund eines eigenen Fehlers war. Sie hatte mit ihrer älteren Schwester zusammengelebt, bis ein Mann, der behauptete, ein Freund ihres Bruders zu sein, der aus der irakischen Armee desertiert war, an ihrer Türschwelle aufgetaucht war. Der Mann behauptete, der Bruder brauche Geld, um sich in Sicherheit bringen zu können. Die Schwestern kratzten jeden Dinar, den sie kriegen konnten, zusammen, in der Hoffnung, damit die Sicherheit ihres Bruders zu gewährleisten. Doch als der sogenannte Freund wieder erschien, nahm er das Geld und verhaftete sie prompt — er war von der irakischen Geheimpolizei. Die Schwestern wurden zu zwanzig Jahren verurteilt und, zum erstenmal in ihrem Leben, getrennt; sie saßen ihre Strafe in verschiedenen Flügeln des Gefängnisses ab.

Nun fühlte ich mich schlecht, und ich wußte nicht so recht, wie ich das wiedergutmachen sollte. Da Singen und Vorspielen die einzigen Formen waren, in denen wir uns ausdrücken konnten, schien ein Lied über die ganze blöde Sache als Entschuldigung am besten geeignet.

»Du hast recht, Nisreen. Ich hätte das nicht sagen dürfen, und ich habe es auch nicht so gemeint. Ich werde ein Lied über das Geschehene machen, und dann können wir gemeinsam darüber lachen.«

»Das ist gut«, lächelte Nisreen. »Heute abend geben

wir ein Fest, und da kannst du uns das Lied beibringen. Es gibt heute noch ein anderes Lied über Cheddah, die Aishas Tomate stibitzt hat. Erinnerst du dich? Aisha hat so durchgedreht, daß sie Cheddah an den Haaren zog und Cheddah ihr nicht verzeihen wollte. Es ist sehr komisch, es wird dir gefallen.«

Das Fest fand in der großen Zelle statt, in der die kurdischen Frauen lebten. Heute abend waren wir bereit, all unsere Differenzen beiseite zu schieben. Alle kamen rechtzeitig um 20.00 Uhr, und jeder Gast brachte etwas zu essen und zu trinken mit. Die Band bestand aus vier »Musikerinnen«, die Holzlöffel auf leere Trockenmilchdosen schlugen. Wir tanzten, wir schlugen uns auf die Brust und stampften mit den Füßen. Wir sangen »Cheddah aß die Tomate« zur Melodie von »Yes, we have no bananas«. Doch soviel Lärm wir auch schlugen, und der war riesig, er wurde von den Geräuschen eines noch heißeren Festes übertönt, das im angrenzenden Flügel stattfand.

»Eine der Frauen nebenan wird morgen gehängt«, erzählte mir Alia, »deshalb bereiten sie ihr einen schönen Abschied. Das ist Tradition.«

Alia war etwa fünfzig Jahre alt, groß und mager, hatte runzelige braune Haut und riesige Zähne. Sie war so etwas wie eine unbekannte Größe. Sie sprach zwar recht gut englisch, aber mir fiel auf, daß sie sich nur mit mir zu unterhalten versuchte, wenn sonst niemand in der Nähe war. Mir gelang es nie herauszufinden, warum sie im Gefängnis saß oder wie ihr Leben ausgesehen hatte, bevor man sie einsperrte, aber sie schien äußerst viel über das Funktionieren des politischen Systems im Irak innerhalb und außerhalb des Gefängnisses zu wissen.

Es war Alia, die mir mitteilte, daß Frauen immer mittwochs und samstags gehängt und über ihr Schicksal zumeist erst vierundzwanzig Stunden vorher informiert würden. Man mußte nicht unbedingt durch ein Gericht zum Tode verurteilt worden sein: Manchmal entschieden die Behörden ganz willkürlich, daß die Todesstrafe vollzogen werden solle. Die Dienstage und Freitage waren stets Tage besonderer Anspannung, an denen die Beherrschung nicht weit reichte und die Ängste hochstiegen: Nun verstand ich warum.

»Wie lange warten Häftlinge nach ihrem Prozeß darauf, daß sie gehängt werden?« fragte ich.

Alia zuckte mit den Achseln. »Das kommt darauf an. Die Schlange ist lang. Manchmal warten die Häftlinge ein ganzes Jahr, selbst wenn der Henker in drei Schichten täglich arbeitet.«

Offenbar wurde den verurteilten Männern keinerlei freier Bewegungsraum zugestanden: Sie mußten in einer Zelle sitzen und warten, bis sie beim Henker dran waren. Nach Alia standen achtzehntausend Männer in der Todesschlange. »Farzad hatte das Glück, die Schlange überspringen zu dürfen«, sagte sie und wandte den Kopf von einer Seite zur anderen. »Das ist ein schrecklicher Ort.«

Unser Fest ging weiter. Ich bot eine kleine Gesangs- und Tanzeinlage über das traurige Ende meiner Wäscheleine, und die anderen fielen im Chor ein.

> Hadi put her carpet
> on Dee's washing-line.
> Hadi *mort*.
> Hadi, Hadi *mort*.*

---

* Hadi hing ihren Teppich
Auf Dees Wäscheleine.
Hadi stirb,
Hadi, Hadi stirb.

Nun waren wir wieder Freundinnen. Nebenan war die Hinrichtungsparty noch voll im Gange, als wir beschlossen, Schluß zu machen. Man kann sich kaum vorstellen, wie jemand kurz vor seinem Tod ein solches Fest aushält, doch am nächsten Tag erzählte man mir mehrfach, wie wundervoll die letzte Nacht für die verurteilte Frau gewesen sei.

Mir wurde klar, daß Gerechtigkeit im Irak eine sehr willkürliche Angelegenheit ist. Da gab es so etwas wie das, was Farzad und mir widerfahren war; dann die Erfahrungen, die Gefängnisinsassinnen mit anderen Ungerechtigkeiten gemacht hatten, etwa als Kinder wegen der politischen Überzeugungen ihrer Eltern eingesperrt zu werden; und dann die Neuigkeit, daß Häftlinge auf den Wink gesichtsloser Beamten hin gehängt wurden, was sie erst kurz zuvor erfuhren. Die Frauen schienen damit spielend fertig zu werden; doch auf die häufigen Vergnügungen und Aufregungen folgten Perioden fast greifbarer Trübseligkeit. Ein Beispiel dafür ereignete sich im Anschluß an ein außergewöhnliches Ereignis im Nachbarflügel, in dem die »gemeinen« Verbrecherinnen, die Diebinnen, Mörderinnen usw., untergebracht waren. Zwei Frauen, die man wegen eines gemeinsam begangenen Mordes zum Tode verurteilt hatte, sollten freigelassen werden, da der wirkliche Mörder gefunden worden war. Verwandte waren gekommen, sie abzuholen und hatten ihnen neue Kleider mitgebracht, und als die Frauen, die dem Henker so knapp entgangen waren, zum Tor gingen, drängten sich Gefangene aus allen Flügeln am Drahtzaun, um ihnen Ade zu sagen. Als sie in die Freiheit hinausschritten, winkten wir, stampften mit den Füßen und schrien *ulula*, wie Frauen im Mittleren Osten ihrer Freude Ausdruck verleihen. Es war ein aufwühlender Tag, der uns tatsächlich ein wenig Hoffnung vermittelte. Es konnten Wunder geschehen, Urteile konnten umgestoßen werden, hier war der Beweis. Jede von uns folgte den freigelassenen Frauen mit den Augen, bis sie auf der anderen Seite des Tores waren, und betete darum, daß das nächste Mal sie die Superchance haben würde.

Doch die freudige Stimmung fand ein Ende, als sich zwischen zwei Frauen ein fürchterlicher Streit entspann. Ich kam nie dahinter, um was es eigentlich ging, doch der Lärm war ohrenbetäubend, da sie sich gegenseitig zu überschreien versuchten. Nach wenigen Minuten hatten sich dem alle anderen angeschlossen.

Mir schmerzte der Kopf, und ich fühlte mich unsäglich traurig. Ich ging in den Turnhof, um mich vor das Gestrüpp zu setzen. Man nannte es den Tränenbusch, und es war der einzige Platz im Gefängnis, an dem man ungestört sein konnte. Wann immer man weinen oder in Ruhe ein Problem wälzen wollte, konnte man hierher gehen, sich hinsetzen und darauf verlassen, daß niemand einem zu nahe trat. Alle respektierten die Unantastbarkeit des Tränenbusches. In den ersten Tagen nach Farzads Hinrichtung hatte ich viel Gebrauch von ihm gemacht, wenn ich mich besonders unglücklich fühlte oder mir die übervölkerten Zustände nach der langen Zeit in Einzelhaft zuviel wurden.

Was hatten die zwei Frauen von nebenan doch für ein Glück gehabt, freigelassen zu werden, sagte ich zu mir. Sie wären jetzt zu Hause und würden all die normalen Dinge tun, die normale Leute ausführen. Wenn ich an ihrer Stelle wäre, was würde ich als allererstes tun? Ein ausgedehntes heißes Bad nehmen — mittlerweile hatte ich seit fast zehn Monaten weder gebadet noch geduscht. Ich träumte oft von einer bis zum Rand mit heißem, wohlduftendem Wasser gefüllten Badewanne, von einer anständigen Toilette, einem Waschbecken und weichen flauschigen Handtüchern auf einer Stange, einem Badezimmer mit Pflanzen und einem Vorleger auf dem Fußboden. Nachdem ich mich im Bad gesuhlt hätte, würde ich ein langes, dickes Frotteekleid anziehen und ins Wohnzimmer gehen. Ich würde mich in jeden Sessel setzen und dann ans Fenster stellen, um die zwei Stockwerke tiefer auf der Straße entlangströmenden Passanten zu beobachten. Ich würde zusehen, wie Kinder in Schuluniform von der Schule nach Hause gingen, jungen Müttern mit Kinderwagen und Einkaufstaschen zusehen, alten Frauen mit fast leeren Körben, die auf einen roten Londoner Bus warteten. Ich würde zum Telefonhörer greifen, meine Familie und meine Freunde anrufen und ihnen hallo sagen. Ich würde mit June, Ann, Janet und Gill telefonieren. Ich würde alle anrufen, die ich kannte, und sagen: »Kommt her, wir feiern!«

Im Laufe der Wochen gewöhnte ich mich in gewisser Weise ein. Ich war zwar nun von Menschen umgeben, doch meine Herkunft aus dem Westen trennte mich von den anderen, und ich war noch immer einsam. Ich erkannte, daß die enge Freundschaft zwischen Nisreen und Sabiha nichts Ungewöhnliches war. Alle Frauen schienen hier ihre spezielle Busenfreundin zu besitzen, eine, der sie ihre innersten Geheimnisse anvertrauen konnten, eine, der sie zu hundert Prozent vertrauten. Jedes Pärchen saß gewöhnlich nah beieinander und flüsterte stundenlang; tatsächlich brachten die Frauen den größten Teil des Tages damit zu. Die Beziehungen unterschieden sich in ihrer Intensität; glücklicherweise verbreiteten nicht alle die tiefwurzelnde Eifersucht wie Sabiha, doch der speziellen Freundin kam im ganzen Gefängnis oberste Priorität zu, und ich wünschte, ich hätte ebenfalls eine, jemanden, mit dem ich meinen Wirrwarr im Kopf ordnen und teilen könnte.

Es läßt sich nur schwer einschätzen, ob einige dieser intensiven Freundschaften lesbische Affären waren. Es gab mit Sicherheit Lesben im Gefängnis: Im allgemeinen hatten sie ein stark maskulines Äußeres, und manche Frauen zeigten sich in ihrer Nähe zum Flirten aufgelegt. Man sah häufig zwei Frauen zusammen in einem Bett, doch im Irak besaß das nicht dieselbe Bedeutung wie vielleicht in England. Vor allem in den irakischen Dörfern auf dem Lande gibt es häufig nur ein einziges Bett für die ganze Familie, das tagsüber aufgerollt und abends wieder auf dem Boden ausgebreitet wird.

Die arabischen Frauen berühren sich im allgemeinen viel, mit offensichtlichem Vergnügen und ohne jede Verlegenheit. Diese Art des zwischenmenschlichen Kontakts war alles, was wir hatten, und für die Moral unabdingbar, wenn ich auch der Ansicht bin, daß er für die meisten von uns keine sexuelle Funktion hatte. Die Frauen liebten ihre Busenfreundinnen, und doch war es interessant, die Verwandlung zu verfolgen, die bei einigen ablief, sobald ein Arbeiter, Elektriker oder Installateur ins Gefängnis kam. Plötzlich wurden sie sehr feminin und verführerisch.

Wann schwächen sich die eigenen Empfindlichkeiten ab? Das fragte ich mich, als ich mit Handtuch und Seife unter dem Arm die schleimigen Wände des übervollen Waschraums betrachtete. Zwei Löcher im Boden dienten als Klo: Exkremente stiegen aus ihnen hoch. Eine Schlange von Frauen, von denen viele Gummistiefel trugen, hatte sich gebildet, und anscheinend störte sich keine an dem Gestank, während sie darauf warteten, ihre Eimer mit Wasser aus dem rund sechzig Zentimeter über dem nassen, übelriechenden Boden befindlichen Hahn füllen zu können. Irgendwo in der Menge weinte ein Baby. Ein etwa dreijähriges Kind saß zwischen den Gummistiefeln und schubste mit einem Stock Köttel herum.

Ich wartete in der Schlange, bis ich an die Reihe kam und versuchte, alles in mir aufzunehmen, was um mich herum vorging. Derartige Szenen überzeugten mich immer davon, daß ich mich irgendwie anpassen müßte. Ich litt nach wie vor unter einer Art Kulturschock.

Ich durfte für meine Zellengenossinnen nicht kochen, da ich eine »Ungläubige« war, wie Moslems oft alle bezeichnen, die nicht nach den islamischen Geboten leben. Im Krankenhaus hatte ich natürlich viele Moslems gekannt, Patienten wie Mitarbeiter, doch ich hatte bis dahin noch nie auf engstem Raum mit ihnen zusammengelebt. Zum erstenmal erkannte ich, daß in der Umgebung des Krankenhauses zahlreiche Kompromisse eingegangen wurden. Wie Nisreen mir erklärte, macht der Koran zahlreiche Ausnahmen möglich; beispielsweise muß eine Schwangere oder ein Schwerkranker im heiligen Monat Ramadan das tägliche Fasten von Sonnenauf- bis Sonnenuntergang nicht befolgen. Aber hier im Gefängnis stand, wenn ich nur den Kessel aufstellte, irgend jemand auf und wechselte das Wasser. Zuerst ärgerte mich das, da ich mir unsauber vorkam, doch nach einer Weile fiel es mir nicht einmal mehr auf. Das war nicht unfreundlich gemeint. Moslems glauben fest an die »Richtigkeit« ihrer Religion, und häufig wird die mangelnde Reinlichkeit von Andersgläubigen beklagt. Für das fromme Gebet fünfmal täglich müssen sie sich zuvor Hände, Füße und jede Körperöffnung waschen. So manche westliche Praktiken, wie beispielsweise sich das Badewasser zu teilen, werden als schrecklich unhygienisch angesehen.

In der Zelle saßen wir zum Essen im Schneidersitz auf dem Boden um eine Schüssel herum, in der sich Reis und Gemüse türmten. Die anderen Frauen in meiner Zelle aßen direkt aus dieser Schüssel, wobei sie — wie es die islamische Sitte vorschreibt — die rechte Hand benutzten, um sich die Speise aus der Schüssel zu holen und in den Mund zu stopfen. Doch zuerst löffelten sie ein Fünftel des Essens für mich auf einen Plastikteller. Ich war Teil dieser Gruppe, und doch trennte mich meine Zugehörigkeit zum Christentum von ihnen. Ich erfuhr, daß in unserem Flügel drei Christinnen gewesen waren, die unter dem Druck ihrer Zellengenossinnen zum Islam übergetreten waren. Nisreen warnte mich, ich sei vermutlich die nächste Kandidatin für das Bekehrungsteam.

»Jede, die versucht, mich in eine Moslime zu verwandeln, landet mit zwei blauen Augen im Krankenhaus«, teilte ich ihr mit. Es unternahm niemand einen Versuch.

Montafa, das Kind, das ich zwischen den Exkrementen im Waschraum spielen gesehen hatte, war ein hyperaktiver dreijähriger Junge, der alles kaputt machte, was er in seine winzigen, pummeligen Finger bekam. Er konnte still in einen dichtbevölkerten Raum schlüpfen und dann dort Amok laufen, wobei er wie am Spieß schrie, Tassen auf den Boden warf oder den Koran zerriß. Die normalerweise kinderlieben arabischen Frauen brüllten ihn an und griffen nach seinen Gliedern, bis er eingefangen war. Mindestens ein dutzendmal am Tag war auf dem ganzen Korridor das Schallen einer Ohrfeige und sein anschließendes Geheul zu hören. Vielleicht weil ich ihn nicht schlug, entwickelte Montafa die Gewohnheit, sich an meinem Kleid festzuhalten und mir überallhin zu folgen. Ich versuchte, ihn mir auf den Schoß zu setzen und ihm Wiegenlieder vorzusingen, doch seine Konzentrationsfähigkeit war gleich null, so daß wir immer wie Busenfreundinnen im Hof auf- und abwanderten, während ich den Versuch wagte, ihm etwas beizubringen.

> One, two, three, four, five,
> Once I caught a fish alive . . .
> Why did you let him go?
> Because he bit my finger so.*

Ich sang ihm den Reim wieder und wieder vor, doch nach Ablauf von vier Monaten beherrschte er nach wie vor nur die ersten drei Zahlen der ersten Zeile. Trotz seiner Behinderung war er empfindsam für Stimmungsumschwünge und tätschelte mich sanft, wenn ich traurig schien, oder klatschte meine Hände zusammen, wenn ich glücklich war (meistens nach einem Besuch); daneben reagierte er auf den Tonfall meiner Stimme mit einem Lächeln oder Stirnrunzeln — solange wir in Bewegung waren. Wenn ich mich im Hof niederzusetzen versuchte, tanzte er erregt auf und ab, hob Steine auf und warf sie auf Katzen, Gebäude oder Gefangene. Montafas größtes Vergnügen war es, Dinge in die offene Kanalisation zu werfen. Alles was er nur stibitzen konnte, landete mit schadenfrohem Gebrüll und einem Freudentanz im Abwasser.

Mich ergriff große Zuneigung zu Montafa, aber er war ein Plagegeist. Die anderen Kinder im Gefängnis waren eine Freude und überraschend gut erzogen. Die meisten kamen nur für kurze Zeit und kehrten wieder nach Hause zu ihren Vätern oder anderen Verwandten zurück, nachdem sie hier ihre Mütter für eine Woche oder einen Monat besucht hatten. Es war eine Freude, Salli, die kleine Tochter von Suhad, einer früheren Fernsehmoderatorin, die Anna Ford sehr ähnlich sah, um sich zu haben. Sie sprach etwas Englisch und saß oft auf meinem Bett und

---

* Eins, zwei, drei, vier, fünf,
  einmal fing ich einen lebenden Fisch . . .
  Warum hast du ihn freigelassen?
  Weil er mich in den Finger biß.

erzählte mir von ihrem Bruder zu Hause und wie schrecklich er zu ihr war. Ali, ein drei Monate alter Junge, war ein ruhiges Kind mit demselben leeren Gesichtsausdruck wie seine Mutter Hasseeba. Die arme Hasseeba, sie saß oft neben dem Busch im Hof und heulte wie ein Wolf. Sie hatte allen Grund dazu. Eines Morgens hatte eine Aufseherin um ihre Adresse gebeten; so ließen die Behörden einen Häftling wissen, daß sie einen nahen Verwandten gehängt hatten. Nach der Hinrichtung, so erzählte mir Alia, wurde der Leichnam nach Hause gebracht und die Angehörigen mußten die Überführungskosten übernehmen. Wenn Häftlinge erschossen wurden, mußten ihre Familien die Munition, mit der sie getötet worden waren, und den Transport zahlen.

Anfang Juni flogen Michelle und Martina nach Bagdad, um mich zu besuchen. Die Tatsache, daß sie beide zur gleichen Zeit kommen konnten, war eine ganz besondere Freude. In den letzten neun Monaten hatte ich diese zwei Menschen mehr vermißt als alle anderen, und nun waren wir wieder vereint. Die Mädchen waren zwar völlig verschieden, doch sind sie sehr lebhafte Gesprächspartnerinnen mit einem ironischen Humor, und selbst die Anwesenheit von Abu Samir konnte uns nicht davon abhalten, in unser übliches Necken und Kontern zu verfallen. Nach zwei Minuten war es wie an unserem Küchentisch zu Hause.

Martina trug eine hübsche Sommerbluse und einen Rock, und mit ihrem langen, ungetönten blonden Haar, das sie zum Pferdeschwanz gebunden hatte, sah sie frisch und süß aus. Michelle war in auffallendem indischen Stil gekleidet, was Abu Samir sehr bewunderte, obwohl ich seinen Geschmack nicht teilte — und was um alle Welt hatte sie mit ihren Haaren angestellt?

»Hast du dich heute morgen gekämmt, Michelle?« fragte ich.

Martina schüttete sich aus vor Lachen. »Ich wußte, du würdest irgend sowas sagen, nicht wahr, Michelle? Es ist wie in alten Zeiten.«

Die Minuten flogen nur so dahin, während wir zusammen lachten und plauderten. Meistens war es Quatsch, doch wie gut tat es, mit jemandem Quatsch machen zu können. Wir saßen vielleicht in einem stinkenden irakischen Gefängnis, aber wir nutzten die Zeit so gut wir konnten. Der Humor und die Wärme meiner Töchter wirkten so ansteckend, daß manchmal sogar Abu Samir mit seinem frostigen Gesichtsausdruck mit einstimmte. Wir waren länger als die für Besuche zugestandene eine Stunde zusammen, bis er, anscheinend widerwillig, das Treffen für beendet erklärte und die Mädchen hinausbegleitete.

Lächelnd winkte ich ihnen vom Fenster aus nach und ließ sie nicht aus den Augen, bis sie außer Sicht waren. Dann setzte ich mich, legte den Kopf auf den Couchtisch und weinte. Große heiße Tränen rannen langsam über mein Gesicht. Ach, oh wo sollte das alles nur enden? Eine Hand berührte mich an der Schulter. Abu Samir war zurück. Ich wartete auf die übliche bissige Bemerkung und versuchte, meine restlichen Tränen hinunterzuschlucken, doch als zu ihm aufschaute, sah ich, daß das nicht notwendig war. Sein Gesicht war voller Freundlichkeit und Verständnis.

»Ich kann nachvollziehen, wie Sie sich fühlen«, sagte er sanft. »Ich habe selbst zwei Kinder, jünger als die Ihren, aber ich kann das verstehen.«

Die Freundlichkeit Abu Samirs trug nichts dazu bei, daß ich mich besser fühlte; wenn überhaupt möglich, so kamen mir noch stärker die Tränen, als ich stammelte: »Wie heißen sie?«

»Meine Tochter heißt Sara. Sie ist zwei Jahre alt. Mein Sohn, Samir, ist vier. Ich bringe ihm Englisch bei.«

Ich starrte ihn verblüfft an. Abu Samir, der teuflische Peiniger, die gefährliche Schlange, die mir in den letzten Monaten soviel Kummer bereitet hatte, hatte Familie. Eine kleine Tochter mit Bändern im Haar. Einen Sohn, der von seinem stolzen Vater Englisch lernte. Es schien unglaublich. Ich hatte stets gedacht, er hasse mich genauso stark wie ich ihn. Konnte es sein, daß das alles für Abu Samir nur ein Job war, daß er mich überhaupt nicht haßte? Seitdem ich vor neun Monaten verhaftet worden war, war er in meinem Leben die einzige dauernd anwesende Person gewesen. Als ich das Verhörzentrum hinter mir ließ, hatte ich angenommen, ich wäre auch ihn los, und ich war entsetzt, als er mit meinen ersten Besuchern im Frauengefängnis erneut auftauchte. Seitdem war er bei all meinen Besuchen zugegen. Er hatte Geschichten über Nachbarn gehört, von der Geburt neuer Babys, ganz gewöhnliche Dinge, die mich nur für kurze Zeit aus dem Wahnsinn des Gefängnisses heraus in die geistig gesunde Atmosphäre des Alltags holten. Vielleicht hatte er erkannt, daß ich überhaupt keine Spionin war, sondern nur eine normale Frau.

Man kann die Wichtigkeit der Besuchstage gar nicht hoch genug einschätzen, wenn man im Gefängnis sitzt. Allein schon die Möglichkeit, ein Gespräch in fließendem Englisch statt in meinem holprigen und unzulänglichen Arabisch zu führen, war eine reine Freude. Ich liebte es, meine Familie zu sehen, meine Freunde aus dem Krankenhaus und Pauline, die mir eine wundervolle Stütze war. Ihre Besuche waren nicht nur mir willkommen, sondern im ganzen Flügel, denn das Obst und Gemüse, das sie mitbrachte, hatte stets Spitzenqualität.

Während eines Besuches von Pauline blickte ich zur Uhr an der Wand über Sennas Schreibtisch hoch, weil ich wissen wollte, wieviel Zeit uns noch zur Verfügung stand.

»Wo ist die Uhr?« fragte ich Abu Samir; denn wo die Uhr noch vor vierzehn Tagen hing, als Pauline das letzte Mal hier war, hing nun ein Bild von Saddam Hussein. Abu Samir sah mich ausdruckslos an. Ich wandte mich an Pauline. »Ich weiß genau, das letzte Mal, als Sie kamen, hing dort eine Uhr.«

Paulines Lippen verzogen sich zu einem kurzen Lächeln, und sie blickte auf ihre Hände hinunter. Da fiel mir ein, was Alia mir erzählt hatte. »Wann immer du ein Bild von Saddam Hussein siehst, geh davon aus, daß dahinter ein Abhörgerät steckt.«

Das Zimmer war also verwanzt. War da auch eine Kamera? fragte ich mich und sah erneut zu dem Bild hoch.

Bei einem anderen Besuch von Pauline schlug sie mir ein Treffen mit Michael Mansbridge, dem Erzdiakon am Golf, vor. Ich war dagegen. Ich wollte mich nicht wie »ein Fall« fühlen. Ich wollte nicht, daß Männer der Kirche mit liebevollem Lächeln und guten Absichten am Golf hin- und herpendelten (Michael lebte in den Vereinigten Arabischen Emiraten), und ich dachte, ich würde Pauline gut genug kennen, um ihr dies klargemacht zu haben.

Doch mich dem britischen Botschafter Harold (Hookey) Walker zu widersetzen, als er den gleichen Vorschlag machte, fiel mir weniger leicht. Hookey Walker war erst kürzlich aus England zurückgekehrt, wohin er aus Protest unmittelbar nach Farzads Hinrichtung zurückgerufen worden war. Später hatte die britische Regierung entschieden, es liege im Interesse aller, auch in meinem, wenn er seinen Posten in Bagdad wieder einnahm. Ich war ein wenig nervös, weil ich einen Botschafter sehen sollte, aber Hookey Walter nahm mir meine Befangenheit. Als er sich verabschiedete, sagte er: »Ich werde Ihnen zwei Päckchen Spielkarten schicken. Michael Mansbridge, der Erzdiakon am Golf, wird sie Ihnen mitbringen.« Was konnte ich da sagen?

Michael kam ungefähr eine Woche nach meinem Treffen mit dem Botschafter mit den versprochenen zwei Päckchen Spielkarten. Er war groß und langgliedrig und voller Lebensfreude. Wir plauderten eine Weile locker miteinander, bevor er das Gespräch auf Farzad lenkte. Genau darüber wollte ich nicht sprechen. Alles, nur nicht das. Es tat zu weh und war ein Thema, das ich tagsüber in meinem Kopf ganz nach hinten verbannte, das aber mit aller Gewalt wieder nach oben kam, sobald mein Kopf abends das Kissen berührte. Aber Michael, so hatte es den Anschein, war Menschen gewohnt, die Themen auszuweichen versuchen. Mit einer Mischung aus klugen Schritten und einem tiefen Verständnis für die menschliche Natur schaffte er es, meine Schuldgefühle ans Licht zu holen. Das Schuldgefühl, daß ich am Leben und Farzad tot war, daß ich irgendwie seinen Tod mitverursacht haben könnte, daß meine Bereitwilligkeit, ihn nach Hilla zu chauffieren, seiner Familie den größtmöglichen Kummer bereitet hatte.

Und dann war da noch das andere Schuldgefühl wegen des Schmerzes und der Pein, die ich meiner eigenen Familie zufügte, wegen des Geldes, das sie für Reisen nach Bagdad ausgab, wegen der Probleme, die meine Freunde und Kollegen im Ibn-Al-Bitar-Krankenhaus bekommen hatten, die fortwährend alles zusammenkratzten, um mir im Irak der Nachkriegszeit, wo solche Dinge knapp und teuer waren, Lebensmittel und Kosmetikartikel zu besorgen; das Schuldgefühl wegen der unendlichen Arbeit, die ich der Britischen Botschaft aufhalste, die dauernd versuchte, sich mit dem Krankenhaus, dem Außenministerium in London und meiner Familie in Verbindung zu setzen. Schuldgefühle über Schuldgefühle.

Michael nahm meine Gefühle ruhig und aufmerksam zur Kenntnis, bevor er Gebete sprach und sich verabschiedete. Als er weg war, merkte ich, wie falsch es gewesen war, sich einer Zusammenkunft mit ihm zu widersetzen. Bei ihm durfte ich vieles loswerden, das ich glaubte unterdrücken zu müssen, wenn ich dieses Martyrium durchstehen wollte. Ich sah nun ein, daß ich, wie Michael gesagt hatte, mich unbedingt meinen Gefühlen stellen, sie sachlich betrachten mußte: Nur dann würde ich mit meinen Gefühlen umgehen und mich emotional »reisefertig machen« können, was wiederum meinem Durchhaltewillen zugute käme. Ich merkte mir, was Michael gesagt hatte, und handelte, glaube ich, nach seinem Rat. Das führte jedoch keineswegs zu einer erwähnenswerten Veränderung meiner Persönlichkeit oder meiner Selbstbeherrschung.

Eine Busenfreundin

Früher oder später würde zwischen Sabiha und mir Streit ausbrechen. Das war nicht zu vermeiden. Eines Morgens saß sie neben Nisreen auf der Matratze und flüsterte ihr vertrauliche Dinge zu. Ich wußte nicht, was sie sagte, doch in der heutigen Unterhaltung tauchten die Wörter »Dee«, »*Englieezi*«, »Bazoft«, »*Irani*« und »Spionage« immer wieder auf. Ich hatte eine weitere Nacht auf dem Korridor und eine Beruhigungssitzung mit einer kranken und hysterischen Frau hinter mir und war müde und reizbar. Ich hatte nun genug von Sabihas geflüsterten Kommentaren und ärgerte mich maßlos über die Frau. Zwar sprach ich nicht arabisch, doch sie wußte verdammt genau, daß ich meinen eigenen Namen und den von Farzad erkannte, wenn ich sie hörte.

»Was sagt sie, Nisreen?« verlangte ich zu wissen.

»Nicht viel. Wir sprechen über eine Sache in der Zeitung, die die Aufseherinnen hereinbrachten. Ich weiß nicht, wer sie jetzt hat.«

»Was steht drin?«

»Ich weiß es nicht. Ich habe den Artikel nicht gesehen.«

»Na gut, dann frag Sabiha. Sie hat ihn offensichtlich gelesen.«

Nisreen murmelte etwas zu Sabiha, die rasch mit drei oder vier Worten antwortete, die Achseln zuckte und mich mit Verachtung ansah.

»Sabiha sagt, es wäre besser, du erfährst es nicht«, erklärte Nisreen.

»Das hat nicht Sabiha zu entscheiden«, entgegnete ich wütend. »Ich habe mit diesem Gerede von ›Es ist besser, es nicht zu wissen‹ sowieso nichts am Hut. Wenn es um mich geht, will ich wissen, was in der Zeitung steht.«

Dem schloß sich ein kurzer Wortwechsel an, in dem Sabiha offensichtlich Nisreen neuerdings die Erlaubnis verweigerte, mir zu sagen, was in der Zeitung stand. Nisreen zuckte leicht mit den Schultern, als wolle sie sagen: »Was soll ich machen?«

»Na toll, Nisreen«, sagte ich, nun auf beide wütend. »Ich kann Sabiha oder dich nicht dazu zwingen. Aber ich wäre dankbar, wenn du ihr sagen würdest, daß sie mit den geflüsterten beleidigenden Bemerkungen über mich aufhören soll. Sag ihr, es ist Zeit, daß sie erwachsen wird.«

Als Nisreen das übersetzte — vermutlich hatte sie mehr Angst vor ihrer Freundin als vor allem anderen —, begannen Sabihas Augen gefährlich zu blitzen. Sie spuckte eine Flut von Beschimpfungen in arabisch aus, aber ich hörte, daß sie mehrfach von der »Englieezi« sprach. Sie stand eindeutig kurz vor einem Zornausbruch. In diesem Augenblick hätte ich ihr gerne die Augen ausgekratzt, aber davon hatte ich bereits zu viel erlebt, seitdem ich ins Frauengefängnis gekommen war, und ich hatte mir geschworen, soweit würde ich niemals gehen. Statt dessen ging ich hinaus in den Turnhof. Der kleine Betonplatz kochte bereits um 10.00 Uhr morgens, aber da mein Blut ebenfalls kochte, dachte ich, es sei vermutlich der beste Ort für mich. Ich fand in einer Ecke des Hofes ein bißchen Schatten und machte tiefe Atemübungen, wobei ich meine Arme in den Himmel streckte, sie dann zu meinen Zehen schwang, dann wieder hoch, auf und ab.

Ich spürte, daß jemand näher kam, aber ich hörte nicht

auf. Es war Frieda, eine sehr große Iranerin in den Fünfzigern. Sie beobachtete, was ich tat, und begann dann, es mir gleichzutun. Ihre Fettpolster wabbelten, als sie den Himmel zu erreichen versuchte, doch sie war zäh und hielt mit. Die Angst, sie könnte sich übernehmen und einen Kollaps erleiden, brachten mich dazu aufzuhören. Ich hatte mich inzwischen sowieso beruhigt und erkannte, daß ich gegen Sabiha nur wenig unternehmen konnte: Wenn sie über mich reden wollte, sollte sie es doch tun. Ich setzte mich mit dem Rücken zur Wand nieder, und Frieda ließ sich neben mir auf den Boden plumpsen. Als sie wieder normal atmete, fing sie in seltsamem verfälschtem Französisch an zu erzählen. Sie sei, so erklärte sie, auch einmal jung gewesen und habe sich entschlossen, die zweite Frau eines sehr reichen Irakers zu werden. Frieda brachte einen Sohn und eine Tochter zur Welt, und die beiden Frauen und ihre Kinder lebten mit dem Vater der Kinder in einem Außenviertel von Bagdad.

»Hat es dir nichts ausgemacht, daß die erste Frau und deren Kinder mit dir zusammenlebten?« fragte ich sie.

»Nein, das ist hier so Brauch. Das machte mir nichts aus.«

Mit Ausnahme ihrer Busenfreundin hatte Frieda im Flügel keine Freundinnen. Möglicherweise weil sie aus dem Iran stammte, doch vermutlich eher, weil sie ununterbrochen redete. Laber, laber, laber, den ganzen Tag über. Sie trieb alle in ihrer Umgebung zum Wahnsinn. Es war Friedas Unfähigkeit, den Mund zu halten, die sie ins Gefängnis gebracht hatte. Anscheinend lebten ihre Eltern und Brüder und Schwestern noch immer im Iran.

Eines Tages erhielt Frieda einen Telefonanruf, daß ihr Vater im Sterben liege. Das war während des iranisch-irakischen Krieges, so daß sie die Grenze zum Iran nicht legal überschreiten konnte. Frieda machte deshalb eigene

Pläne. Riesige Geldbeträge wechselten die Hände, und eines Nachts zogen sie und ihr achtzehnjähriger Sohn auf Eseln über die Berge in den Iran. Sie wurden von einem Führer geleitet, der diese Tour regelmäßig machte, und erreichten ihr Ziel, ohne von den Behörden im Irak wie im Iran entdeckt zu werden.

Leider mußte Frieda, als sie in ihrer Heimatstadt ankam, feststellen, daß ihr Vater bereits gestorben war. Sie blieb bis zur Beerdigung und trat am Tag danach die Rückreise an.

Alles wäre in Ordnung gewesen, erzählte sie mir, wenn sie nur den Mund gehalten hätte. Ihr Mann und ihr Sohn waren die einzigen, die von der Reise wußten, und der Führer kannte sie nicht mit Namen. Aber Frieda konnte sich einfach nicht beherrschen und mußte die Geschichte ihres Abenteuers jemandem mitteilen. Sie erzählte einem Freund, was sie gemacht hatte, der Freund erzählte es einem Freund, und die Sache kam den Behörden zu Ohren. Frieda und ihr Sohn, noch im Teenageralter, wurden zu jeweils zwanzig Jahren Gefängnis verurteilt.

Als ich erfuhr, was die Gründe für die Strafen vieler Frauen waren, begann mir zu dämmern, daß der Irak eine Nation von Informanten war. Niemandem, nicht einmal jemandem in der engsten Familie, konnte man trauen. Und das nicht, weil die Iraker irgendwie unehrlicher als die Menschen anderer Nationalitäten wären. Mir wurde lediglich deutlich, daß die Menschen recht oft einfach gezwungen waren, Informationen über Freunde und Familienangehörige weiterzugeben, wenn sie selbst am Leben bleiben wollten. Wenn ein Mitglied der Familie das herrschende Regime von Saddam Hussein ablehnte und diese Information die Behörden erreichte, befand sich die ganze Familie in Gefahr. Mütter, Väter, Brüder, Schwestern, Cousins und Cousinen, Tanten und Onkel, auch die Kinder und Ehegatten, liefen Gefahr, verhaftet und entweder hingerichtet oder zu hohen Gefängnisstrafen verurteilt zu werden.

Einige Frauen saßen im politischen Flügel des Gefängnisses, weil ihre Ehemänner im iranisch-irakischen Krieg aus der Armee desertiert waren. Zu einem bestimmten Zeitpunkt verkündete Saddam Hussein eine Amnestie für alle Deserteure. Wenn sie in den Irak zurückkehrten, sagte der Präsident, würden sie nicht bestraft. Viele kamen zurück, und gemäß seines Versprechens ließ er sie nicht ins Gefängnis werfen. Doch die Großzügigkeit des Präsidenten schloß die Familien der Deserteure nicht mit ein, so daß trotz der Tatsache, daß sie als freie Männer heimkehrten, ihre Frauen und Kinder in Haft blieben. Viele Frauen, die ich kannte, erhielten regelmäßig Besuch von genau dem Menschen, der für ihre Inhaftierung verantwortlich war!

»Bitte lehre mich, englisch zu sprechen«, flehte mich Affra eines Tages an. Wie konnte ich das ablehnen? Affras »Verbrechen« gegen den Staat bestand in einem Schulmädchenstreich. Als fünfzehnjährige Schülerin hatte sie eine Geschmacklosigkeit über Saddam Hussein in ihr Übungsbuch geschrieben und dieses über den Tisch einem anderen Mädchen zugeschoben, damit es etwas zu kichern hatte. Sie war entdeckt worden, und der Vorfall wurde der Mukharabat, der Geheimpolizei des Präsidenten, zugetragen. Affra wurde der Prozeß gemacht, und sie wurde zu zehn Jahren verurteilt.

Wir begannen mit einfachen Wörtern — »blanket«, »bed«, »ceiling« —, bevor wir zu Sätzen wie »the blanket is on the bed«* übergingen. Andere gesellten sich hinzu,

---

* Decke, Bett, Zimmerdecke — Die Decke ist auf dem Bett.

und so entstand meine erste Englischklasse. Es dauerte nicht lange, und ich unterrichtete jeden Tag drei Gruppen. Sabiha billigte dies natürlich nicht und meldete Mohammed, was ich tat. Er versuchte, den Unterricht zu verbieten, wurde aber von Senna überstimmt, die meinte, alles, was den Geist der Frauen heben würde, könne nicht schaden.

Jeden Morgen absolvierte ich meine »Visiten« und überprüfte die Fortschritte von Leuten, die mit ihren Beschwerden zu mir gekommen waren. Später, zu den Zeiten, die ich für die Gymnastik reserviert hatte, schlossen sich mir mehrere andere Frauen an, und so kämpften wir uns zusammen durch unser Aerobic-Pensum. Ich bin sicher, am Anfang dachten manche, ich sei komplett verrückt, meine Energie auf Körperertüchtigung zu verschwenden, doch allmählich stieg das Interesse an meinen Mätzchen und ich hatte eine begeisterte Gruppe. Ich weiß nicht, was Jane Fonda von uns gehalten hätte. Es gab weder Leggings noch Trikots: Wir trugen alle die langen arabischen Gewänder, die nur wenig Bewegungsfreiheit zulassen. Überhaupt waren einige aus meiner Gruppe entschieden zu dick, sie konnten nicht viel mehr, als die Arme schwingen.

Ich dachte zwar nach wie vor viel an Farzad, aber ich hatte keine Alpträume mehr. Meistens träumte ich nachts von einer Freundin, mit der ich meine Geheimnisse teilen könnte, wie es den anderen Frauen möglich war. Manchmal war es eine blonde Deutsche, ein anderes Mal eine dunkelhaarige Amerikanerin. Ich glaube, ich versuchte unbewußt, eine Busenfreundin herbeizuzaubern, die ein bißchen Martina oder Michelle glich. Elizabeth sah, als sie dann auftauchte, keiner von beiden ähnlich.

Sie war klein und plump, hatte ein rundes offenes Gesicht und war jederzeit zu einem Lächeln bereit. Sie war im Irak geboren und beherrschte vier Sprachen, darunter auch Englisch.

»Sie ist Christin«, sagte Alia naserümpfend, als wir nebeneinander auf dem Boden knieten und unsere Wäsche im Wascheimer scheuerten.

»Das bin ich auch, Alia, oder hast du das vergessen?«

»Nein, das wäre unmöglich, aber dich kann man akzeptieren, denn du bist Europäerin.« Aus ihrem Tonfall war zu hören, daß ich es, da ich Europäerin war, einfach nicht besser wissen konnte.

»Keine will Elizabeth in ihrer Zelle haben, sie wird zu den Kurdinnen ziehen müssen«, fuhr sie fort. »Wußtest du, daß sie mehrere Wochen lang im Harten Flügel gewesen ist?«

»Was ist der Harte Flügel?« fragte ich nach.

Alia senkte ihre Stimme zum Flüstern. »Der Harte Flügel ist eine isolierte Zone für politische Gefangene, wie wir auch, nur daß sie als Aktivisten gegen den Staat eingestuft werden. Sie hassen Präsident Saddam so sehr, daß sein Bild aus dem Flügel entfernt werden mußte. Wie du ja weißt, muß in jedem öffentlichen Gebäude ein Bild des Präsidenten hängen, doch sie haben das, das dort hing, zerschlagen, und jedesmal wenn man ein neues aufhing, ging das auch zu Bruch. Die Häftlinge im Harten Flügel werden eingesperrt, damit sie nicht die anderen anstecken.«

»Warum durfte dann Elizabeth in unseren Flügel?« fragte ich.

»Sie wurde hysterisch, weil die anderen versuchten, sie zum Islam zu bekehren. Sie rüttelte Tag und Nacht an den Gitterstäben und schrie dazu ›Jesus liebt mich‹, bis schließlich Senna, die *Madeira*, die auch Christin ist, Mitleid mit ihr hatte. Sie überstimmte Mohammed und sagte, sie dürfe in unseren Flügel.«

Es vergingen nur ein paar Tage, und Elizabeth und ich waren dicke Freundinnen. Stundenlang wanderten wir auf dem Turnhof auf und ab. Elizabeth hatte einen Italiener geheiratet und war vom Irak nach Mailand übergesiedelt, wo sie zwei Kinder bekam, eine Tochter von heute sechs und einen Jungen von mittlerweile vier Jahren. Eines Morgens hatte sie einen Telefonanruf von einem alten Freund der Familie, einem Iraker, erhalten. Der Freund erklärte, er beabsichtige, demnächst nach Italien zu reisen und wolle fragen, ob Elizabeth und ihre Familie ihn für eine Zeitlang aufnehmen könnten. Sie ging darauf ein.

Fast ein Jahr später, nach der Waffenstillstandsvereinbarung zwischen dem Iran und Irak, beschloß Elizabeth, mit ihren Kindern in den Irak zu fliegen. Die irakische Geheimpolizei verhaftete sie bei ihrer Ankunft und brachte sie und ihre Kinder, trotz ihres Protests, in das Verhörzentrum. Erst viel später fand sie heraus, daß ihr »Freund« während seines Aufenthalts in Italien Kontakte zur Israelischen Botschaft in Rom gehabt hatte. Elizabeth wurde in Abwesenheit der Beihilfe und Begünstigung von Spionage angeklagt und erhielt eine zehnjährige Gefängnisstrafe, weil sie sich hatte übertölpeln lassen. Die Behörden mußten nur warten, bis sie in den Irak zurückkehrte, dann konnten sie sie schnappen und sie die Strafe absitzen lassen.

Interessanterweise waren Elizabeth und ich zur selben Zeit im Verhörzentrum gewesen.

»Ich habe gehört, wie du an Weihnachten Weihnachtslieder gesungen hast«, erzählte sie mir, »und ich habe die mitgesungen, die ich kannte.«

Man hatte sie zwar nicht gefoltert, doch Elizabeth war während der Zeit im Verhörzentrum ziemlich oft verprügelt worden. Ihr oberster Vernehmungsbeamter war Abdullah gewesen, der Wachmann aus dem Krankenhaus, der immer nett zu mir war, dem ich aber nie ganz über den Weg traute. Er schlug ihr, so berichtete sie, wieder und wieder ins Gesicht und fragte: »Wieso haben Sie einen Italiener geheiratet?« Klatsch. Klatsch. »Was stimmt mit den irakischen Männern nicht?« Klatsch. Klatsch. »Vielleicht sind Sie sich zu gut für einen irakischen Mann?«

Elizabeth war klug und witzig, und seit ich sie zur Freundin hatte, sah mein Leben im Gefängnis ganz anders aus. Endlich hatte ich jemanden, mit dem ich spazierengehen und reden konnte, jemanden, der meine Hoffnungen und Ängste mit mir teilte. Sie war bei den anderen Frauen allerdings nicht sonderlich beliebt. Als ihre Tochter zu Besuch kam, beschwerte sich Hadi, daß ihre europäischen Gewohnheiten das Gefängnis durcheinanderbrächten, und Mohammed, der alle Christen haßte, verbot dem Kind, mit seiner Mutter zusammenzusein. Die arme Elizabeth war am Boden zerstört, aber in diesem Fall war Mohammeds Wort Gesetz.

Elizabeth war mehrsprachig und konnte vom Arabischen ins Englische und dann ins Italienische wechseln, ohne auch nur einmal Luft holen zu müssen. Nach ihrer Verhaftung hatten die Behörden in Gestalt Abdullahs Elizabeths Mutter erzählt, die Schwierigkeiten, in denen sie stecke, habe sie allein ihrem italienischen Ehemann zu verdanken, der mit in die hinterhältige Verschwörung verwickelt sei. Das war natürlich völliger Blödsinn — eine Verschwörung hatte nie existiert —, doch ihre Mutter glaubte Abdullahs Geschichte. Nach Elizabeths Verhaftung flog ihr Mann in den Irak und geriet sofort in einen heftigen Streit mit ihrer Familie, die ihm vorwarf, für ihre Verhaftung verantwortlich zu sein. Das Ganze endete mit einem Faustkampf zwischen Elizabeths Mann und ihrem Bruder. Ihr Mann kehrte verärgert nach Italien zurück, ohne seine Frau gesehen zu haben, und ließ die Kinder zurück. Als ihre Mutter Elizabeth besuchen durfte und die Wahrheit erfuhr, war es schon zu spät. Sie versuchte verzweifelt, mit ihrem Schwiegersohn in Kontakt zu treten, um alles zu erklären und ihn um Verzeihung zu bitten, doch er war inzwischen umgezogen und ließ sich nicht mehr aufspüren.

Was Elizabeth widerfahren war, wie ihre Welt durch einen einfachen freundlichen Akt, der zum Verlust ihrer Kinder, ihres Mannes und ihrer Freiheit führte, vollkommen umgekrempelt worden war, entsetzte mich, wenn ich mir erlaubte, darüber nachzudenken. Die Art, wie die Behörden sie in Abwesenheit verurteilt und dann auf der Lauer gelegen hatten, bis sie nach Hause reiste, um ihre alternde Mutter zu besuchen, war, wie ich heute weiß, typisch für die heimtückische Weise, in der die irakische Geheimpolizei arbeitete. Wie konnte ich nur jemals so naiv sein zu glauben, das irakische Volk leide an einer Form nationaler Paranoia; wieso hatte ich nicht gemerkt, was in diesem Land vor sich ging? War ich so mit meinem eigenen Leben beschäftigt, daß ich für das Leid der normalen Menschen, die ich traf und mit denen ich Tag für Tag zusammenarbeitete, blind war?

Ich konnte nicht anders; ich kam zu dem Schluß, daß ich blind und zu sehr damit beschäftigt gewesen war, zu arbeiten und mich zu spezialisieren, um die vielen Anzeichen zu erkennen. Aber nun wußte ich, warum die Iraker vor allem und jedem, das nach Bürokratie roch, soviel Angst hatten. Sie hatten allen Grund, entsetzt zu sein. Ich weiß, daß ich es war. Es war oft schwierig einzuschätzen, wer genau ein Feind war. Abdullah zum Beispiel stand auf der Lohnliste der Geheimpolizei und hatte Elizabeth häufig geohrfeigt, aber mir gegenüber hatte er sich sehr freundlich gezeigt. Senna war eine intelligente und dem

Anschein nach mitfühlende Frau, doch wie kam sie zur Stellung einer Gefängnisdirektorin? Meiner Erfahrung nach wurden Intelligenz und Mitgefühl normalerweise von den irakischen Behörden nicht gerade belohnt. Zumindest wußte man bei Leuten wie Abu Samir und Mohammed, woran man war.

Ich mochte Mohammed nicht: Alle — noch so dringenden — Bitten an ihn stießen auf Verachtung, und seine Antwort fiel stets ablehnend aus. Er verprügelte die Gefangenen zwar nicht selbst, doch er war sich auch nicht zu schade, Aufseherinnen mit dieser Aufgabe zu betrauen. Er war bei allen Frauen gefürchtet. Ich konnte mir die Ankunft von Senna vor rund zwei Monaten gut vorstellen. Das mußte für ihn und sein männliches Ego ein bitterer Schlag gewesen sein. Senna in ihrem Armeegrün stand im Rang höher als er. Sie hatte die Prügel gestoppt und befaßte sich gerade damit, uns zu besseren sanitären Einrichtungen zu verhelfen. Dank ihres Eingreifens kam nun täglich der »Honig-Wagen« und pumpte die Abwässer ab.

Mohammed war nicht in der Lage, sich uns gegenüber so human zu zeigen. Im Gegenteil, er genoß es richtiggehend, uns jedmöglichen Komfort oder Privilegien vorzuenthalten. Eines Morgens Ende April kam er in den Flügel gestürmt und löste totale Panik aus, als die Frauen schnell nach einem Kopftuch suchten, um sich zu verhüllen. Diejenigen im Waschraum ohne Kopfbedeckungen saßen in der Falle, bis er wieder verschwand. Er erinnerte mich an Bad News, als er durch den Korridor rauschte, herumschlug und schrie, seinen Kopf durch die Türen steckte und verängstigte Frauen anbrüllte, die eindeutig nichts Böses taten. Sobald er Elizabeth erblickte, bellte er sie an, ihre Habseligkeiten in die Zone der kurdischen Frauen zu schaffen. Zum Glück kam kurze Zeit danach Senna in den Flügel und widerrief seinen Befehl.

Zwischen den irakischen Frauen und den Kurdinnen bestand eine tiefe Kluft. In der Zeit nach dem Golfkrieg konzentrierte sich alle Welt auf die Not der Kurden, die entsetzlich unter Saddam Hussein gelitten haben. Doch selbst im Volk und vor dem Golfkrieg konnte ich feststellen, daß zwischen Kurden und Irakern keine Liebe herrschte. Die Kurdinnen sprachen eine andere Sprache, lebten in ihrer eigenen Ecke des Flügels und hielten sich ganz allgemein von den irakischen Frauen so fern, wie es unter den gegebenen Umständen nur möglich war. Die beiden Seiten kamen nur zusammen, um zu streiten, obwohl sie nicht einmal dieselbe Sprache sprachen.

Die geringste Kleinigkeit konnte einen heftigen Krach auslösen, doch bei den schlimmsten Auseinandersetzungen drehte es sich stets um die Zeit, die jemand im Waschraum verbrachte. Die Waschräume waren klein und für die vielen Frauen in diesem Flügel völlig unzureichend. Das Wasser war rationiert und wurde streng nach der Devise »Wer zuerst kommt, mahlt zuerst« verbraucht. Eine Kurdin, die den Waschraum verließ, übergab ihren Platz nicht freiwillig einer Irakerin, selbst wenn diese nach ihr in der Schlange gestanden hatte: Sie sah sich nach einer Kurdin um, die ihren Platz übernehmen sollte. Die Irakerinnen störten sich an dieser Art der Behandlung. Nicht, daß sie nicht genauso schlimm gewesen wären — sie sahen auf die Kurden als eine minderwertige Rasse herab. Zum Glück wurde ich von beiden Seiten akzeptiert. Ich fand die Kurdinnen sehr lebendig und hatte viel Spaß mit ihnen, doch ich begrenzte die Zeit, die ich mit ihnen zusammen war, denn das stieß bei meinen Zellengenossinnen auf starke Ablehnung, sie betrachteten das schlichtweg als Fraternisierung mit dem Feind.

Ich wußte, wenn Mohammed könnte wie er wollte, und

Elizabeth auf Dauer bei den Kurdinnen hausen müßte, würde sie bei den Irakerinnen noch den letzten Rest an Akzeptanz verlieren, deshalb war es für mich eine Erleichterung, als Senna bestimmte, daß sie sich eine Zelle mit Hadi, Frieda und Suhad teilen sollte. Hadi allerdings gefiel dieses Arrangement ganz und gar nicht. Sie wollte keine Christin in ihrer Zelle haben und mit ihr in der Mitte auf dem Boden gemeinsam essen müssen. Obwohl sie das wußte, verärgerte Elizabeth sie noch mehr, indem sie darauf bestand, in arabischem Stil zu essen, also sich aus der Gemeinschaftsschüssel zu bedienen, statt wie ich einen eigenen Teller zu akzeptieren. Hadi versuchte, Suhad auf ihre Seite zu ziehen, die ehemalige Fernsehmoderatorin, doch Suhad war viel in der Welt herumgekommen und interessierte sich nicht dafür, wer die Mahlzeiten mit ihr einnahm.

Die arme Suhad versuchte noch immer, sich von dem Schock zu erholen, daß sie für einen schwachen Witz über Saddam Hussein die Todesstrafe erhalten hatte. Siebzehn Tage, nachdem man ihr mitgeteilt hatte, daß sie gehängt würde, wandelte der Präsident in seiner Großzügigkeit die Todesstrafe in fünfundzwanzig Jahre Gefängnis um. Doch in den Tagen, in denen sie zu sterben fürchtete, hatte Suhad unter Anfällen von Hyperventilation und starkem Haarausfall aufgrund des Stresses und der Angst zu leiden.

Frieda, die Iranerin, aß stets allein von einem Tablett, auf dem sich Essen türmte, so daß Hadi auch von dieser Seite keine Unterstützung für ihre Kampagne erhielt. Ihr blieb nur übrig, Elizabeth mit bissigen Bemerkungen zu überschütten, die Hadis Attacken jedoch zumeist ignorierte und sich ungeniert weiter vom Gemeinschaftsteller bediente. Wenn sie Hadi nicht mehr aushielt, kam Elizabeth in meine Zelle und setzte sich zum Plaudern auf mein Bett. Das wiederum versetzte Sabiha in Wut, die dann auf ihrem Bett zu sitzen und uns finster anzuschauen pflegte. Über ihre Übersetzerin Nisreen teilte sie mir mit, Elizabeth solle sich gefälligst in ihre eigene Zellengemeinschaft integrieren und nicht versuchen, die Unantastbarkeit »unserer Familie« zu verletzen. Was für ein Riesengeschwafel, dachte ich. Sabiha hatte für niemanden Zeit, nur für Nisreen. Sie meinte gar nicht wirklich, daß Elizabeth irgend etwas verletze, sie konnte es lediglich nicht ertragen zu sehen, daß es uns gut ging.

Ich beschloß, von ihr keine Notiz zu nehmen, was sie, wie vorhersehbar, nur noch mehr auf die Palme brachte. Schließlich wurde die Situation so gespannt, daß Senna eingreifen und eine Zellenumbesetzung vornehmen mußte. Ich sollte zu Elizabeth, Frieda und Hadi ziehen, während Suhad mein freigewordenes Bett erhielt und zu Nisreen, Sabiha und Tanya gesteckt wurde. Suhad war damit nicht glücklich, und nach zwei Tagen erschien sie wieder in ihrer alten Zelle, um mit Hadi zu essen, die die Mahlzeiten mit gleich zwei Christinnen nicht ertrug und nun wie Frieda alleine aß.

Das neue Arrangement paßte mir ausgezeichnet; es war toll, mit Elizabeth zusammenzuhausen. Und noch wichtiger, wir entdeckten, daß wir beide unter Schlaflosigkeit litten. Etwa gegen Mitternacht trugen wir unsere Decken in den Korridor und setzten uns zum Kartenspielen auf den Boden. Sie brachte mir ein Spiel bei, zu dem man zwei Päckchen Spielkarten benötigte und von dem wir nie genug bekamen. Manchmal schlossen sich uns andere an. Das waren Freidenkerinnen wie Suhad, die viel herumgekommen waren und einst Spitzenjobs innegehabt hatten. Zusammen sprachen wir über Reisen, Religion und Männer, ohne Angst haben zu müssen, uns gegenseitig zu beleidigen. Oft blieben wir bis zur Morgendämmerung auf, wenn die anderen Frauen sich zum Gebet erhoben. Zuerst legten sie eine Art Kaputzenmütze an, die ihre Augen, Nase und Mund aussparte, dann rollten sie entlang des Korridors ihre Gebetsmatten aus. Ein besticktes Tuch wurde auf das Kopfende der

Matte gelegt. Ans eine Ende plazierten sie einen Stein und eine Gebetskette, und mit Blick Richtung Mekka, der heiligen Stadt, knieten sie sich hin, berührten mit der Stirn den Boden, während sich ihre Lippen im stummen Gebet bewegten. Dieses Ritual wiederholte sich fünfmal am Tag.

Zu dieser Zeit lebte ich zwar bereits seit mehr als fünf Jahren in der arabischen Welt, doch über die Religion hatte ich mir nie viele Gedanken gemacht. Ich kannte beispielsweise den Unterschied zwischen den Sunniten und den strenggläubigeren Schiiten nicht. Doch im Gefängnis kam ich dahinter, daß alle Moslems an den gleichen höchsten Gott, an Allah glauben. Mohammed wird von den Moslems häufig als Gottes Prophet bezeichnet, da er derjenige ist, dem Gott die wahre Bedeutung des Islam erklärt haben soll. Mohammed soll die Worte Gottes in den heiligen Koran geschrieben haben, dem alle Moslems größten Respekt erweisen. Als Mohammed im Jahr 632 starb, hinterließ er keine Anweisungen, wer ihm nachfolgen sollte, und es kam zu erheblicher Verwirrung, wer in seine Fußstapfen treten sollte. Nach mehrjährigen Diskussionen und Kämpfen spalteten sich seine Anhänger in zwei Gruppen, die Schiiten und die Sunniten. Die Mehrheit der irakischen Araber sind Schiiten, doch die Mehrheit der im Land Regierenden sind Sunniten. Daneben gibt es bedeutende Minderheiten im Irak, darunter Christen, Juden und Kurden.

Bei meiner Arbeit im Krankenhaus hatte ich nie die Notwendigkeit gesehen, zwischen den beiden moslemischen Gruppen zu unterscheiden. Hier im Gefängnis jedoch waren die Unterschiede so offensichtlich, daß man sie nicht ignorieren konnte. So waren es zum Beispiel die schiitischen Frauen, die alle zum Gebet riefen und darauf bestanden, daß der Koran laut vorgelesen werden mußte, und zwar mehrmals am Tag und dann jeweils stundenlang. Die Rigorosität des schiitischen Denkens ergriff jeden Aspekt des täglichen Lebens. Was sie betraf, so konnte man nur auf eine einzige Weise das Geschirr spülen, Kartoffeln schälen oder sich die Zähne putzen, und sie sparten bei ihren »Erziehungs«-Bemühungen niemanden aus. Die Sunnitinnen war weitaus lockerer und beklagten unablässig den Extremismus der Schiitinnen. Sie wollten nicht stundenlang im Koran lesen oder über Religion sprechen, doch der Eifer der Schiitinnen sorgte dafür, daß sie gewöhnlich das letzte Wort behielten, außer natürlich, wenn es die Kurdinnen betraf.

In der großen Zelle, die auf dem Korridor meiner gegenüberlag, lebten sieben Kurdinnen. Alles wäre in Ordnung gewesen, wenn man sie in Ruhe gelassen hätte, denn sie waren ein munterer Verein, kamen gut miteinander aus und mochten sich wirklich. Doch da die von ihnen belegte Zelle so groß war und stets Raummangel herrschte, waren die Kurdinnen gezwungen, ihren Lebensbereich mit fünf Irakerinnen zu teilen. Es gab fortwährend Auseinandersetzungen, bei denen die Araberinnen auf arabisch schrien und die Kurdinnen auf kurdisch. Die Araberinnen wußten nicht, was die Kurdinnen sagten, und umgekehrt, aber allen war klar, worum sie kämpften — um Religion, Kultur, Ordnung und freien Boden.

»Dreckige Kamele«, schnauzte irgendwann eine von der arabischen Seite.

»Angebundene Esel«, schallte es dann von einer der Kurdinnen zurück. Und bald war ein Schreiwettkampf entbrannt, und alle entlang des Korridors kamen aus ihren Zellen, sich das Schauspiel anzusehen.

Es war die auf Ausgleich bedachte Nisreen, die sich meistens als Schlichterin einschaltete. Sie sprach etwas Kurdisch, und Curdy, eine der kurdischen Gefangenen, konnte ein bißchen Arabisch. Nisreen appellierte immer an Curdy, ihr zu helfen, die Sache wieder unter Kontrolle zu bringen, und sie hätte damit auch in weniger als den zwei oder drei

Stunden, die es ansonsten dauerte, bis wieder Frieden einzog, Erfolg gehabt, wäre da nicht Sabiha gewesen, die von einer Gruppe zur anderen wanderte, um noch mehr Öl ins Feuer zu gießen. Sabiha liebte handfeste Streitigkeiten.

Soweit ich weiß, saßen alle kurdischen Frauen, wie auch die Mehrzahl der Araberinnen, im Gefängnis, weil einer ihrer Verwandten aus der Armee desertiert war. In einigen Fällen wurde der männliche Verwandte erwischt und ins Abu-Grabe-Männergefängnis gesteckt. Ab und zu durften diese Verwandten im Männergefängnis besucht werden, und dann kehrten die Frauen mit Geschichten über den Komfort zurück, den die Männer genossen. Sie hatten Heißwasserduschen, Radios und Zeitschriften und durften ausgedehnte Spaziergänge auf dem Gefängnisareal unternehmen, das nach den Aussagen der Frauen so »groß wie eine Stadt« war. Das waren die Pluspunkte; die andere Seite der Medaille war die Tatsache, daß in einem einzigen Schlafsaal tausend Männer untergebracht waren. Allein bei dem Gedanken daran drehte sich mir der Magen um. Es war schon genug, daß ich die Zelle mit drei Frauen teilen mußte, aber mit neunhundertneunundneunzig anderen?

Jedoch gab es anscheinend wirklich eine ungleiche Behandlung. Wenn die Männer heiße Duschen, Radios und Zeitschriften hatten, warum wir dann aber nicht? Ich stellte diese Frage Senna, die zustimmte, daß das unfair sei. Ich bat Pauline, mir ein Radio mitzubringen, und zwei Wochen später tauchte sie wie versprochen mit einem auf. Aus irgendeinem Grund durfte ich es nicht sofort haben, und trotz meiner Nachfragen tauchte es nie auf. Bei ihrem nächsten Besuch fragte Pauline nach dem Radio, nur um zu erfahren, daß ich es erst haben dürfe, wenn das Außenministerium dazu die Sondererlaubnis erteilt habe. Im nächsten Monat war es die Sondererlaubnis einer bestimmten Abteilung im

Außenministerium, und im Monat darauf die Sondererlaubnis einer bestimmten Person in einer bestimmten Abteilung
des Außenministeriums . . . die diesen Monat krankgeschrieben war.

Und so ging es weiter, eine Ausrede nach der anderen. Das
Radio habe ich nie erhalten. Glücklicherweise hatte eine der
anderen Frauen mehr Erfolg: Sie brachte eine Verwandte,
die sie besuchte, dazu, unter ihrem langen Haar ein kleines
Transistorgerät einzuschmuggeln. Wochenlang lauschten
wir dichtgedrängt der »Stimme Amerikas« und den Nachrichten aus aller Welt. Es war ein verblüffendes Gefühl von
Freiheit, an die Worte und Gedanken von Menschen in der
»freien« Welt heranzukommen.

Wir waren außer uns, als das Radio zerstört werden
mußte. Mohammed führte eine seiner Säuberungsaktionen
durch und durchwühlte die Zellen auf der Suche nach
Schmuggelware. Wir zerstörten das Radio lieber selbst, als
ihm dieses Vergnügen zu überlassen. Er war mit seiner Aus-
beute an gefährlichen und verbotenen Dingen schon glücklich genug: Spiegeln, Marmeladenbechern, winzigen chinesi-
schen Kaffeetassen, Obstschalen und Vasen — er schleppte
sie rucksackweise davon. Der armen, züchtigen Hadi war es
äußerst peinlich, daß er bei der Durchsuchung ihrer Zelle einen Schlüpfer unter ihrem Kopfkissen gesehen hatte. Die Tatsache, daß ein Mann, ganz zu schweigen der verhaßte Mohammed, ihre riesigen Unterhosen erblickt hatte, entsetzte
sie, und den Rest des Tages sprach sie von nichts anderem
mehr.

Später kamen wir alle zum Dampfablassen zusammen
und spielten die Ereignisse des Tages in verrückten Liedern
durch, zu denen wir tanzten. Eine schlimme Situation in einen Anlaß zum Lachen zu wenden, ließ unsere Wut und unseren Groll vergehen. Ohne diese improvisierten Konzerte,
wie etwa dem nach dem Vorfall, als Hadi meine Wäscheleine

zerrissen hatte, wäre das Gefängnis ein Pulverfaß der Emotionen gewesen. Ich sprang mit rollenden Augen herum und war ganz außer mir. Hadi nahm es nicht übel, und am Ende des Abends lachten wir uns krank und hatten den Dieb unserer wertvollen Kleinigkeiten und Stücke beinahe vergessen. Dadurch hatten wir das Gefühl, daß Mohammed nicht gewonnen hatte. Er mochte unsere Besitztümer geklaut haben, aber er hatte uns zu einer abendlichen Unterhaltung und verdammt gutem Gelächter verholfen. Wie verhaßt wäre ihm das gewesen!

Fluchtgedanken

Der Himmel ist ein leerer Waschraum. Ich kauerte auf dem Boden, steckte meinen Kopf in einen Eimer mit warmem Wasser und staunte über den Luxus, das Wasser durch mein Haar rinnen zu spüren. Ich schamponierte mir den Kopf ein. Komischerweise war mir bis dahin noch nie aufgefallen, wie sinnlich eine alltägliche Sache wie das Haarewaschen sein konnte — wenn es sich bei dieser Haarwäsche auch kaum um eine alltägliche Sache handelte. Durch das winzige offene Fenster des Waschraums drang das Geplauder der Frauen. Sie hatten sich draußen rund um die Kanalisationsabflüsse niedergelassen und warteten darauf, daß die ihnen am nächsten Stehenden und Liebsten von der Geheimpolizei gefilzt wurden, bevor sie hereindurften. Für alle im politischen Flügel war Besuchstag, nur für mich nicht.

Plötzlich herrschte Schweigen. Mohammed hatte den Hof betreten und rief jede Frau namentlich auf, deren Besuchern der Zutritt gestattet wurde. »Suhad!« grölte er mit seiner rauhen Stimme. »Elizabeth! Nisreen! Asha!« Ich stellte mir vor, wie jede Frau, von Kopf bis Fuß mit ihrem langen fließenden Gewand verhüllt, nach vorne eilte und sehnsüchtig auf ihre Freunde oder Verwandten zuhastete, wobei sie eher wie eine fliegende Fledermaus als wie die Frau aussah, die man kannte und vermutlich liebte. Ein oder zwei Frauen würden mit ihren untergeklemmten

Tragetaschen vergebens warten, die sie gehofft hatten, gegen volle austauschen zu können, die bis über den Rand mit frischem Obst und Gemüse, vorgekochten Fleischspeisen, Damenbinden und Toilettenpapier vollgestopft wären. Doch es wäre nicht der ausfallende Proviant, weswegen sie mit den Tränen kämpfen würden. Heute würde es keine liebevolle Umarmung geben, keine Neuigkeiten von zu Hause, keinen Kontakt mit der Außenwelt. Und unter die Enttäuschung würde sich Angst mischen — die Angst, daß der Ehemann, die Mutter oder der Bruder nicht erschienen wäre, weil die Geheimpolizei sie kassiert habe und sie nun vielleicht verhört oder gefoltert würden.

Ich ging wieder in die Hocke und beobachtete, wie der Schaum geräuschlos zu Boden fiel, als ich an die gestrige Unterhaltung im »Nightclub« zurückdachte, wie wir uns lachend selbst getauft hatten, wenn wir uns nach Einbruch der Dunkelheit zum Plaudern trafen.

»Cheers!« hatte Elizabeth um Mitternacht gesagt und ihre rote Plastiktasse mit Kaffee erhoben.

»*Marhaba!*« antwortete ich und hielt meine ebenfalls hoch. »Wie toll wäre es, wenn jetzt eine gute Fee erschiene, ihren Zauberstab schwingen und diese Kaffeetasse in ein Kristallglas mit kühlem Weißwein verwandeln würde.«

»Von einem wunderschönen blonden Kellner serviert«, ergänzte Elizabeth.

»Oder einem dunkelhaarigen«, warf ich ein.

»Wir sind mit jeder Haarfarbe zufrieden«, sagten wir im Chor.

Die drei anderen Frauen, die noch zum Nightclub gehörten, beugten sich erwartungsvoll nach vorne. Sie konnten die Worte nicht verstehen, aber sie begriffen, auf welches Thema die Unterhaltung einschwenkte, und bombardierten mich mit Fragen. Elizabeth übersetzte.

»Stimmt es, daß die Frauen im Westen vor der Heirat mit Männern schlafen?«

»Ja, recht häufig. Wir nehmen Jungfräulichkeit nicht so wichtig wie ihr im Mittleren Osten.«

»Das ist unglaublich. Ein irakischer Mann würde kein Mädchen heiraten, das bereits entjungfert ist.«

Ich war verlegen. »Ja«, fragte ich, »was passiert dann mit Hasseeba und anderen, deren Ehemänner hingerichtet worden sind? Müssen sie ihr restliches Leben allein bleiben?«

»Nein, natürlich nicht. Sie werden die zweite Frau des Bruders ihres Mannes, ihres Schwagers.«

»Ihres Schwagers! Du lieber Himmel, kann sie sich weigern?« Die Frauen sahen meinen entsetzten Blick und lachten.

»Ja, das könnte sie, aber das kommt selten vor«, erklärte Elizabeth. »Die Alternative wäre, bei ihren Eltern zu leben, denn eine arabische Frau muß jederzeit einen männlichen Schutz haben.«

Mittlerweile wußte ich, daß das so war. Die männliche Überlegenheit in der irakischen Gesellschaft ist absolut. Selbst in Bagdad, das, nach den Standards des Mittleren Ostens betrachtet, eine ziemlich lockere und nach vorne blickende arabische Stadt ist, sieht man nur selten eine Frau ohne Begleitung auf der Straße. Die Lebensaufgabe der irakischen Frau besteht darin, ihrem Mann zu gefallen, mit allem, was ihr zur Verfügung steht — ihrem Körper, ihrer Kochkunst, ihrer Haushaltsführung. Sein Schutz ist ein Teil der Gegenleistung — und wenn kein Ehemann vorhanden ist, ist ein enger männlicher Verwandter aufgerufen, ihr den gleichen Dienst zu erweisen. Während des Krieges gegen den Iran verlor der Irak viele Männer, und dann mußte der älteste Sohn der Familie, häufig selbst noch ein Kind, in die Rolle des Beschützers schlüpfen. Die Frauen im Haushalt fügen sich dem gewöhnlich, und die Mütter, Schwestern und Tanten, die vielleicht noch zehn oder zwölf Jahre früher diesem Mannjungen die Windeln gewechselt haben, umschwirrten und bedienten ihn.

»Angenommen, nach der Wiederverheiratung stellt sie fest, daß sie ihren Schwager nicht mag, was passiert dann?« fragte ich.

»Es kommt nicht darauf an, ob sie ihren Schwager mag oder nicht. Wichtiger ist, daß sie mit seiner ersten Frau auskommt. Denn mit ihr muß sie die Hausarbeit erledigen und die Kinder großziehen. Sie wird im Wechsel mit ihr mit ihrem Schwager schlafen, um noch mehr Kinder zu kriegen, aber für ihr Glück entscheidend ist das Verhältnis zu ihrer neuen Schwester.«

Ich wunderte mich über die Stärke und Unverwüstlichkeit der Frauen um mich herum. Sie erwarteten so wenig vom Leben, und das Leben enttäuschte sie nicht, soweit ich erkennen konnte. Wie sie ihr Schicksal annahmen, sei es nun die Witwenschaft oder die Inhaftierung, war erstaunlich. Sie waren nicht selbstzufrieden; sie hatten sich nur damit abgefunden, alles zu akzeptieren, was die Hand des Schicksals ihnen zuwies. Unsere Sprache und unsere Sitten waren völlig verschieden; und unter anderen Umständen hätten wir wohl nichts miteinander gemein gehabt, doch hier teilten wir alles: Essen, Lachen, Tränen, Hoffnungen und Ängste. Ich hatte noch nie zuvor so intime Bande zu Frauen.

Ich stand auf und spülte das Shampoo aus meinem Haar; dann drehte ich das kalte Wasser auf und ließ es mir über den Rücken laufen. Was für ein Luxus! Niemand schlug an die Tür und versuchte, mich zur Eile anzutreiben, keine hitzigen Auseinandersetzungen über Platz im Waschraum und, das Beste von allem, kein plötzliches Versiegen des Wassers, das zumeist genau dann nur noch tröpfelte, wenn ich mich gerade eingeseift hatte.

Meine Gedanken wanderten zurück zum Nightclub. Nachdem die anderen drei Frauen zu Bett gegangen waren, hatten Elizabeth und ich uns ernsteren Themen zugewandt. Das war der Zweck des Nightclubs. Wir stellten uns vor, wie wir in einem Pariser Straßencafé saßen. Eine Karaffe Wein stand in der Mitte des mit Käse, Pâtés und knusprigem Baguette beladenen Tisches. Unsere beiden Begleiter waren Männer, der eine hell- und der andere dunkelhaarig.

»Ich nenne meinen Mann Tony«, sagte Elizabeth. »Was ist mit dir, wie taufst du deinen Mann?«

»Andrew vielleicht, oder Mark, oder Timothy? Ja, Timothy, aber alle Welt nennt ihn Tim.«

»Tim und Dee«, sinnierte Elizabeth. »Tony und Elizabeth. Hört sich gut an, nicht? Worüber unterhalten wir uns?«

»Über das Theaterstück, das wir gestern abend gesehen haben, die Kunstgalerie, die wir heute nachmittag besucht haben, über das Restaurant, in dem wir zum Abendessen einen Tisch bestellt haben.«

»Aber zuerst«, warf Elizabeth ein, »fahren wir in einem Wagen mit heruntergeklapptem Verdeck durch Paris, und die Leute winken uns zu, und wir winken zurück, genau wie die königliche Familie. Und dann gehen wir tanzen. Tony und Tim halten uns ganz eng und flüstern uns zu, wie wunderschön wir in unseren langen Kleidern, goldenen Halsketten, Ohrringen und Armbändern aussehen.« Elizabeths Blick wurde verträumt, und ich merkte, daß sie dort war, in Paris, und die Nacht mit einem gutaussehenden Mann durchtanzte, oder so nah daran war, wie sie nur konnte.

Es war lediglich ein Spiel, aber für uns war es ein Rettungsanker. Es führte uns nach draußen, raus aus diesen engen Wänden, und brachte uns zu Orten, die von der Lebenswirklichkeit eines irakischen Gefängnisses weit entfernt waren. Wir reisten nicht nur nach Paris, sondern durch ganz Europa, häufig an Orte, die noch keine von uns beiden jemals gesehen hatte. Wenn wir dort hinkamen, waren wir nicht mehr die hungrigen, dürren Vogelscheuchen mit trockenem Haar und abgebrochenen Fingernägeln, zu denen wir geworden waren, sondern witzige, vitale, wunderschöne, geistreiche Frauen. Frauen mit klingendem Lachen, die abends bei Champagner und Kaviar saßen und Verabredungen mit gutaussehenden, mächtigen Männern hatten, die schnelle Sportwagen durch europäische Städte steuerten.

»Was für Männer findest du gut, Dee?« fragte Elizabeth. »Fußballer?«

»Hm, ja, ich mag Fußballer und Cricketspieler und Rugbyspieler und...«

»Rugbyspieler! Aber sie sind so riesig, Dee«, kicherte sie. »Große Schultern, große Hände, alles ist so groß, nicht?«

»Das hört sich an, als hättest du Erfahrung, Elizabeth.«

»Nein, nein. Ich mag Rugbyspieler nicht. Tony ist schlank und hat schmale — wie heißt das?«

»Hüften?«

»Ja, Hüften. Richtig. Was machen wir dann?«

»Gehen wir abendessen. Wir sind in einem wundervollen Restaurant, wo wir alles kriegen, was wir nur wollen, Soufflé, Tournedos, *coq au vin*...«

»Und Reis«, fügte Elizabeth hinzu.

»Nach dem Essen laden wir sie zum Kaffee in unser Apartment ein.«

Elizabeths Augen öffneten sich weit. »Wir haben ein Apartment, Dee?«

»Ja, am Montmartre, wo die Künstler in Studios über Straßen mit Kopfsteinpflaster leben, die von Blumen und Hängepflanzen gesäumt sind.«

»Was für Möbel haben wir?« fragte Elizabeth, die sich für die Idee einer Wohnung am romantischen Montmartre erwärmte.

»Sessel«, antwortete ich, streckte meinen Rücken und verlagerte meine Stellung auf dem harten Steinboden. »Große weiche Sessel mit verblichenem Blumenmuster, Teppichboden und heißem und kaltem Wasser, das nie, nie ausgeht.«

Elizabeth lachte und schlug die Hände zusammen. »Und großen Doppelbetten«, warf sie ein. »Wir leben dort für immer mit unseren Männern und haben viele Babys.«

»Babys! Moment, Elizabeth. Ich fange gerade an, die Freiheit von Frankreich zu genießen — wer will schon Babys? Außerdem haben wir bereits Kinder.«

Wir saßen nebeneinander auf dem Steinboden, und der Traum schwand, als wir an unsere Kinder dachten. Ich war wütend auf mich, weil ich meine Zeit mit dummen Phantastereien vergeudete, anstatt mich darauf zu konzentrieren, wie ich wirklich von hier wegkam. Ich dachte weiter an Michelle und Martina, bis die ersten Lichtstrahlen durch die Türriegel drangen, und die Frauen sich zum ersten Gebet des Tages aus ihren Betten erhoben.

Ich langte nach einem Handtuch und wickelte es um meinen Kopf, bevor ich in ein langes königsblaues Kleid in arabischem Stil stieg, das am Hals und an den Ärmelaufschlägen mit Perlen besetzt war. Ich mußte mich nicht wie alle anderen kleiden, doch dadurch fühlte ich mich weniger auffallend. Bei Temperaturen von bis zu vierzig Grad Celsius und zum Herumsitzen auf dem Boden waren lange Kleider auch praktischer. Die arabischen Frauen sind züchtig, und ich erhaschte niemals auch nur einen Blick auf ein Knie oder einen Oberschenkel. Ich mußte laut lachen, als ich mich fragte, wie einige Frauen auf unsere westlichen Moden reagieren würden, auf Bekleidung wie Schlauchkleider und Miniröcke, und machte mir im Kopf eine Notiz, dazu an diesem Abend im Nightclub eine Meinungsumfrage anzustellen.

»Dee, bist du da?« rief eine sanfte Stimme. Ich öffnete die Tür und sah hinaus. Es war Alia.

»Hallo, Alia. Hast du heute Besuch gehabt?«

»Ja, es war schön, aber zu kurz. Ich höre, wir kriegen noch einmal sechs Kurdinnen.«

Ich stöhnte. Wie kamen sie auf die Idee, sie könnten noch weitere sechs Frauen in ein Gefängnis quetschen, das bereits aus allen Nähten platzte?

»Wann kommen sie?« fragte ich.

»Nach ihrem Prozeß, vermutlich gegen Ende der Woche.«

»Was?« Wenn ihr Prozeß noch gar nicht gelaufen war, war es doch überhaupt nicht sicher, daß sie kommen würden. Alia mußte da etwas falsch verstanden haben.

»Was meinst du damit, Alia, nach ihrem Prozeß? Sie werden vielleicht für unschuldig befunden oder bekommen keine Haftstrafe.«

»Das ist schon entschieden«, versicherte sie mir. »Das hat die kurdische Widerstandsbewegung herausgefunden.«

»Woher weißt du das alles?« fragte ich sie.

»Ich habe gelauscht. Sie reden im Besuchsraum leise, manchmal verschlüsselt, aber ich höre sehr gut.«

So, Alia sprach auch Kurdisch. Wußte das sonst noch jemand in unserem Flügel? Ich glaubte nicht.

Ich konnte spüren, daß Alia mich mochte, aber ich

fand nie heraus, warum sie diese Informationsschnipsel mir anvertraute, die sie so leicht in ernste Schwierigkeiten bringen konnten.

»Warum erzählst du mir solche Sachen, Alia?«

»Ich vertraue dir. Wenn du über mich etwas melden wolltest, hättest du es schon längst getan. Habe ich recht?«

»Ja, du hast recht, aber nur bis zu einem gewissen Grad. Ich bin nicht supertapfer, weißt du. Wenn die Verhörbeamten mich holen und foltern, werde ich höchstwahrscheinlich alles auspacken.«

Alia schaute mich fragend an. »Auspacken?«

»Alles erzählen, die Katze aus dem Sack lassen, jemand anderen mit dem, was man sagt, in Schwierigkeiten bringen. Dein Leben könnte in Gefahr geraten, Alia.«

Sie lächelte mich ironisch an, und ich wußte, wenn ihr Leben tatsächlich gefährdet wäre, so wäre es das nicht zum erstenmal. Ich war voller Bewunderung für die tapfere, intelligente, vielsprachige Frau, die Talente besaß, die ihrem noch immer unter der wirtschaftlichen Belastung eines fast zehn Jahre währenden Krieges leidenden Land so schmerzhaft fehlten. Statt dessen kümmerte sie im Gefängnis dahin. Was für eine Verschwendung!

»Weißt du, Alia, eines der ersten Dinge, die mir auffielen, als ich hierherkam, waren die schrecklichen Narben auf Bassimas Armen. Sie wusch gerade ihre Wäsche, und ich konnte nicht anders, aber ihre Arme erinnerten mich an kalten Milchreis. Seitdem habe ich das noch bei einer Reihe anderer Frauen bemerkt. Woher stammen sie?« fragte ich.

»An diesen Stellen wurden sie im Verhörzentrum geschlagen. Viele sind vom Kopf bis zu den Zehenspitzen mit solchen Narben bedeckt.«

Ich lehnte mich an die Wand, entsetzt, aber gespannt.

»Hast du die alte Frau mit dem schlimmen Bein im nächsten Flügel gesehen?« fragte Alia.

Ich nickte. Ich hatte sie durch den Drahtzaun gesehen, als sie unter offenkundigen Schmerzen zu gehen versuchte.

»Die Verhörleute haben ihr die Hüfte zertrümmert, sie ist nun für immer ein Krüppel. Dann ist da noch Moha. Du hast dich durch den Zaun vor ein paar Tagen mit ihr unterhalten.«

»Ist das die winzigkleine Frau ohne Zähne, die in Sennas Büro Kaffee serviert?«

»Ja, das ist sie. Die Verhörleute haben ihr die Zähne bis in die Kehle hineingeschlagen. Dann haben sie sie an den Armen an einen Deckenventilator gehängt und diesen angeschaltet, so daß sie immer rundherum flog. Ihr wurden die Arme aus den Gelenken gerissen.«

»Aber warum?« fragte ich erstaunt. »Sie ist eine alte Frau, womit hat sie diese Art Behandlung verdient?«

Alia zuckte mit den Achseln. »Sie war einmal eine der reichsten Frauen im Irak. Ihr gehörte der größte Teil von Mansour, all die großen Häuser dort unten und die Rennbahn. Jetzt besitzt sie nichts mehr. Alles weg, Du-weißt-wer hat seine Klauen daraufgelegt. Sie beschuldigten sie, aus Jordanien gestohlenes Gold erhalten zu haben. Vielleicht ist das so, vielleicht auch nicht, wer weiß? Wenn sie Geld brauchen, ist es ihnen egal, wie sie drankommen. Du und Elizabeth, ihr seid vermutlich die beiden einzigen Frauen im Gefängnis, die man nicht gefoltert hat. Im Verhörzentrum haben sie ein Werkzeug, das aussieht wie ein zugeklappter Schirm, doch wenn dessen Ende gedrückt wird, schießt Strom heraus. Das stecken sie dir in die Ohren, in deine Nase, und in jede Körperöffnung, die du hast! Das machen sie sogar mit Jungfrauen.«

Eine Horrorgeschichte folgte der anderen auf dem

Fuße. Ich hatte eindeutig Glück gehabt, daß ich dem Verhörzentrum nur mit ein paar Fußstößen und Ohrfeigen entkommen war.

Nun kehrten andere Frauen aus dem Besuchsraum zurück. Alia schlüpfte ins Klo und schloß die Tür; ich hob Seife und Shampoo auf und machte mich auf in meine Zelle. Gleich hinter der Tür lag Sabiha, hielt sich die Seite und stöhnte vor Qual. Nisreen kniete neben ihr und streichelte ihr die Stirn.

»Es ist die Niere«, erklärte Nisreen. »Sie hat schon seit Jahren Probleme damit, aber die Verhörbeamten haben es noch verschlimmert. Sie hat sie gebeten, sie nicht in die Nierengegend zu schlagen, doch als sie wußten, daß das ihr schwacher Punkt war, taten sie es nur noch stärker. Kannst du ihr helfen, Dee?«

Ich schaute auf die sich vor Schmerzen krümmende Sabiha und empfand nicht zum ersten Mal die Frustration, von Krankheit umgeben zu sein, gegen die ich nichts tun konnte. »Ich wünschte, ich könnte helfen, aber ich habe keine Ausrüstung. Weißt du, es gibt viele Arten von Nierenproblemen. Vielleicht braucht sie Antibiotika, oder vielleicht sollte man sie auf die Aufnahme von Protein, Salz oder Flüssigkeit setzen — aber ohne diagnostisches Mittel wie Röntgenstrahlen kann ich es unmöglich sagen.«

Wir waren, wie die Ärztin gesagt hatte, Staatsfeinde und verdienten nur ein Minimum an Fürsorge. Ich wußte, Sabiha würde man nicht schnell zu einer Notaufnahme bringen. Ich mußte tun, was ich konnte, bis sie richtig behandelt werden konnte, selbst wenn ich wußte, daß ich nicht viel machen konnte.

Ich leerte den letzten Rest meiner wertvollen englischen Marmelade aus dem Glas, und nachdem ich es gewaschen und abgetrocknet hatte, gab ich es für eine Urinprobe Sabiha. Ich hielt die Probe ans Licht. Sie war trüb und dunkel und enthielt vermutlich Eiweiß. Es konnte auch Blut darin sein, oder eine Bakterieninvasion, aber das war mit bloßem Auge nicht zu erkennen. Vierundzwanzig Stunden lang beobachteten wir sorgfältig ihre Flüssigkeitsaufnahme und ihre Urinmenge, wozu wir alte Milchschachteln benutzten. Es ergab sich eine riesige Diskrepanz, ihr Urin betrug nicht einmal ein Viertel ihrer Flüssigkeitsaufnahme, doch selbst das sagte mir wenig, da ich keine Ahnung hatte, wieviel Flüssigkeit durch das Atmen und Schwitzen in der glühenden Hitze des irakischen Sommers verlorenging. Zwei Liter, drei, vielleicht mehr — ich war keinen Schritt weiter. Ich überlegte, Sabihas Flüssigkeitshaushalt mit meinem eigenen zu vergleichen, ließ die Idee aber rasch wieder fallen. Ich wäre keine gute Vergleichsperson: Ich konnte hohe Temperaturen weitaus weniger gut vertragen als die anderen, die bereits ein Leben lang mit dieser starken Hitze fertig wurden. Ich saß häufig am Nachmittag auf meinem Bett, und der Schweiß lief mir über das Gesicht und meinen Körper, und ich wunderte mich über meine Zellengenossinnen, die unter ihren Decken behaglich schliefen.

Zum Glück konnten wir Sabiha einen Termin bei der Krankenschwester verschaffen, die jeden Morgen zwischen 9.00 Uhr und Mittag ins Gefängnis kam. Sabiha kehrte mit Tabletten in einem Papiertütchen zurück. »Nierenpillen«, sagte sie stolz und hielt sie in die Höhe. Ich habe keine Ahnung, um was genau es sich dabei handelte oder ob sie wirklich gegen ihre Beschwerden geholfen haben, doch sie waren unbestritten von psychologischem Nutzen. Von dem Augenblick an, in dem sie die erste Tablette in den Mund steckte, ging es Sabiha besser, und sie wurde uns gegenüber wesentlich verträglicher. Mehrere Tage lang hatten wir in unserem Flügel Ruhe.

Es verstrich noch nicht einmal eine Woche, und die

Kurdinnen, von denen Alia erzählt hatte, kamen. Außerdem stieß Muna zu uns, eine Araberin von zweiundzwanzig Jahren mit dem unnatürlichen Grinsen, das dem anzüglichen Gesichtsausdruck ähnelte, den manchmal Langzeitpatienten in der Psychiatrie annehmen. Suhad nahm Muna unter ihre Fittiche, doch das versetzte Hadi in Wut, die Suhad als Busenfreundin betrachtete. Um ja keine Zweifel an ihren Gefühlen aufkommen zu lassen, tobte sie in ihrer Zelle, schmiß Dinge durch die Gegend und war so unausstehlich, daß man es kaum mit ihr aushielt. Das sollte sich allerdings von Grund auf ändern, als Muna mit dem Jungen Hassan niederkam. Seit sie ihn das erste Mal gesehen hatte, war Hadi völlig in ihn vernarrt.

Bei Muna brachen die Wehen in den frühen Morgenstunden aus, doch erst um 8.00 Uhr brachte sie ein Angehöriger der irakischen Geheimpolizei, der im Gefängnis arbeitete, in das nächstgelegene Krankenhaus. Gegen Mittag erschien sie bereits wieder im Gefängnishof, blaß und matt, und hielt ein winziges, so gut eingepacktes Bündel umklammert, als würden wir am Nordpol leben. Liebevolle Hände streckten sich aus, um Muna auf ihre Matratze zu helfen. In der Zwischenzeit wickelte Hadi das Baby aus, schaute den Jungen prüfend an und wickelte ihn dick in saubere weiße Baumwolle, damit der Kleine seine Arme und Beine nicht bewegen konnte, was ihrer Meinung befördern würde, daß er groß und gerade wachsen würde. Instinktiv wollte ich losstürzen und das winzigkleine Würmchen wieder auswickeln, seinem Körper etwas Luft und Bewegungsfreiheit verschaffen, doch da ich wußte, daß dies Hadi ernsthaft beunruhigen würde, unternahm ich nichts.

Muna erholte sich nur langsam. Ihre Temperatur schoß steil nach oben, und sie klagte über Schmerzen und Qualen und einen widerlichen Ausfluß von einer Infektion. Wir beschafften ihr Antibiotika, die ihren körperlichen Zustand besserten, doch mental reagierte sie darauf nicht. Sie konnte zu ihrem neugeborenen Sohn keine Beziehung entwickeln, weigerte sich, ihn zu stillen und überließ seine Versorgung nur zu gerne anderen. Suhad brachte irgendwie einige Dosen Trockenmilch für Babys an, damit wir ihn füttern konnten, doch unter den dreckigen Zuständen im Gefängnis und da so viele verschiedene Frauen ihn versorgten, bekam Hassan eine Gastroenteritis und wurde schwächlich und krank. Muna interessierte sich weiterhin nicht für ihn, und obwohl ich von meinem Beruf her begriff, daß sie an einer Art postnataler Depression litt, meinte ich doch, sie sollte zumindest den Versuch unternehmen, die eigenen Gefühle zurückzustellen und ihrem winzigen Sohn die Liebe und Aufmerksamkeit schenken, die er brauchte. Alia nahm mich allerdings beiseite und erklärte mir grob Munas Lage.

»Das arme Mädchen«, begann Alia, »sie hat soviel hinter sich, daß sie die Narben davon meiner Meinung nach ihr Leben lang mit sich herumtragen wird.« Sie erzählte mir, daß Muna mit ihrem Mann und dessen beiden Brüdern wegen angeblicher politischer Verbrechen verhaftet worden sei. Erst nach ihrer Verhaftung entdeckte sie, daß sie schwanger war, nachdem sie bereits von ihrem Mann und seinen Brüdern getrennt war. Das erste, was sie von ihnen erfuhr, war, daß ihr Mann tot war: seine Brüder hatten ihn, so teilten ihr Regierungsbeamte mit, zu Tode geprügelt, da er sie in Schwierigkeiten gebracht habe. Ihre Schwager wurden wegen dieses »Mordes« erhängt, und Muna erhielt eine Haftstrafe von zwanzig Jahren.

»Natürlich glaubt sie die ›offizielle‹ Version nicht«, sagte Alia. »Sie weiß, daß ihr Mann und seine beiden Brüder von den Vernehmungsbeamten zu Tode gefoltert wurden. Doch jeden Tag fragt sie sich erneut, wer sie umbrachte und warum. Da ist es kaum eine Überraschung, daß sie mit ihrem Baby nicht fertig wird und hofft, daß ihre Familie sich des Jungen annehmen und ihn aufziehen wird.«

Ich machte dem Baby Hassan aus einem alten Kissenbezug ein Lätzchen, doch es verschwand spurlos. Dahinter mußte etwas stecken, denn die Frauen reagierten verlegen, wenn ich fragte, was mit ihm passiert war: Vielleicht durften sie von einer Christin keine Geschenke entgegennehmen.

Das Baby Hassan verließ ungefähr zur selben Zeit mit seiner Großmutter das Gefängnis, als Salli, Suhads kleine Tochter, zu einem kurzen Besuch aufkreuzte. (Es war nichts Ungewöhnliches, daß Kinder zu kurzen Besuchen bei der Mutter ins Gefängnis kamen, und in Anbetracht der langen, von den irakischen Gerichten über die Frauen verhängten Haftstrafen war das eine gute Sache.) Salli war ein vergnügliches Kind, das ein wenig Englisch sprach, das sie von ihrem Vater gelernt hatte, einem wohlhabenden irakischen Geschäftsmann, vor dem die irakische Geheimpolizei großen Respekt hatte. Suhads Mann schlug daraus Kapital, indem er besondere Dinge hereinschmuggelte, darunter auch mehrere Dutzend Frauenzeitschriften, die seine Frau so liebte. In einer Reihe dieser Zeitschriften waren Fotos von Farzad abgebildet, in einer sogar eines von mir auf dem Titelblatt, doch trotz vielfacher Versuche gelang es mir nie zu erfahren, wie die ganze Geschichte im Inneren des Blattes lautete. Es habe sich dabei, so wurde mir von einer Frau beschieden, die ich um eine Übersetzung gebeten hatte, um einen Haufen Propaganda gehandelt, der mich nur beunruhigen würde.

Salli feierte ihren siebten Geburtstag, den Beginn eines wichtigen Lebensjahres im moslemischen Glauben, während eines zweiwöchigen Aufenthalts bei ihrer Mutter im Gefängnis. Für das Ereignis hatte ihr Hadi ein hübsches weißes Kleid und eine Art Kaputzenmütze genäht, die irakische Frauen zum Beten tragen. Als die Sonne unterging, schlug Sabiha, die mit dem Gebetsruf dran war, mit einem Stein an die Eisenbeschläge der Tür, um die Frauen zusammenzuholen. Ich war draußen im Hof und wanderte ziellos auf und ab, als Salli herausgerannt kam, wobei sie aussah wie eine Schneeprinzessin. Ihre dunklen Augen blitzten vor Erregung, als sie zum erstenmal ihre Gebetsmatte ausbreitete und die Bewegungen ihrer Mutter nachahmte, dastand, sich niederkniete, den Boden küßte und die Lippen im Gebet bewegte. Als sie merkte, daß ich sie beobachtete, verzog sich ihr Gesicht zu einem breiten Lächeln. Ihr Gesichtsausdruck führte mich Jahre zurück in die Vergangenheit, als Michelle erstmals bei einer Schulaufführung mitmachte.

Dann kam zur Bestürzung der knienden und betenden Frauen Elizabeth auf den Hof und faltete die Hände für ein Gebet zu Jesus, wobei sie sich nach Westen, in die entgegengesetzte Richtung der heiligen islamischen Stadt Mekka in Saudi-Arabien wandte, auf die sich alle Moslems zum Gebet ausrichten. Elizabeth wußte ganz genau, was sie da tat; ich konnte ihr Tun zwar begreifen — das Leben war für uns Christinnen in einem vorherrschend moslemischen Gefängnis nicht einfach —, doch ich hielt sie für ziemlich töricht. Ich konnte die Wut spüren, die sich unter den betenden Frauen aufbaute, und wollte davon nichts abbekommen. Meiner Meinung nach mußten wir uns hier bereits mit genug Dingen abfinden, auch ohne religiöse Gegensätze, deshalb kehrte ich in meine Zelle zurück und legte mich auf mein Bett.

Es klopfte an der Tür, und ich entdeckte Anisa, eine große dunkelhäutige Frau um die Vierzig, saudiarabischer Abstammung. Anisa sprach etwas Englisch, und in Verbindung mit meinem sich schnell verbessernden Arabisch konnten wir uns unterhalten.

»Komm herein, Anisa«, sagte ich. »Wieso bist du nicht beim Beten?«

»Ich habe — wie ihr es nennt«, sie schlug sich leicht gegen den Bauch, »unrein. Zu solchen Zeiten dürfen wir nicht beten.«

»Warum?« fragte ich. »Liebt Allah euch denn nicht, wenn ihr eure Periode habt?« Anisa wirkte gekränkt.

»Das ist bei uns Brauch«, sagte sie und fügte dann, wie um sich zu rächen, hinzu: »Du betest überhaupt nicht, Dee.«

»Worum sollte ich deiner Ansicht nach bitten, Anisa? Um Wasser? Um den Tod der Geheimpolizei? Um eine angenehme Nachtruhe?«

»Du solltest für deine Entlassung beten, damit du wieder mit deiner Familie vereint wirst.«

»Ich glaube nicht, daß das funktionieren würde, Anisa, du etwa? Wenn uns Gebete hier rausbringen könnten, wäre nur noch ich hier.«

Anisa begriff sofort die komische Seite meines Arguments, und wir lachten.

»Warum stehst du in der Tür, Anisa? Komm herein.«

»Nein, das würde deinen Zellengenossinnen nicht gefallen.«

»Ich lebe auch hier, und ich lade dich ein einzutreten.«

»Na gut, auf ein paar Minuten«, sagte sie lächelnd. Sie schlüpfte aus ihren Schuhen, wie es die arabische Sitte vor dem Betreten des Heims eines anderen verlangt. Als sie das tat, erblickte ich ihre vernarbten Zehenspitzen, wo man ihr im Folterraum die Nägel ausgerissen hatte. Sie trottete barfuß herein und setzte sich auf mein Bett. Zuvor hatte ich an einer Tasche für Tanyas Geburtstag gearbeitet, der kurz bevorstand. Mit einer groben Nadel aus dem Draht des Sperrzauns und einem Leinensack, in dem sich einst Rinderfutter befunden hatte, versuchte ich für das Ereignis ein stilvolles Accessoire zu kreieren. Es hatte drei kleine Taschen, auf die ich jeweils die Heimatstadt meiner ehemaligen Zellengenossinnen gestickt hatte: Bagdad für Nisreen, Rasdiya für Sabiha und London für mich. Über den Namen einer jeden Stadt hatte ich ein Symbol gestellt: eine Sonne für Nisreen, einen Mond für Sabiha und einen Stern für mich.

Anisa hob die Tasche hoch und begann sie zu betrachten. Plötzlich zog Entsetzen über ihr Gesicht. »Dee«, fauchte sie, »du hast den Davidstern gemacht!«

Ich schaute genauer hin. Wovon redete sie? Ein Stern ist ein Stern ist ein Stern, dachte ich.

Anisa ließ die Tasche wie eine heiße Kartoffel fallen und stürmte aus der Zelle, als die Frauen gerade ihre Matten einrollten und die Kopfbedeckungen abnahmen. Die Neuigkeit von »Dees Davidstern« verbreitete sich wie ein Lauffeuer im Gefängnis, und am nächsten Morgen besuchte mich Senna in meiner Zelle in der Hoffnung, alles aufklären zu können.

Die anderen Frauen wurden aufgefordert, zu gehen und die Tür zu schließen.

»Nun, Dee, was soll das Ganze? Kann ich die Tasche sehen?«

Ich zog sie unter meiner Matratze hervor und warf sie ihr zu. Sie zählte langsam die Spitzen des Sterns, den ich gestickt hatte. Dann sah sie hoch und lächelte.

»Kein Problem. Der Davidstern hat sechs Zacken, deiner hat nur fünf. Ich sage es den anderen Frauen und mache dem ganzen Unsinn ein Ende.« Sie ging aus der Zelle, und ich blieb allein zurück. Die Furcht und Anspannung, die sich in mir aufgebaut hatten, seit Anisa am vorherigen Abend aus meiner Zelle gerannt war, fielen von mir ab, doch ich war wütend. Ich riß Sonne, Mond und Stern ab und warf die verflixte Tasche unter mein Bett in der Hoffnung, sie nie wieder ansehen zu müssen.

Am darauffolgenden Tag erhielt ich einen Brief von einem Fremden. Von einem britischen Journalisten, der in Deutschland lebte. »Wenn ich in meinen einsamen Wänden zu den funkelnden Sternen hochsehe«, schrieb er, »schicke ich meine Gedanken zu Ihnen im weitentfernten Irak.«

Ich ging nach draußen und schaute zum Himmel hinauf. Die Sterne, die noch gestern unter meinen Freundinnen und Zellengenossinnen so einen Aufruhr verursacht hatten, waren heute ein Zeichen der Freundschaft. Irgend jemand hatte sich so für mich interessiert, daß er mir schrieb, und der Zensor hatte diesen Brief zu mir durchgelassen. Ich war mit liebevollen Gedanken für diesen Fremden erfüllt und schickte sie ihm ins entfernte Deutschland — wenn ich vermutlich auch nie erfahren werde, ob er sie empfangen hat.

Einige Tage danach kam Senna in die Zelle und sagte, sie habe uns etwas mitzuteilen. Sie gehe für einen Monat nach Deutschland, doch hier liefe alles weiter wie bisher. Wir wechselten einen Händedruck, und ich entdeckte etwas Unergründliches in ihren Augen. Sie kommt nicht zurück, dachte ich — Gott bewahre uns.

Sie war kaum verschwunden, da tauchte schon Mohammed zu einer Säuberungsaktion auf. Er kassierte meine wertvollen Spielkarten und einen riesigen Haufen Sachen, die Senna mir zugestanden hatte, und daneben auch verbotene Dinge. Wut stieg in mir hoch, als ich mir vorstellte, wie er meine Karten mit nach Hause nehmen und damit seine Freunde unterhalten würde. Ich ging ihn nicht deswegen an, sondern attackierte ihn statt dessen wegen des Wassermangels.

»In unserem Flügel gibt es nicht einen Tropfen Wasser. Aus dem Hahn kommt nichts, und wir haben unseren ganzen Vorrat aufgebraucht. Die Temperatur bewegt sich irgendwo bei fünfzig Grad Celsius! Bestenfalls trocknen wir aus, schlimmstenfalls sterben wir an Durst.«

»*Shweya, shweya*«, sagte Mohammed, seine Standardantwort, die bedeutete, daß sich nichts ändern würde. Als er zu seiner Siesta verschwunden war, schlüpfte ich mit zwei leeren Eimern über den Hof. Wir hatten vielleicht kein Wasser, doch ich wußte von früheren Gelegenheiten, daß das Faß, aus dem sich die Wachen bedienten, voll wäre. Ich lächelte den Geheimpolizisten, der Dienst hatte, lieblich an, und er drehte sich weg, als ich meine Eimer füllte und sie zurücktrug. Es reichte nicht weit: Nachdem die Kinder ihren Anteil hatten, war für jede von uns nur noch eine Tasse voll übrig. Ich marschierte wieder hinaus, doch inzwischen mußte Mohammed aufgewacht sein, denn ich wurde weggescheucht. Als es Nacht wurde, waren wir alle ausgedörrt und stellten uns in einer Schlange mit leeren Eimern und Plastikflaschen im Waschraum auf. Die arabischen Frauen lagen auf den Knien und beteten um Wasser, aber es kam keines.

»*Macko Moi* (kein Wasser)«, sagte Hadi und schlug sich rhythmisch auf die Brust.

»Ja, *Macko Moi!*« fiel ich in ihren Rhythmus ein. Andere folgten, und ich führte unter diesem Ruf eine Gruppe aus dem Waschraum auf den Hof. »*Macko Moi! Macko Moi! Macko Moi!*« Die Frauen verhüllten ihr Gesicht und hielten sich hinter mir, bereit fortzurennen, falls Mohammed auftauchen würde, um uns zu bestrafen. Die Diebinnen und Mörderinnen nebenan schlossen sich dem Spaß an, und bald brüllte das ganze Gefängnis nach Wasser.

Mohammed mußte nach Hause gefahren und von einem Geheimpolizisten zurückgerufen worden sein, der nicht wußte, wie er mit der Situation fertig werden sollte, denn nach scheinbar stundenlangem Gesang sahen wir die Scheinwerfer eines Wagens, und plötzlich war er da und ging mit großen Schritten von der anderen Seite des Hofes aus auf uns zu. Wie durch einen Zauber verstummte das Geschrei, und wir rannten alle wie die Hasen in die Geborgenheit unserer Zellen. Eine Stunde später floß wieder Wasser aus dem Hahn.

Später, als Nisreen und ich alleine im Waschraum waren, wandte sie sich mit einem süßen Lächeln mir zu und sagte: »Weißt du, Dee, ich habe mir überlegt, du hast fünfzehn Jahre und ich habe zwanzig Jahre Haft vor mir, doch da ich bereits fünf Jahre abgesessen habe, werden wir zur gleichen Zeit, vielleicht sogar am selben Tag entlassen.«

Ich weiß, sie wollte lediglich nett sein — Nisreen würde nie jemandem willentlich weh tun —, doch ihre Worte trafen mich tief. Ich sah mich um. Fünfzehn Jahre lang diesen Schweinestall von Waschraum, die überfließenden Abwasserkanäle, die Fliegen, den Dreck, Kämpfe um Wasser, Wäscheleinen und Platz. Nein danke, dachte ich, besser eine Kugel in den Rücken. Und als mir dieser Gedanke durch den Kopf schoß, wußte ich, es stimmte. Ich konnte mir nicht erlauben, mich mit fünfzehn Jahren in diesem Gefängnis abzufinden; ich würde rauskommen — oder bei dem Versuch zu fliehen sterben. Ich fing an, meine Flucht zu planen.

Flucht, Gefahr, Freiheit, die Worte brannten sich mir ein. Ich ging hinaus auf den Turnplatz und betrachtete den einzigen verdorrten spindeldürren Baum, der an der Gefängnismauer wuchs. Es war ein mieses, in Wahrheit ein armseliges Exemplar von einem Baum, doch ich glaubte, er würde mein Gewicht tragen. Ich konnte nicht mehr als fünfzig Kilo wiegen, vermutlich sogar eher nur fünfundvierzig. Wenn ich den Baum hochklettern könnte, würde ich direkt auf die Mauerkrone gelangen. Oben auf der Mauer waren zwei Reihen Stacheldraht, die ich leicht überwinden könnte, und dann ging es noch rund drei Meter auf der anderen Seite nach unten. Das konnte ich schaffen; ich war fit und leicht.

Doch es wäre verrückt, es bei Tageslicht zu versuchen. Der Hof lag voll im Blick der Frauen, der Aufseher und der Geheimpolizei, die im Gefängnis Büros hatte. Unglücklicherweise wurden wir nachts in unserem Flügel eingesperrt. Wir konnten aufstehen und unsere Zelle verlassen, auf dem Korridor umhergehen oder den Waschraum aufsuchen, doch wir kamen nicht aus dem Gebäude heraus. In der Abenddämmerung schloß uns eine Aufseherin für die Nacht von innen ein. Nachdem sie sich für ein paar Stunden zu uns gesellt hatte, hing sie ihre Kleider an einen Nagel hinter die Tür von Hadis Zelle und legte sich zum Schlafen auf den Zellenboden. Ich hatte sie schon häufig schnarchen gehört, wenn ich in den Morgenstunden den Korridor auf- und abwanderte. Und nach der allgemeinen Kakophonie von Schnarchen und pfeifendem Atem zu schließen, die aus ihrer Zelle drang, litten weder Hadi noch die anderen unter Schlaflosigkeit.

Ich entschied, es sei vergleichsweise einfach, die Schlüssel aus der Manteltasche der Aufseherin zu holen, da der Mantel, während sie schlief, hinter der Tür hing. Dann würde ich mich in den frühen Morgenstunden still aus dem Gebäude schleichen. In meinem Kopf überdachte ich jede Flucht, von der ich jemals gelesen oder gehört hatte. Fliehende Häftlinge wateten häufig durch Wasser, so daß die Hunde, die man eventuell auf ihre Fährte hetzte, ihren Geruch verloren. Außerdem versuchten sie gewöhnlich, sich zu verkleiden, so daß sie dem Feind glichen. Sie sparten Lebensmittel und Wasser für die Flucht auf, und sie nahmen sich gerne ein sicheres Haus zum Ziel. Wo konnte ich eine sichere Zuflucht finden? Ich konnte da niemand anderen mit hineinziehen. Aber natürlich! Drei Freunde von mir hatten in der Nähe des Babylon Hotels ein Haus gemietet. Es hatte ein von einer Mauer umgebenes Flachdach, das sie als Patio benutzten. Wenn ich von außen über die Mauer steigen würde, könnte ich mich dort vielleicht verstecken. Aber nein, ich merkte, daß das keine gute Idee war. Vermutlich schaffte ich es nicht, die Mauer von außen hochzuklettern, und selbst wenn es mir gelang, würden die Verfolger davon ausgehen, daß ich mich nach Norden zurück in die Stadt wandte, in die Sicherheit der Britischen Botschaft oder des Krankenhauses. Ich wäre eine leichte Beute, und Gott weiß, was all denen zustoßen würde, die mich abzuschirmen versuchten.

Im Geiste arbeitete ich den geographischen Verlauf der irakischen Grenzen durch. Im Westen kam Jordanien, dann folgten im Uhrzeigersinn Syrien und die Türkei. Im Osten lag der Iran, während Kuwait und Saudi-Arabien im Süden angrenzten. Die benachbarten Golfstaaten Kuwait und Saudi-Arabien sortierte ich sofort aus: Sie hatten Saddam Hussein während des Krieges gegen Iran stark unterstützt und ihn mit Waffen und Geld versorgt, um so die Ausbreitung des islamischen Fundamentalismus à la Khomeini zu stoppen. Wenn ich in einem dieser beiden Staaten aufgegriffen würde, käme ich vermutlich in Handschellen hierher zurück und erhielte noch einmal fünfzehn Jahre für den Fluchtversuch. Jordanien, die Türkei und Syrien erschienen mir gangbar, aber meine besten Chancen hatte ich im Iran. Die Iraner würden mir nur zu gerne helfen, wenn sie damit die Verlegenheit des

Irak wegen meiner Flucht verstärken konnten. Ich war sicher, ich hatte gehört, daß es in Teheran immer noch eine Schweizer oder eine Schwedische Botschaft gab, die sich um die Angelegenheiten der Europäer im Lande kümmerte. Dahin würde ich mich wenden. Wenn Frieda auf einem Esel über die Berge reisen konnte, konnte ich das schon lange! In der Vergangenheit hatte ich Esel, Pferde, Ponys und Kamele geritten; das war kein Problem. Dann fiel mir ein, daß Frieda zu ihrem eigenen Schutz ihren Sohn mithatte. Nun gut, ich würde mich um mich selbst kümmern müssen. Das könnte ich auch, wenn der Angreifer nicht eine Waffe tragen würde. Darauf müßte ich vorbereitet sein. Besser vergewaltigt als erschossen zu werden, doch wenn ich gut vorbereitet wäre, könnte ich beides vermeiden. Ich könnte noch intensiver Aerobic betreiben.

Ich hatte bereits zwei Klassen; ich würde das noch auf eine dritte erweitern und dafür sorgen, daß ich nicht nur die Übungen leitete, sondern auch dreimal pro Tag wirklich mitmachte, damit ich absolut fit wurde.

Ich dachte an die Fahrten durch die Wüste, die ich in vom Gefängnis aus westlicher Richtung unternommen hatte. Wenn ich es bis zu den Seen schaffte, einem Gebiet, das ich besser als alle anderen im Irak kannte, könnte ich sie durchschwimmen. Es bestand die Chance, daß mir eine Kamelherde begegnete. Man hatte mir erzählt, daß Kamele, anders als Pferde, nicht wegzurennen versuchen, wenn sie auf Menschen stoßen. Wenn ich jetzt bereits eine Art Zaum anfertigen könnte, bevor ich das Gefängnis verließ, könnte ich ihn über den Kopf eines der Kamele ziehen und aufsteigen. Würde uns die ganze Herde folgen? Wenn das so wäre, hätte ich gleich den Besitzer auf den Fersen. Das könnte gefährlich werden. Ich brauchte unbedingt ein Maximum an Zeit, von den Seen weg- und in nordöstlicher Richtung in die Bergregion zwischen dem Irak und dem Iran zu kommen. Ich wußte, die Reise würde schwierig, aber ich war daran gewöhnt, primitiv zu leben, nachdem ich ein paar Jahre zuvor in Nordengland den Wanderweg durch die Pennines bewältigt hatte. Ich dachte an diese Wanderung zurück, wo jeder Schritt der Route entlang des Rückgrats von England in tiefen Schlamm oder weichen Torf führte. Mehrere Tage lang hatte es aus Kübeln gegossen. Bestimmt konnte es nicht so schlimm werden. Und selbst wenn es das würde, käme ich damit zurecht.

Zu allererst benötigte ich Proviant. Ich wollte anfangen, Lebensmittelvorräte anzulegen, und Pauline bitten, eine Rolle Schnur mitzubringen; ich würde ihr sagen, ich wolle eine neue Wäscheleine anfertigen, und dann daraus einen Kamelzaum machen. Ich dachte an die Pferde, die wir früher hielten — Golden Shadow, Spotty und Comice. Wie oft hatte ich ihr Zaumzeug gereinigt, vor allem, bevor Michelle sie auf einem Turnier reiten sollte! Ich wußte genau, wie man Zaumzeug anfertigte, doch es mußte gepolstert sein, sollte es dem Kamel nicht ins Maul schneiden. Dazu wäre Wolle nötig, und ich müßte den Zaum heimlich anfertigen, hinter der verschlossenen Tür des Waschraums während der Zeit der Siesta. Nicht einmal Elizabeth dürfte wissen, was ich vorhatte, sonst geriete auch sie in Gefahr.

Dann war da noch die Verkleidung. Als ich zum erstenmal ins Gefängnis für Frauen kam, die alle dunkelhaarig waren, hatten sie sich so für mein blondes Haar interessiert, daß ich wütend wurde. Sie wollten sich hinsetzen und über das Haar streichen — das machte mich wahnsinnig. Ich hatte das Senna gegenüber erwähnt, und sie hatte mir etwas Färbemittel zum Abdunkeln der Haare gegeben. Ich hatte es nicht verwendet, zum Teil weil die Faszination der Frauen an meinen Haaren nicht lange vorhielt, und zum Teil auch, weil ich geglaubt hatte — ohne genau zu wissen warum —, daß es mir noch eines Tages von Nutzen sein könnte. Wenn Elizabeth mir die Haare kürzen und ich sie dann schwarz färben würde, würde ich bestimmt als kleiner drahtiger Mann durchgehen können. Ich war noch nie dünner gewesen — ich hatte keinen nennenswerten Busen mehr. Es fiel alles zusammen.

Ich würde viel Zeit für die Planung aufbringen müssen, wenn ich eine Aussicht auf Erfolg haben wollte. Doch Zeit hatte ich wirklich genug. So exakt meine Planung auch sein müßte, ich würde dazu keine fünfzehn Jahre benötigen.

In die Freiheit

Als es dann soweit war, ging alles ganz schnell und form-los. Ich unterhielt mich gerade mit Elizabeth in der Schlange vor dem Waschraum, als eine Aufseherin über den Hof hastete, mich im Türrahmen erspähte und aus-rief: »Dee, du wirst entlassen!«

Ich war wie vom Donner gerührt. Ich sagte überhaupt nichts, starrte sie einfach nur an.

»Du wirst entlassen, du wirst entlassen«, brabbelte sie und streckte die Finger aus und knickte den Daumen ab zum Zeichen eines startenden Flugzeugs, wie es ein Kind im Spiel macht.

Die Frauen versammelten sich um die Tür und schnat-terten wild durcheinander.

»*Yalla!*« sagte die Aufseherin und zupfte mich am Är-mel.

»Nein, nein!« versuchte ich sie abzuschütteln — aus Angst, meinen Platz in der Schlange zu verlieren. »Ich muß mich waschen.«

»Keine Wäsche. *Yalla!*« brüllte sie mir ins erstaunte Ge-sicht.

Ich langte nach Elizabeths Hand.

»Komm mit, Elizabeth. Das kann ein Trick sein.«

»Nein, Elizabeth nicht kommen«, sagte die Aufseherin.

»Ja, Elizabeth kommen.« Ich sprach Pidgin-Englisch, entsetzt, daß etwas Schreckliches geschehen würde. Michelle hatte mich erst einige Tage zuvor besucht: Hatten unsere Gespräche jemanden beleidigt? Ich ignorierte ihr Bitten und zog Elizabeth hinter mir her.

»Laß mich, Dee! Mohammed wird auf mich wütend sein, wenn ich dich begleite. Bitte laß mich los«, bettelte sie.

Doch ich hielt sie fest und schleppte sie über den Beton, durch den Torbogen und den Weg zum Büro entlang, wo ich damals das erste Mal von meiner fünfzehnjährigen Haftstrafe gehört hatte. Hinter demselben langen Holztisch, der noch immer wie ein Büroschreibtisch aussah, saßen dieselben drei Männer.

»Was ist los?« fragte ich sie. Elizabeth übersetzte. Einer der Männer überlas ein Blatt Papier und sagte etwas schnell zu Elizabeth.

Sie sah mich an. »Er sagt, du wirst entlassen.«

Das hatten wir doch schon einmal, dachte ich. »Kann ich meine Entlassungspapiere sehen?« verlangte ich zu wissen.

»Es gibt keine Papiere.«

»Die muß es geben. Kein Mensch kann ohne Papiere entlassen werden. Sind sie noch nicht hergeschickt worden?«

»Sie brauchen keine Papiere. Das ist nicht nötig.«

»Kommen Sie mit«, befahl mir einer der anderen Aufseher.

Wir folgten ihm in Sennas ehemaliges Büro. Wie wünschte ich, sie wäre da! Sie war die einzige unter allen irakischen Beamten, der ich vertrauen konnte. Senna hätte mir die Wahrheit gesagt, wie schwer verdaulich sie auch wäre. Im Büro warteten vier Männer, die ich noch nie gesehen hatte. Zumindest sprach wenigstens einer von ihnen perfekt englisch.

»Warum tragen Sie arabische Kleidung?« fragte er.

Ich gab keine Antwort. Ich war durcheinander. Natürlich trug ich arabische Kleider, ich war in einem arabischen Gefängnis. Was dachte er, sollte ich tragen, einen Minirock?

»Wir müssen uns beeilen. Wir bringen Sie zum Flughafen.«

Ich schaute mir die vier Schlägertypen in diesem Büro an und empfand einen scharfen Stich der Furcht. Es war Dienstag — morgen war einer der zwei Hinrichtungstage für Frauen.

»Mich müssen nicht vier Männer zum Flughafen bringen, ein Fahrer genügt. In Wahrheit würde ich lieber mit einem Taxi zum Flughafen fahren, wenn ich wirklich dorthin soll.«

»Natürlich fahren Sie zum Flughafen. Sie fliegen nach Hause.« Seine Worte trafen mich wie ein Messer. Nach Hause, nach Hause, sollte ich wirklich nach Hause? Ich wollte ihm glauben, doch ich wußte, die Chancen standen eins zu eins: Entweder log er, oder er sagte die Wahrheit. Plötzlich fiel mir mein Reisepaß ein. Wenn ich nach Hause fliegen sollte, würde ich meinen Paß brauchen.

»Wo ist mein Reisepaß? Ich brauche meinen Reisepaß«, beharrte ich.

Er langte in seine Jackentasche und zog ihn hervor. Ich blätterte ihn rasch durch und sah dann den Mann an.

»Hier ist kein Ausreisevisum drin. Niemand kann den Irak verlassen ohne Ausreisevisum. Wohin wollen Sie mich bringen?«

»Zum Flughafen«, sagte er mit versteinertem Gesicht.

»Wie kann ich den Irak ohne Entlassungspapiere des Gefängnisses oder einem Ausreisevisum in meinem Paß verlassen, das mir erlaubt, das Land zu verlassen? Das ist unmöglich.«

Wir starrten uns mißtrauisch an.

»Woher kommen Sie?« fragte ich kampflustig. »Sind Sie vom Abu-Grabe-Gefängnis? Ich habe keinen von Ihnen jemals gesehen.«

»Ich bin vom Außenministerium. Ich bin Übersetzer.« Ich spürte, wie mir plötzlich die Angst im Magen hochstieg. Natürlich, das war es, das stimmte nicht.

»Warum hat man Sie geschickt? Abu Samir ist Übersetzer, mein Übersetzer, warum steht er nicht hier?«

»Er ist im Augenblick auf einem Kursus.«

»Wie seltsam«, sagte ich. »Vor ein paar Tagen wurde mir erzählt, er sei krankgeschrieben. Nun sagen Sie, er besuche einen Kursus. Was ist wirklich mit ihm geschehen?«

»Ihm ist nichts geschehen. Ihm geht es gut. Kommen Sie jetzt, wir sind spät dran. Wir hätten bereits seit einer Stunde von hier weg sein sollen. Das Flugzeug sollte eigentlich in fünf Minuten abheben.«

»Und ich vermute, Sie wollen mir erzählen, daß ein planmäßiges Flugzeug nach London auf dem Rollfeld steht und auf mich wartet, oder? Ich gehöre nicht zur königlichen Familie, wissen Sie, und ich bin auch nicht dumm.«

»Das ist uns bekannt.«

»Ich muß mit jemandem von der Britischen Botschaft sprechen.« Das überlegte ich, und im gleichen Augenblick war es schon herausgerutscht. »Ich gehe nirgendwohin, bevor ich nicht mit Robin oder Pauline geredet habe.«

Das war der Punkt, hatte ich beschlossen. Ich setzte mich und schaute Elizabeth an. Sie war sehr bleich. Ich bemerkte winzige Schweißtropfen auf ihrer Oberlippe und die Angst in ihren Augen.

»Es ist Dienstag«, flüsterte ich.

Sie nickte, ohne zu sprechen. Also war auch ihr der Gedanke gekommen, daß ich abgeholt würde, um gehängt zu werden.

Mir schwirrte der Kopf, während die vier Männer sich auf arabisch besprachen. Warum hatte er meinen Reisepaß? Sollte er ihn nach meiner Hinrichtung Robin übergeben? Robin war aufgefordert worden zu warten, bis man Farzad gehängt hatte. Hatte er dann Farzads Reisepaß erhalten, damit er mit der Diplomatenpost nach London gesandt wurde, während Farzad in einer Holzkiste folgte?

Der Übersetzer ging zum Telefon und machte einen Anruf. Er hing ein und wartete auf einen Rückruf, dann händigte er mir den Hörer aus.

»Hallo«, sagte ich wachsam.

»Herzliche Glückwünsche, Dee!« sagte eine männliche Stimme. Es war nicht Robin.

»Mit wem spreche ich bitte?« fragte ich kühl.

»Mit Hookey, Hookey Walker. Wir sind alle am Flughafen und warten auf Sie.«

Nun erkannte ich die Stimme wieder. Es war die des britischen Botschafters.

»Gott sei Dank dafür.«

»Sie werden nach Sambia ausgeflogen.«

»Sambia? Warum Sambia?«

»Schauen Sie einem geschenkten Gaul nicht ins Maul, Dee.«

»Bin schon unterwegs.«

Elizabeth und ich rasten zurück in den Flügel. Sie hatte mit dem Fahrer gesprochen und war nun auch überzeugt.

»Ich habe mit ihm geredet, während du telefoniert hast. Er erzählte mir, er habe Anweisung, dich zum Flughafen zu bringen. Beim Blute Jesu, es ist wahr!« Sie warf den Kopf zurück und lachte.

Ich hatte noch immer Vorbehalte. Das alles geschah so schnell — ich sollte eigentlich gerade an die Spitze der

Schlange vor dem Waschraum aufgerückt sein. Plötzlich war ich aufgeregt, verwirrt, in Panik.

»Schreib mir, Elizabeth! Du hast meine Adresse. Schreib mir, sobald du entlassen bist, versprochen?«

»Versprochen!« Wir umarmten uns und weinten.

Ich riß mir das lange arabische Kleid vom Körper und zog Bluejeans und eine Bluse an.

Die Frauen vergaßen ihre normale Höflichkeit, in der Tür zu warten, bis sie in die Zelle gebeten wurden. Sie umrundeten mich, und redeten und lachten. Ständig in Gefahr, von der Menge erdrückt zu werden, konnte ich lediglich ein paar Dinge zusammensuchen und in einen Beutel stopfen. Es ist traurig, aber ich kam nicht bis zum Bett, um all die unterstützenden Briefe einzupacken, die ich von Freunden und wohlmeinenden Menschen erhalten hatte, Briefe, die mir über die Monate hinweghalfen, Briefe, die ich, wie ich mir versprochen hatte, beantworten würde, sobald ich in Freiheit wäre. Sie blieben in einer Pappschachtel zusammen mit meinen wachsenden Fluchtvorräten — meinen meistgeschätzten Sachen — unter meinem Bett zurück.

Ich zwängte mich durch die Menge der Frauen, küßte Gesichter und drückte Arme auf meinem Kampf zur Tür hinaus. Alia hielt mich fest und zog mich zu sich heran. »Erzähle das alles«, zischelte sie.

Ich rannte zum letzten Mal quer über den Hof, wandte mich noch einmal um. Die Frauen standen dicht an dicht und sahen jetzt nicht mehr in ihren arabischen Gewändern wie eine Schar schwarzer Krähen aus, sondern wie Freundinnen. Einige waren auf die Knie gefallen und beteten, andere winkten mir zu und schrien laut ihr *Ulula*.

»Auf Wiedersehen, Dee, auf Wiedersehen, Dee ... auf Wiedersehen!«

Ich winkte ein letztes Mal und setzte mich auf den

Rücksitz des Ministeriumwagens. Zwei der vier Männer, die mich erwartet hatten, stiegen beidseits von mir ein, und der Wagen passierte die Gefängnistore und fuhr Richtung Norden. Gut, das war's — wir befanden uns entweder auf dem Weg zum Flughafen oder zum Henker —, ich war noch immer nicht vollkommen überzeugt. Ein Schauer der Angst durchraste mich, als wir weiter nach Norden in die Richtung des Abu-Grabe-Gefängnisses fuhren, anstatt nach Westen zum Saddam-Hussein-Flughafen abzubiegen. Mir schwirrte der Kopf. Das war ein Trick. Das war nicht Hookey Walker am Telefon gewesen — deshalb hatte der Übersetzer darauf gewartet, daß ihn jemand zurückrief. Man hatte mich beschwindelt und betrogen. Oh, sie waren doch so trickreich, wenn sie uns täuschten! Ich mußte daran denken, wie man mir erzählt hatte, ich führe in die Britische Botschaft, und dann war ich im Frauengefängnis gelandet. Ich erinnerte mich, wie Abu Samir gelacht hatte, als er Farzad erzählte: »Nein, der Richter sagte, er wird Sie nicht hängen.« Zweifellos hatten sie Farzad angelächelt, als sie ihm den Strick um den Hals legten.

Der Wagen hielt in der Stadt, und einer der Männer stieg aus und verschwand außer Sicht. Ich merkte an der Übelkeit, die mich ergriff, daß mein Blutdruck sank. Mein Herz hämmerte gegen die Rippen, und meine Handflächen trieften vor Schweiß. Der Übersetzer kehrte zum Wagen zurück und überreichte mir einen Blumenstrauß. Mein Gott, was war bloß los? Ich rieb meine Hände an den Jeans ab und nahm die Blumen. Der Wagen fuhr weiter Richtung Rennplatz, dann kamen die Fahnenmasten vor dem Trade Fair Building in Sicht. Wir fuhren durch die Tore und zur Rezeption. Mir drehte sich der Kopf. Warum waren wir im Trade Fair Building? Träumte ich das alles nur? Der Flughafen lag weit entfernt im Südwesten der Stadt. Ich mußte träumen, das war ein Alptraum. Lieber Gott, laß mich jetzt bitte aufwachen! Ich werde mich nie, nie wieder über Wassermangel, Exkremente auf dem Boden, Übervölkerung und eifersüchtige Busenfreundinnen beschweren — laß mich nur bitte aufwachen!

Der Wagen hielt an, und ich wurde in den Empfangsraum gebracht. Hookey Walker schritt auf mich zu, um mich zu begrüßen. Ich kann mich nicht erinnern, ob wir uns die Hand schüttelten, oder ob ich ihm in die Arme gefallen bin und geweint habe. Pauline, die liebe Pauline, war auch da, umarmte mich fest und gab mir einige Ratschläge. Ich überstand eine Pressekonferenz, aber ich kann mich kaum noch an etwas erinnern, mit Ausnahme der Blitzlichter von einem Dutzend Kameras, bevor es Zeit wurde, auf Wiedersehen zu sagen.

Als wir durch einen Hinterausgang in den Sonnenschein hinaustraten, entdeckte ich ein wunderschönes, blauweißes kleines Düsenflugzeug, das auf dem Rollfeld stand. War das für mich? Wach auf, Dee, um Himmels willen! Ich ging an Bord, begleitet von dem Übersetzer und einem anderen Angehörigen des Ministeriums. Ich konnte mir nicht helfen, ich mußte daran denken, wie sehr das Abu Samir gefallen haben würde, in fremde Länder zu fliegen und seine übersetzerischen Fähigkeiten einsetzen zu können. Ich sah durch das Fenster des Flugzeugs und winkte Pauline und dem Botschafter zu, als wir die Startbahn entlangrasten.

Der Irak verschwand aus der Luke, als wir in den Himmel stiegen. Ich sah hinunter. Irgendwo da unten war das Krankenhaus, in dem ich gearbeitet, waren die Ärzte und Krankenschwestern, mit denen ich zu tun gehabt und mit denen ich gelacht, die Hotels, in denen ich zu Abend gegessen, und die Bars, in denen ich Drinks zu mir genommen hatte. Das Rashid-Hotel mit seinem wundervollen Swimmingpool, das Melia, wo ich erstmals mit Farzad zu Abend aß. Irgendwo da unten war ein Teil meiner Person, die ich einmal gewesen, jetzt aber nicht mehr bin. Dieser Teil von mir, den ich in der Betonzelle eines Gefängnisses voller unschuldiger Opfer zurückließ, von denen viele meine Freundinnen waren. Ich gehörte zu den wenigen Glücklichen: Ich konnte nach Hause.

Nur für den Moment leben

Das Telefon läutete gegen 9.00 Uhr mehrere Male, doch ich hatte den Anrufbeantworter eingestellt, deshalb machte ich mir nicht die Mühe aufzustehen. Ich war todmüde, hatte in der zurückliegenden Nacht stundenlang wach gelegen und über meinen letzten Besuch bei meiner Mutter nachgedacht. Dieses Mal war der Rahmen, in dem es stattfand, ein ganz anderer gewesen, und das beunruhigte mich. Zum erstenmal hatten wir uns alleine unterhalten können, ohne einen Abu Samir oder anderen irakischen Beamten. Zweifellos war das Abhörgerät noch vorhanden, doch ohne die einschränkende Anwesenheit eines Dritten hatten wir weitaus freier geredet, als ich es nun für klug hielt. Nicht nur meinten wir, das erste Mal über Farzad sprechen zu können, sondern Mami erzählte auch entsetzliche Geschichten über die Folterungen und Mißhandlungen, die nach den Erzählungen einer Frau in ihrem Flügel an der Tagesordnung waren.

Ich war noch im Halbschlaf und hatte gerade einen Traum, als ich durch den Dunst der Erschöpfung hörte, wie eine männliche Stimme eine Nachricht auf dem Gerät hinterließ. Es war David Hope, ein Beamter aus dem Außenministerium, mit dem ich ständig in Kontakt gewesen war. Ich hätte aus dem Bett springen und den Hörer abnehmen sollen, doch seine Nachricht lähmte mich. »Michelle, bitte rufen Sie zurück, es ist dringend!« Ich erstarrte. Das konnten nur schlechte Neuigkeiten sein. Sie wollten Mami hängen. Meine Gedanken wanderten erneut zu unserer unbewachten Unterhaltung vor nur vier Tagen zurück. Natürlich, natürlich war das alles ein Trick gewesen, eine Verschwörung, um sie noch weiter zu belasten, und jetzt wollten sie sie aufgrund dieses Gesprächs hinrichten. Wie um alle Welt hatten wir uns nur wieder so täuschen lassen können.

Ich versuchte, mich zu beruhigen, aber es nützte nichts. Ich kam überhaupt nicht darauf, daß David Hope mit seinem Anruf gute Neuigkeiten loswerden wollte, und die Gewißheit, daß ich etwas Verheerendes hören würde, hielt mich davon ab zurückzurufen. Ich konnte einfach nicht aufstehen. Ich lag im Bett und zog mir die Decke bis zum Kinn hoch: Ich brauchte fünf Minuten, um mich für diese Neuigkeit zu wappnen. Ich sah zu, wie die Minuten über den Digitalwecker neben dem Bett flackerten — fünf, zehn, fünfzehn —, und konnte es immer noch nicht. Als das Telefon dreiundzwanzig Minuten später erneut läutete, brach ich mir beinahe den Hals bei dem Versuch, den Hörer abzuheben, doch selbst dann war ich noch so verzweifelt bemüht, David zu hindern, seine schlechte Neuigkeit loszuwerden, daß ich ihn überhaupt nicht zu Wort kommen ließ. Ich redete, ohne Luft zu holen — über meine Müdigkeit, den achtzehnstündigen Aufenthalt am Flughafen von Kairo auf der Rückreise aus Bagdad, über alles und jedes, nur um den Moment hinauszuzögern, in dem er mir sagen würde, daß Mami tot war.

Schließlich gelang es David, mich zu unterbrechen. »Michelle! Michelle, hören Sie zu!« sagte er. »Sie ist freigelassen worden! Sie ist gerade auf dem Weg zum Flugplatz! Sagen Sie noch niemandem irgend etwas — wir wollen nicht, daß die Presse es erfährt, bevor sie Bagdad verlassen hat. Wir geben die Information heraus, sobald ihr Flugzeug vom Boden abhebt.«

Ich legte leise den Hörer auf und spürte, wie ein ungeheures Grinsen über mein Gesicht glitt. Sie war frei. Sofort läutete das Telefon von neuem — eine Nachrichtenagentur bat um einen Kommentar. Also hatte man die Neuigkeit verkündet: Mamis Flugzeug war in Bagdad gestartet. Ich stimmte weder ein Freudengeschrei an, noch weinte ich. Alles, was ich registrierte, war, daß sie draußen war und daß sie nach Hause kam. Ich rief alle Freunde und Familienangehörige an, die ich erreichen konnte, und innerhalb weniger Minuten war die Wohnung von Journalisten belagert, die Erklärungen, Kommentare und Interviews haben wollten. Viele waren im Verlauf der Monate meine Freunde geworden, und sie wollten nicht nur eine Story, sondern auch mitfeiern. Ich bat sie um eine halbe Stunde Aufschub, damit ich eine Art Erklärung vorbereiten konnte, und als ich sie schließlich einließ, trugen viele Blumen und Champagner unter dem Arm. Mittlerweile war die volle Bedeutung der Neuigkeiten in mich eingesickert, und ich ermahnte mich, daß dies zwar für uns ein wundervoller Tag war, es aber für Farzads Familie und seine Freunde, von denen ich viele während der Kampagne kennengelernt hatte, auch ganz besonders hart war. Farzad würde nicht heimkehren, und ihr Gram müßte, das wußte ich, schlimm sein, da unsere gute Nachricht sie nur erneut an ihren Verlust erinnern konnte.

Man teilte mir mit, Mami würde nach einer Nacht in Sambia in den frühen Morgenstunden des nächsten Tages in Gatwick landen. Ich verbrachte die Zeit bis dahin im Außenministerium mit Presseinterviews. In all den Monaten, in denen meine Mutter im Irak festgehalten wurde, hatten mich viele Leute die ganze Zeit hindurch unterstützt, und ich wollte ihnen unbedingt sagen, wie sehr ich ihre Bemühungen für unsere Sache zu schätzen wußte.

Ich würde gerne behaupten, daß die Wiedervereinigung mit meiner Mutter idyllisch verlaufen sei. Doch wenn ich das täte, wäre es nicht wahr. Ich wollte sie auf dem Rollfeld in Gatwick empfangen, doch ich kam zu spät, und als ich dort ankam, machte sie sich gerade für eine Pressekonferenz bereit.

Ich weiß noch, wie sehr ich mich als ihre Beschützerin fühlte, als sie vor den Mikrophonen stand und die aus allen Richtungen des Raums auf sie abgefeuerten Fragen zu beantworten suchte. Sie war gelassen und nicht aus der Ruhe zu bringen und stand, meiner Meinung nach, sehr gut Rede und Antwort. Nach der Pressekonferenz chauffierte man uns ins Sussex Hotel, wo wir die nächsten zwei Wochen logieren sollten. Um 9.00 Uhr feierten wir bereits mit Freunden und der Familie bei Champagner, doch mir kam alles immer noch wie im Traum vor. Nur ab und an zuckte mir der Gedanke durch den Kopf, daß es das war, daß dies der Tag war, auf den wir alle hingearbeitet hatten.

In den nächsten zwei Wochen war mein Verhältnis zu meiner Mutter angespannt und schwierig. Als die Willkommensparty vorbei war, fühlte ich mich ausgepumpt. Ich konnte mit meiner Mutter nicht richtig einig werden: Es war, als hätte ich sie zu etwas beinahe Übernatürlichem aufgebaut, doch sie verhielt sich genauso wie immer. Ich weiß, ich brachte keine Geduld für sie auf. Ich wünschte, sie wäre imstande, das Geschehene aus dem Kopf zu wischen. Ich wollte, daß sie alles vergaß, vorzugsweise auf der Stelle, damit wir wieder unseren Spaß haben konnten. Zu diesem Zweck versuchte ich geradeheraus über Farzad zu sprechen, alles ans Tageslicht zu ziehen, so daß es sie nicht auf einmal Wochen später einholen würde. Ich wollte sie unbedingt in die Normalität zurückführen und wandte dazu Mittel an, die, wie ich heute erkenne, ungeschickt und plump waren. Ganz natürlich hatte sie eine Barriere errichtet, doch in jener Zeit konnte ich nicht verstehen, was los war. Mir schien es, als habe sie etwas gegen mich und meine Bemühungen, und ich schwamm mehrfach in Tränen.

Es war während des Urlaubs in Sambia, als wir drei Wochen alleine waren, daß wir anfingen zu merken, was unser Verhältnis belastete. Wir beide machten eine Zeit der Wiederanpassung durch. Für Mami hieß das, sich mit dem Leben nach dem Irak auseinanderzusetzen und mit dem Schuldgefühl leben zu lernen, das sie empfand, weil sie noch da und Farzad tot war, weil sie frei war, während so viele Frauen, die ihre Freundinnen geworden waren, noch immer unter den Schaftstiefeln der irakischen Unterdrückung zu leiden hatten. Für mich bedeutete es, mich auf ein Leben jenseits des Scheinwerferlichts einzustellen. Mein oberstes Ziel war stets die Freilassung meiner Mutter gewesen, aber ich kann nicht leugnen, daß es an meinem gewonnenen Status als »Berühmtheit« Seiten gab — wie etwa in Wagen mit Chauffeur in Fernsehstudios gefahren und in Anwesenheit von Politikern und Regierungsministern um einen Kommentar zu den verschiedensten Topthemen gebeten zu werden —, die ich genoß. Die Kampagne zur Freilassung meiner Mutter war der Angelpunkt gewesen, um den sich mein Leben drehte. Nun, da sie frei war, hatte ich eigentlich nichts mehr zu tun: Ich trat einfach Wasser, und ich wußte nicht, in welche Richtung ich gehen sollte.

Ich würde mich auch an das Leben einer ungebundenen Frau gewöhnen müssen. Peter und ich hatten beschlossen, unsere Hochzeitspläne aufzugeben. In den Monaten, in denen meine Mutter im Gefängnis saß, war er eine wunderbare Stütze gewesen, selbst als ich mich alles andere als vernünftig benahm und ihn häufig anschrie, er verstünde nicht, wie ich mich fühlte. Wie konnte er auch? Selbst ich wußte die meiste Zeit nicht, was eigentlich in mir vorging. Ich mußte zurück auf die Erde geholt werden, und dabei half der Austausch von Gedanken und Ideen mit Mami in Sambia, das für uns neutrales Gebiet war. Als wir nach London zurückkehrten, waren wir uns nicht mehr fremd, sondern wieder Mutter und Tochter. Wir beschlossen, wieder in der Londoner Wohnung zusammenzuleben, was wir noch heute tun.

Die Leute fragen stets, ob mich diese Erfahrungen, die Mami gemacht hat, irgendwie verändert haben. Ich weiß, sie veränderten mich von Grund auf. Das Ganze war eine fürchterliche Tragödie, die niemals hätte eintreten dürfen, und wenn ich auch niemals einige schreckliche Gefühle, die mir den Magen umdrehten, vergessen werde und sie niemals wieder erleben möchte, weiß ich doch, daß ich durch diese Erfahrung ein besserer Mensch geworden bin. Diese Monate, in denen ich die Kampagne leitete, machten mir Dinge bewußt, die ich zuvor noch nie bedacht hatte. Ich glaube, ich war früher ziemlich oberflächlich — nun ist mir wesentlich bewußter, was um mich herum passiert. Soweit ich mich jemals mit der Rechtsprechung befaßt hatte, habe ich mich früher für die Todesstrafe ausgesprochen, doch heute bin ich entschieden dagegen, denn ich habe erkannt, daß unschuldige Menschen in Situationen geraten können, auf die sie keinen Einfluß haben. Früher sah ich das Leben nur in Schwarz und Weiß; heute kann ich auch die zahlreichen Grauschattierungen erkennen.

Ich habe mich bei den verschiedensten Organisationen engagiert, die sich um Gefangene im Ausland kümmern, und ich hoffe, das auch fortsetzen zu können. Ich sähe es auch gerne, wenn eine spezielle Beratungsstelle eingerichtet werden würde, die Menschen wie mir hilft, wenn enge

Verwandte von ausländischen Regierungen festgehalten werden. Das britische Außenministerium gab mir eine Kontaktnummer, die ich jederzeit anrufen konnte, und das tat ich auch häufig, einmal sogar in den frühen Morgenstunden, als mir die Lage meiner Mutter besonders hoffnungslos erschien. Doch eine unabhängige Stelle ohne »offiziellen« Regierungsstatus wäre meiner Ansicht nach für Angehörige in der gleichen Situation von unschätzbarem Wert.

Ich wußte vor der Verhaftung meiner Mutter über die Region des Mittleren Ostens überhaupt nichts, doch nun verfolge ich die dortigen Entwicklungen höchst interessiert und habe vor, demnächst eine Reihe von Ländern zu besuchen — darunter auch den Irak. Ich würde mir gerne Jordanien, Syrien und Ägypten ansehen. Ich bin gern in Gesellschaft von Leuten aus dem Mittleren Osten, und als ich vor kurzem mit einer arabischen Fluglinie nach New York flog, fiel mir wieder ein, wie sehr ich die Wärme und Großzügigkeit der Araber bewundere.

Ich gründete vor kurzer Zeit mein eigenes Büro als Musikmanagerin, das gut zu laufen scheint. Mami und ich begegnen uns häufig in der Eingangshalle, ich gehe, sie kommt nach Hause. Vor ein paar Monaten wurde, als wir beide zur Arbeit außer Haus waren, in unsere Wohnung eingebrochen, und es wurden viele Sachen von großem emotionalem Wert gestohlen, unter anderem auch der Schmuck, den mir ein verstorbener enger Freund geschenkt hatte, und die heißgeliebte silberne Teekanne meiner Mutter. Damals regte uns das sehr auf, doch nach ein paar Tagen hatten wir den Diebstahl verwunden. Im Leben gibt es Schlimmeres, als den Verlust einer silbernen Teekanne.

Ich kehrte am 18. Juli nach London zurück. Es hatte sich anscheinend ausgezahlt, daß sich der sambische Präsident Kenneth Kaunda persönlich bei Saddam Hussein für mich eingesetzt hatte. Politische Analytiker haben seitdem Spekulationen angestellt, daß anderer Druck auf den irakischen Führer ausgeübt worden sei, und daß er sich unter dem Anschein, Kaundas Bitte um Gnade zu entsprechen, habe aus der Schlinge ziehen können. Michelle hatte weiter unablässig für meine Freilassung gearbeitet, war regelmäßig im Fernsehen aufgetreten und in Zeitschriften zu Wort gekommen, und auf diese Weise habe er mich loswerden können, ohne das Gesicht zu verlieren. Diese Theorie paßt sicherlich zu allem, was wir heute über ihn wissen. Andere haben die Meinung vertreten, Tiny Rowlands, der millionenschwere Besitzer des *Observer*, für den Farzad freiberuflich gearbeitet hatte, habe seinen Einfluß für meine Freilassung geltend gemacht, oder die britische Regierung habe eine besondere Bitte vorgebracht. Ich weiß es wirklich nicht genau, und bei jedem Versuch, der Sache auf den Grund zu gehen, stieß ich gegen Mauern. Ich akzeptiere jetzt, daß ich die Wahrheit vielleicht nie erfahren werde.

Meine erste Nacht in Freiheit verbrachte ich in einer luxuriösen Suite im Gästehaus des sambischen Staates in Lusaka. Man erzählte mir, die Königin habe während ihres Staatsbesuchs in Sambia hier gewohnt und in dem riesigen Doppelbett geschlafen, doch leider fand ich, mittlerweile an mein hartes Gefängnisbett gewöhnt, das königliche Bett viel zu weich, und noch bevor die Dämmerung heraufzog, hatte ich meine Decken auf dem Boden ausgebreitet. Ein Luxus, der nicht an mich verschwendet war, war das opulente Badezimmer. Ich füllte die riesige Badewanne bis zum Rand mit heißem Wasser, gab parfümierten Badezusatz hinein, lag stundenlang darin und spülte mir den Dreck von Monaten aus den Poren. Wenn das Badewasser zu kalt wurde, hüpfte ich heraus und ließ neues Wasser nachlaufen, wieder und wieder, bis ich mich für sauber hielt.

Meine Ankunft in London ist mir als riesiger Trubel in Erinnerung. Wir landeten gegen 5.00 Uhr morgens in Gatwick: Ich kann mich nur noch erinnern, daß Martina die Stufen zum Flugzeug hochrannte und mir in die Arme sank. Ihr auf den Fersen folgten ganze Schwärme von Reportern mit Kameras und Mikrophonen. Bald danach wurden wir zu einem Landhotel in Sussex gebracht, eine Aufmerksamkeit des *Observer*, wo wir an einem herrlichen Familienfest teilnahmen, bevor wir zwei entspannende Wochen mit mehreren früheren Kollegen von Farzad verlebten, die mich für die Zeitung interviewten.

Mir kommen diese beiden Wochen noch immer irgendwie seltsam und irreal vor. Das Wetter war so schön wie die Landschaft um uns herum — schöne lange, warme Sommertage, an denen wir nur unseren Spaß hatten. Michelle sah wundervoll aus: Ich meinte verfolgen zu können, wie sich die Spuren des Stresses in ihrem Gesicht mit jedem neuen Tag stärker verwischten. Sie fühlte sich in Gegenwart dieser Medienleute offensichtlich sehr wohl, plauderte angeregt, spielte Tennis und diskutierte über Themen, von denen ich nicht einmal mehr wußte, daß es sie gab. Wieder mußte ich daran denken, was für eine selbstsichere junge Frau sie doch geworden war.

Es fiel mir nicht leicht, mich an die neugewonnene Freiheit zu gewöhnen. Manchmal saß ich herum und beobachtete, was um mich herum geschah, im Restaurant oder in der Bar des Hotels, und ich fühlte mich wie eine Ausgeschlossene. Ich wußte, mein Platz war hier bei diesen Menschen, und dennoch fühlte ich mich unwohl. Ein weiteres Problem war das Essen. Sehr zum Amüsement aller aß ich Tag für Tag Lamm. In den Monaten meiner Inhaftierung hatte ich regelmäßig davon geträumt, mich vor einen riesigen Teller Lamm mit Pfefferminzsauce zu setzen, und jetzt, wo mir fast jedes nur vorstellbare Gericht geboten wurde, wollte ich nichts anderes. Zwar genoß ich jeden Bissen, doch ich vermute, es handelte sich dabei um einen weiteren Versuch, mich von der Wahrheit zu überzeugen, daß ich wieder eine freie Frau war.

Von all den Freuden, die meine Freilassung mit sich brachte, glaube ich, war die spannendste die, als ich in meine Londoner Wohnung zurückkehrte. Wie viele Stunden lang hatte ich mir in meiner einsamen Zelle das Badezimmer mit der alten viktorianischen Wanne auf vier Pfoten vorgestellt, die Küche mit dem alten Gasherd, den Kessel, in dem ich Tausende Tassen Tee gekocht hatte, gar nicht zu reden von der Aussicht aus meinem Fenster? Als ich zum erstenmal wieder mitten im Wohnzimmer stand, weinte ich vor Freude.

Nur drei Wochen nach meiner Freilassung marschierte die irakische Armee in Kuwait City ein. Tage- und nächtelang klebte ich am Fernseh- und Radiogerät. Ich wußte, Saddam Hussein würde keinen Rückzieher machen, doch ich hatte keine Ahnung, ob die alliierten Truppen zu den Waffen greifen und ihn gewaltsam aus der Hauptstadt vertreiben würden. Ich war wie magnetisiert, als ich später sah, wie ein vertrautes Gebäude in Bagdad nach dem anderen dem Erdboden gleichgemacht wurde. Als ich beobachtete, wie die Alliierten die Brücke des Vierzehnten Juli zerbombten, über die ich mehrmals wöchentlich an freien Abenden gefahren war, um den British Club oder ein anderes Stammlokal der Ausländer aufzusuchen, merkte ich, daß ein Teil von mir mit ihr unter der Oberfläche des Tigris verschwand.

Als ich in Haft saß, begann Bagdad gerade, sich von der Verheerung des neunjährigen Krieges gegen den Iran zu erholen. In den Läden tauchten wieder Waren auf, und die normale Bevölkerung konnte erstmals nach Jahren der harten Rationierung und eines wild wuchernden Schwarzmarktes wieder Lebensmittel und andere Dinge frei in den örtlichen Geschäften einkaufen. Der Golfkrieg setzte dem ein Ende, und zu sehen, wie alle Anstrengungen des irakischen Volkes von einem einzigen Mann zunichte gemacht wurden, war für mich entsetzlich. Politische Führer oder Regierungen treffen Entscheidungen, doch es sind die Menschen auf den Straßen, die ihre Verwandten verlieren und deren Versorgung mit Lebensmitteln und Wasser unterbrochen wird.

Seit damals habe ich wiederholte versucht, etwas über meine Freundinnen im Gefängnis herauszufinden, sowohl über offizielle Kanäle als auch solche im Untergrund. Niemand konnte mir helfen. Die Leute vom Roten Kreuz tun weiterhin, was sie können, doch seit dem Krieg ist es schwierig, Informationen über freie Männer und Frauen im Irak zu beschaffen, gar nicht zu reden von den »verurteilten« Kriminellen. Den ganzen Krieg hindurch und auch danach habe ich mich jeden Tag gefragt, wie oder ob sie den Konflikt überlebt haben. Das Gefängnis liegt im Süden Bagdads an der Hauptstraße nach Kuwait, an der Route, die die alliierten Bomber auszuradieren versuchten. Die Frauen waren auf den Wasserwagen angewiesen, der jeden Tag ins Gefängnis kam, und auf den täglichen Besuch des »Honig-Wagens«, der das Abwasser abtransportierte, und ich wußte, wenn die Straße zerstört würde, gäbe es beides nicht mehr. Im Gefängnis herrschte stets Wassermangel, und ich konnte mir nicht vorstellen, wie sie überleben sollten. Die wenigen Male, an denen der »Honig-Wagen« nicht erschien, stieg das Abwasser die Abflüsse hoch und überflutete den Hof und andere Gemeinschaftsflächen.

Außerdem brauchten all die Frauen ihre Angehörigen, damit sie mit Lebensmitteln versorgt wurden. Wie sollten die Besucher herüberkommen, ohne Straßen und ohne fast alle Brücken, die die Stadt mit dem Südufer des Tigris verbanden? Mich verfolgen noch immer Bilder von den Entbehrungen, unter denen sie gelitten haben mußten und vermutlich noch immer litten. Ich frage mich, ob Senna jemals zurückkehrte, und wenn sie es nicht tat, welche Strafen sich der verhaßte Mohammed heute für die Frauen ausdenkt, vor allem für Elizabeth, die er verachtet, weil sie Christin ist. Vielleicht hat man sie »überzeugt«, zum Islam überzutreten, — wenn sie überhaupt noch lebt.

Seit meiner Freilassung bin ich besonders bei der Organisation Prisoners Abroad engagiert, die sich um das Wohl britischer Häftlinge in ausländischen Gefängnissen auf der ganzen Welt kümmert; und bei Fair Trials Abroad, einer Organisation, die sich bemüht, internationale Richtlinien zu schaffen, um sicherzustellen, daß jeder im Ausland Lebende, der vor einem ausländischen Gericht landet, auch bestimmte Grundrechte besitzt, darunter auch die Erlaubnis, innerhalb von achtundvierzig Stunden einen Anwalt zu sehen, die Anwesenheit eines unabhängigen Beobachters, der im Heimatland des Angeklagten Bericht erstattet, und verschiedene andere Überlegungen, die die meisten von uns nicht als Privileg, sondern als ein Recht verstehen. Ich weiß nun aus eigener Erfahrung, wie wichtig die Arbeit dieser Organisationen ist.

Ein Höhepunkt in der auf meine Freilassung folgenden Zeit war die Einladung von Präsident Kenneth Kaunda, mit Michelle nach Sambia zu reisen und dort drei Wochen lang Urlaub auf Staatskosten zu machen. Wir nahmen sein Angebot sofort an. Wir spürten beide, daß wir

Urlaub nötig hatten, und die Einladung gab uns die Möglichkeit, ohne Druck von außen durchzusprechen, was passiert war, und wie wir glaubten, die Zukunft bewältigen zu können. Dann hatten uns London und die Wirklichkeit wieder.

Beinahe sofort begann ich, mich nach Arbeit umzuschauen. Ich schrieb an Agenturen und Krankenhäuser auf der ganzen Welt; ich bewarb mich bei Kliniken, Rehabilitationszentren und nahezu jedem Krankenhaus im Gebiet von Großlondon und fragte, ob sie nicht eine Stelle für mich hätten. Die Antwort war stets dieselbe: »Es tut uns leid, im Moment haben wir nichts für Sie.« Ich hatte Fachblättern und -zeitschriften für Pflegeberufe Interviews gegeben, und ich denke, das hat meine Chancen ruiniert: Krankenhäusern liegt nichts an der Art von Publicity, die mit der Beschäftigung »berühmten« Personals verbunden ist. Sie haben vielleicht auch befürchtet, daß ich nach meinen Erlebnissen im Irak, wozu auch zählte, daß ich ein Jahr lang nicht gearbeitet hatte, die anstrengenden Anforderungen, die an die Krankenschwestern weltweit gestellt werden, nicht erfüllen könnte.

Das Problem der Arbeitslosigkeit spielte in diesen ersten Tagen eine große Rolle, doch schließlich wurde ich als freie Mitarbeitern von einer Pflege-Agentur angenommen, und dort bin ich heute noch beschäftigt. An einem Tag arbeite ich auf der Intensivstation eines Krankenhauses in Central London, am nächsten in einem Hospiz oder in einem Wohnhaus. Wenn es gerade keine Aufgabe gibt, sitze ich zu Hause und warte darauf, daß das Telefon läutet, doch irgend etwas ergibt sich fast immer.

Ich habe keine konkreten Zukunftspläne. Ich werde weiterhin als Krankenschwester arbeiten, wodurch ich meine Rechnungen bezahlen und mich über Wasser halten kann, wenn es mir auch Spaß gemacht hat, an diesem

Buch zu arbeiten und ich gerne noch eines schreiben würde — vielleicht einen fesselnden Roman, der in der Ausländergemeinde in einem Staat des Mittleren Ostens spielt. Ich suche weiter nach Jobs im Ausland, und ich habe auch, zur Überraschung vieler meiner Freunde und meiner Familie, Erkundigungen eingezogen, ob es nicht etwas für mich in den Krankenhäusern der Golfstaaten gebe. Trotz meiner Erlebnisse habe ich noch immer viel für den Mittleren Osten und seine Menschen übrig. Nicht sie waren für das verantwortlich, was Farzad und mir widerfahren ist; nicht sie sind für die Greueltaten verantwortlich, die auch heute noch in den Gefängnissen begangen werden.

Meine Einstellung zum Leben hat sich seit meiner Verhaftung und Internierung im Irak enorm verändert. Wenn die Monate im Gefängnis mich eines gelehrt haben, so das, daß man das Leben leben muß und daß jeder Augenblick, in dem man dies tut, wirklich wertvoll ist. Ich zähle nicht mehr die Stunden bis zum Ende meiner Schicht oder wünsche mir, die Tage bis zum Wochenende seien bereits vorbei — ich bin zu sehr damit beschäftigt, aus jeder Minute der Gegenwart das Beste herauszuholen. Und falls ich morgen das Angebot erhalte, in Kuwait, Bahrain oder Abu Dhabi als Krankenschwester zu arbeiten, werde ich sofort zugreifen. Mein Koffer ist gepackt.

Danksagung

Für ihre Unterstützung während meiner Inhaftierung und auch danach habe ich vielen, vielen Menschen zu danken.

Zu allererst möchte ich Peter Schwier und David Mukerji, die Michelle und Martina während des ganzen Martyriums soviel Trost spendeten, und unserer Familie danken, darunter Brenda English, Erica und Fred Rogers, Mae und Alan Perry, Joyce und John Chivers, Cory de Vries, Edna Davies, Moira Hamilton und John Parish, die alle große Qualen ausstanden, deren Liebe und Loyalität jedoch nie ins Schwanken geriet. Das kann ich ihnen nie vergelten.

In Großbritannien verzichtete June Ball auf den Urlaub mit der Familie, um rund um die Uhr jeden Tag für Michelle und Martina dazusein und ihnen mit Trost und Rat zur Seite zu stehen. Ein Dankeschön geht auch an Anne Wake und Juna Abbott, die ein spezielles Komitee gründeten, um Geld aufzutreiben, an Dianne Hodges und Gillian Jones, die als Rechtsbeistand beziehungsweise Pressesprecherin fungierten, und an Jacqueline Baker, Joy Baker, Gillian Meadowcroft, Adrian Morris, John Ratings und Janet Robson. Zu den Freunden, die unermüdlich für meine Sache kämpften, zählen Gwyneth und Edward, Sue Bath, Eileen Conley, Pam Cook, Greta Cooper, Sylvia Faulkner, Rene Fawley, Phyllis Heitman,

Audray Kennard, Margo Miller, Ralph Newberry, Trixie Newberry, Elisabeth Noll, Jo Parnal, Rose Pylnikow, Pauline Rogers, Sue Shaw, Sheena Verloe und Mary Watt.

Für die Arbeit, die sie im Irak leisteten, möchte ich gerne dem britischen Botschafter und seiner Frau danken, Harold (Hookey) Walker und Ann Walker; dem Ersten Sekretär Robin Kealy, der mir die Nachricht von Farzads Hinrichtung überbringen mußte; und der Konsulin Pauline Waugh, die ich zunächst in offizieller Funktion kennenlernte, die ich aber bald als Freundin betrachtete. Der Zuspruch von Seiner Hochwürden Michael Mansbridge, dem Erzdiakon am Golf, half mir, endlich geistigen Frieden für einen alptraumfreien Schlaf zu finden. Schließlich ein herzliches Dankeschön all meinen Freunden im Ibn-Al-Bitar-Krankenhaus, darunter auch der Pflegedienstleiterin Anne Morgan, dem Projektleiter Paul Coleman, Audray Lunn, Marion Noone, Helen O'Neill und Helena Tuite.

Nach meiner Freilassung legte das Flugzeug einen kurzen Zwischenstopp in Khartum ein, wo ich John Beaven, den britischen Botschafter im Sudan, traf. Durch das Gespräch mit ihm wurde mir erst richtig klar, daß ich frei war. Der nächste Stopp folgte in Sambia, wo ich eine Audienz bei Präsident Kenneth Kaunda erhielt, einem freundlichen, väterlichen Herrn, der an meiner Freilassung mitgewirkt hatte und dessen persönliche Assistentin, Gloria Sleep, für mein Wohlbefinden in meiner ersten Nacht der Freiheit in Lusaka sorgte. Der britische Botschafter H.E. Peter Hinchliffe und seine Frau Archie bewirteten mich und trafen für mich Verabredungen mit Angehörigen des internationalen Pressekorps, von denen einige mehr als neunzehn Stunden unterwegs gewesen waren, um mit mir zu reden.

Erst nach meiner Rückkehr wurde mir klar, in welchem

Grad mich Michelle unterstützt hatte. Wir können nicht allen unseren Dank abstatten, doch Michelle möchte besonders die Mitarbeiter im Middle East Department des Foreign und des Commonwealth Office erwähnen, den Staatssekretär im Foreign Office William Waldegrave, König Hussein von Jordanien und einige Leute der britischen Presse, vor allem Adel Darwish und Harvey Morris vom *Independent* und Donald Trelford, Julie Flint, Peter Hillmore, Martin Huckerby, John McGhie und John Merritt vom *Observer*. Jon Scammell von TV AM war ein besonders guter Ratgeber und Freund. Neben ihrem Vater Cory de Vries möchte Michelle gerne ihre Freunde Stick, Greg, Richard V., Richard E., Julian, Frances, Jeremy, Alex, Kerris, Maria, Julia, Caroline, die anderen Luckley-Mädchen und Arnold den Kater nennen. Ganz besonderer Dank gilt John, dessen Freundschaft ihr nach dem Martyrium half, wieder ins normale Leben zurückzufinden, und Shirley Richter für ihre Hilfe und ihr Verständnis.

Bald nach meiner Freilassung nahm die Literaturagentin Faith Evans über den *Observer* Kontakt zu mir auf, die mich aufforderte, einen ersten Entwurf meiner Erlebnisse niederzuschreiben, damit man einen passenden Mitarbeiter für mein Buch finden könne. Adel Darwish, der Journalist, der als erster über die Explosion in Hilla berichtete, erwähnte Pat Lancaster, stellvertretende Herausgeberin des *Middle East Magazine*. Seit unserem ersten Treffen arbeiteten Pat und ich eng zusammen und wandelten, was die Fortschreibung eines Alptraums hätte sein können, in etwas um, das mehr als alles andere für mich seit meiner Entlassung eine Art Therapie war. Pat möchte sich gerne bei ihrer Tochter Annabelle für die Geduld und Ermutigung bedanken, aber auch bei anderen Angehörigen ihrer Familie, darunter Rhona Wells und Barbara und Daniel Bannister. Dank schuldet sie außerdem Graham Benton und Alison Hutchins, ihren Kollegen beim *Middle East Magazine*, und Cherry und Rachel Perkins, die ihr einen ruhigen Raum zum Arbeiten und mehr zur Verfügung stellten.

Unser gemeinsamer Dank geht an Faith Evans, deren außergewöhnliches Talent als Agentin, Herausgeberin und Organisatorin das ganze Team zusammenhielt, wodurch das Buch erst zustande kam. Ihre Kollegin Rosie Gilbey war gleichfalls eine große Hilfe.

Bei Chapmans möchten wir uns gerne für die Hilfe und Begeisterung von Marjorie und Ian und ihrem ganzen Personal bedanken, vor allem bei Charlotte, Christine, David, Greg, Julia und Susan.

Schließlich möchte ich noch meinen tiefsten Dank meiner Familie, meinen Freunden, Kollegen, Nachbarn und den vielen Hundert Fremden aus der ganzen Welt aussprechen, die mir in den Irak schrieben und nach der Entlassung unterstützende und liebevolle Botschaften sandten. Ich möchte mich ferner bei den vielen Menschen entschuldigen, die aus Gründen ihrer eigenen Sicherheit anonym bleiben müssen — vor allem bei den Frauen, die ich im Gefängnis von Bagdad zurückließ.

DAPHNE PARISH
Mai 1992

Als Band mit der Bestellnummer 61253 erschien:

Nicola Owen

Erfahrungen

Gebt mir eine zweite Chance!

Nicola war immer die Freude ihrer Eltern, doch mit Beginn der Pubertät verändert sich ihr Wesen radikal. Als sie sogar ihr Elternhaus anzündet, wird sie als kriminelle Psychopathin abgestempelt. Doch dann kommt es zu einer sensationellen Wendung

BASTEI LÜBBE

Warum entwickelt sich die liebenswerte Nicola
in der Pubertät zu einem wahren Monster, das sogar
ihr Elternhaus anzündet?
Ihr Vater begibt sich auf die verzweifelte Suche
nach den wahren Ursachen, denn Nicola
ist keine kriminelle Psychopathin ...

BASTEI LÜBBE

Erfahrungen

Als Band mit der Bestellnummer 61255 erschien:

Als Barry Neil Kaufman und seine Frau Suzi festestellen, daß ihr Wunschkind Raun autistisch ist, beschließen sie, ihn in seinem Anderssein bedingungslos anzunehmen und einen Zugang zu seiner Welt zu finden.
Der fesselnde und bewegende Bericht einer Heilung, die unmöglich schien.